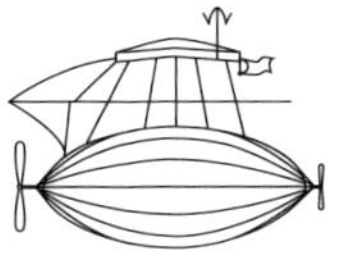

Thomas Maissen

Schweizer Heldengeschichten – und was dahintersteckt

HIER UND JETZT

Inhalt

Einleitung

Beinahe jedes Interview, in dem ich zur schweizerischen Geschichte befragt wurde und werde, spricht schweizerische Geschichtsmythen und ihre anhaltende Wirkung an. Und beinahe jeden Artikel, den ich zu diesem Themenfeld in schweizerischen Printmedien veröffentliche, illustrieren die Redaktoren (und nun auch die Verleger des vorliegenden Buches) mit irgendeinem Kupferstich des Bundesschwurs oder mit einer Fotografie aus dem Zweiten Weltkrieg. Das sagt einiges aus über das Geschichtsbild heutiger Journalisten. Vermutlich liegen sie nicht ganz falsch, wenn sie auch den meisten ihrer Kunden unterstellen, dass diese die schweizerische Geschichte auf zwei Phasen des heldenhaften Widerstands gegen ausländische Bösewichte reduzieren: die habsburgischen Vögte im glorreichen Mittelalter, die Nazischergen im totalitären Zeitalter. Das populäre geschichtliche Selbstbild beruht nicht zuletzt darauf, dass der Rest der eigenen Geschichte unbekannt ist. Um schweizerische Geschichte(n) korrekt zu vermitteln, muss man deshalb nicht nur die genannten Feindbilder hinterfragen, sondern auch die (Wissens-)Lücken zwischen diesen Phasen füllen. Deshalb sieht sich für diese Aufgabe vor allem der Historiker der Frühen Neuzeit gefordert.[1]

Muss er zugleich Mythen stürmen? Wer Schweizergeschichte verkaufen will, ob Redaktor oder Verleger, der liebt die Gegenüberstellung von althergebrachten Mythen und fortschrittlicher Aufklärung darüber, was wirklich dahinterstecke. Diese Konfrontierung ist auch nötig, und ihr widmet sich dieses Büchlein unter anderem. Dennoch behagt mir das abgedroschene Reden vom «Mythos» und seiner «Entlarvung» nicht. Der umgangssprachliche Wortgebrauch suggeriert ein allzu enges, abwertendes Verständnis von Mythos: falsche, unreflektierte und überlebte Vorstellungen, die es zu überwinden gilt. Mythen eröffnen jedoch zum einen gerade in ihrem langsamen Wandel Zugänge zur Gedankenwelt und zur Geschichtskultur der Vergangenheit – allerdings nicht der Epoche, über die sie erzählen, sondern der Zeiten, in denen sie erzählt wurden. Zum anderen drücken mythische Erzählungen das historische Selbstbewusstsein einer (politischen) Gemeinschaft aus und sind insofern unverzichtbar und unersetzlich. Darin stimme ich gerne Peter von Matt zu: «Die Vorstellung, man könne ohne mythische Erzählungen, Bilder und Zeichen leben, ist eine Täuschung, sowohl für den Einzelnen wie für die Gesellschaft. Sie beruht auf einem seinerseits mythischen Begriff von Wissenschaft.»[2] Diese Vorstellung verkennt auch, dass Halbwissen und Fehleinschätzungen, die zu eingängigen Deutungsmustern gerinnen, eine unvermeidliche Realität darstellen. Solche «Komplexitätsreduktionen» erfolgen gerade in den hochdifferenzierten und unüberschaubaren modernen Gesellschaften. Diese wollen ihr Schicksal nicht einer kleinen Zahl von Fachleuten überantworten, sondern demokratisch selbst darüber bestimmen. Es sind keine gründlichen Physikkenntnisse gefordert, um sich eine Meinung darüber zu bilden, ob Atomkraftwerke wünschenswert sind oder nicht, und diese Überzeugung im politischen Prozess zu vertreten.

So wenig ein Studium der Physik für die politische Teilhabe Voraussetzung ist, so wenig ist es eine professionelle Ausbildung in den Geschichtswissenschaften. Gemeinsame Bilder von der Herkunft und Vergangenheit, auch mythische, tragen aber dazu bei, dass eine politische Werte- und Solidargemeinschaft sich immer wieder neu begründet. Wer sich über eine gemeinsame Vergangenheit mit einer Gruppe Mitmenschen, mit Mitbürgerinnen und Mitbürgern verbunden fühlt, für den reicht es, wenn vereinfachende und identitätsstiftende Kontinuitäten die Brücke dorthin schlagen. Zu solchen gemeinschaftsbegründenden Erzählungen tragen viele Menschen bei und zumeist durchaus kontrovers: Zeitzeugen und solche, die es vermeintlich waren; Schullehrer und Journalisten; Politiker, manchmal auch Richter,

die über die Leugnung von Menschenrechtsverbrechen urteilen; Leserbriefschreiber und Verfasser von Dreh- und Schulbüchern, Schautafeln und Museumskatalogen. Beim Prozess der kollektiven Sinnstiftung ist der wissenschaftlich ausgebildete Geschichtsforscher nur ein Akteur unter vielen. Der wichtigste ist er höchstens insofern, als er gegen andere Positionen nicht bloss seine Meinung formuliert, sondern Resultate, die auf systematischem Weg durch die Auswertung möglichst umfassender Quellenbestände gewonnen wurden und einen – stets vorläufigen – Forschungsstand unter den Fachleuten repräsentieren. An diesen Forschungsergebnissen kann der Historiker die vielen Meinungen und Wissensbrocken messen, die seine Zeitgenossen sich deutlich leichter aneignen und zu Kausalitäten verbinden können als die Prozesse bei der Kernspaltung. Orientieren muss er sich dabei an den methodischen Standards, etwa der Quellenkritik, wie sie in einer internationalen Gemeinschaft von Fachleuten gelten; und nicht an den Erwartungen seiner Landsleute, die ihre einfachen und eingängigen Erzählungen – eben die Mythen – jeweils selbst im öffentlichen Streitgespräch ausbilden und anpassen müssen.
Hier fällt dem Historiker eine Aufgabe zu, die der Identitäts- und Sinnstiftung oft zuwiderlaufen kann: Er kritisiert Überlieferungen, die vertraut sind, einen erkennbaren Bogen in die Vergangenheit schlagen und damit Sicherheiten bei der Gestaltung der Zukunft versprechen. Volkstümliche Geschichtserzählungen, «Geschichtsmythen», greifen auf Wissensbestände zurück, die als plausibel und bewährt gelten. Andernfalls vermöchten sie nicht auf Dauer Orientierung zu schaffen und ein kollektives Selbstverständnis auszudrücken. Dafür beschränken sie sich in der grossen Menge des Überlieferten gezielt auf einige historische Phänomene, betonen die einen Aspekte, drängen andere in den Hintergrund oder vergessen sie. Denn es soll weniger der Wandel einer Gemeinschaft analysiert als ihr Wesen erzählt

werden. Geschichtsmythen sind letztlich unhistorisch, insofern sie Begebenheiten wiederholen und vergegenwärtigen, die in der Vergangenheit spielen, aber jenseits ihres historischen Kontextes zeitlose Gültigkeit beanspruchen. Darin ist ein Geschichtsmythos konservativ, auch dann, wenn er im Namen einer «progressiven» Partei formuliert wird: Er schreibt die Vergangenheit so fest, dass ihre Erzählung weder modifiziert werden soll noch kann.

Das Selbstbild, das sich aus diesem selektiven Umgang mit der Vergangenheit ergibt, ist tendenziell gefällig. Es muss dies auch sein, weil Selbstbewusstsein bei Kollektiven wie bei Individuen auch darauf beruht, dass man eigene Schwächen nicht gegen aussen betont, sofern man sie überhaupt selbst zu erkennen vermag. Doch das Ausblenden schafft diese Mängel nicht aus der Welt. Gerade deshalb brauchen Mythen auch eine kritische Geschichtswissenschaft als Korrektiv, das aufzeigt, was verdrängt wurde oder nicht mehr zeitgemäss ist, was den Aussenstehenden nicht mehr überzeugt und höchstens in der Nabelschau plausibel wirkt. Wirklich selbstbewusst und für andere berechenbar ist nur, wer Selbst- und Aussenwahrnehmung in eine solide Beziehung zueinander zu bringen weiss. Auch das gilt für die Individualpsychologie ebenso wie für diejenige der Völker.

Die Pose des wissenschaftlichen Aufklärers ist gleichwohl heikel, wenn er vorgibt, dem abergläubischen und ungebildeten Publikum die historische Wahrheit zu verkünden. Geschichtsdeutungen und Geschichtsbilder sind immer im Fluss. Das weiss niemand besser als der Historiker, der sich auch für die Geschichte seiner Disziplin interessiert und bedenkt, wie sich in ihr Interpretationen und Wertungen über die Zeit hinweg verändert haben und verändern. Das ist unvermeidlich, weil sich die Fragestellungen, die Orientierungsbedürfnisse, die Wissensbestände und die Perspektiven stets ändern und nur aus der jeweiligen Gegenwart heraus zu verstehen sind. Das heisst allerdings nicht, dass Historiker beliebige Aussagen über die Vergangenheit machen können. Sie brauchen Phantasie, um sich vergangene Vielfalt auszumalen, haben aber dabei nicht die Freiheit des Schriftstellers – oder Politikers. Ihre Resultate müssen aus methodisch durchdachter, kritischer und für Dritte überprüfbarer Forschungsarbeit hervorgehen und sich unter anderem dem «Vetorecht der Quellen» unterwerfen, wie Reinhart Koselleck es genannt hat. «Quellen schützen uns vor Irrtümern, nicht aber sagen sie uns, was wir sagen sollen.»[3]

Was gegenwärtig positiv, konstruierend gesagt werden kann, nennt man den wissenschaftlichen Forschungsstand: Er ist nicht endgültig und wird durch künftige Forschungen und Erkenntnisse revidiert werden. Der historiografische «Fortschritt», vielleicht besser das Voranschreiten besteht darin, dass der Geschichtswissenschaftler den jeweiligen Forschungsstand methodisch sauber kritisiert und stellenweise überwindet, weil er neue Quellen entdeckt oder alte überprüft, hinterfragt und in andere Zusammenhänge bringt. Diese Unterwerfung unter Quellen und Forschungsstand gilt für Wissenschaftler, nicht aber für diejenigen, die sich in der politischen Auseinandersetzung um die Zukunft ihres Landes auf historische Präzedenzfälle berufen und die Vergangenheit als Lehrerin für die Zukunft verstanden haben wollen. Es ist im Kampf um Macht und Wähleranteile legitim, wenn sie dabei veraltete Forschungsstände (über die vaterländische Geschichte wie über Atomenergie und vieles andere) für ihre Anliegen nutzen. Es ist aber ebenso legitim und manchmal auch nötig, dass ein Wissenschaftler die politische und volkstümliche Deutung der Geschichte mit dem aktuellen Wissensstand unter Fachleuten vergleicht und das Ergebnis der interessierten Öffentlichkeit mitteilt. Damit prägt er keine Geschichtsbilder, trägt aber zu deren Diskussion das bei, was er von Berufs wegen kann. Das ist letztlich eine negative, dekonstruierende Tätigkeit: Der Historiker sagt, was an den jeweils landläufigen «Wahrheiten» und Aussagen über die Geschichte mit den überlieferten Quellen übereinstimmt und was nicht. Es ist keine positive, konstruierende Tätigkeit deshalb, weil der Historiker die sinnstiftenden Verkürzungen von Berufs wegen *nicht* vornehmen darf, die nötig sind, damit Geschichtserzählungen für Kollektive sinnstiftend wirken können. Ebenso wenig darf er den Forschungsstand zugunsten von älterer Sekundärliteratur einfach ignorieren. Seine dicken, mit zahlreichen Fussnoten versehenen Abhandlungen sind etwas ganz anderes als die aus der Vergangenheit gezogenen Argumente, die sich Politiker und Journalisten in Sekundenschnelle in einer Talkshow entgegenwerfen können. Diese Argumente, diese Verkürzungen der wissenschaftlichen Kritik auf Allgemeinplätze darüber, wie es bekanntlich gewesen sei – sie sind der Stoff, aus dem der sinnstiftende Mythos wächst und in dem er sich verzehrt. Auch er wird laufend neu formuliert. Das muss so sein, wenn er einer sich stets verändernden Gesellschaft Spielräume eröffnen und nicht verbauen soll im Umgang mit Aussenwelten, die ebenfalls dem dauernden Wandel unterworfen sind. Aber ohne mythische Verkürzungen des Forschungsstandes geht es auf Dauer nicht – für die Geschichtswissenschaft zwar schon, nicht aber für das nach historischer Orientierung suchende Publikum.

In diesem Sinn will das vorliegende Buch Zugänge und Leseweisen der schweizerischen Vergangenheit erschliessen, die sich nicht einem einzigen, geradlinigen nationalgeschichtlichen Narrativ unterordnen. Damit reagiert dieser Text auf die geschickte und sehr erfolgreiche Erinnerungspolitik der schweizerischen Nationalkonservativen in den letzten rund 25 Jahren. Diese verteidigen überzeugt und vehement ein Geschichtsbild, das in der Geistigen Landesverteidigung während des Zweiten Weltkriegs und im Kalten Krieg bis weit in die politische Linke hinein konsensfähig war. Demnach wahrte die Schweiz als historischer Sonderfall in einer feindlichen Umwelt dank besonderen politischen, wirtschaftlichen und militärischen Qualitäten ihre einzigartigen Freiheiten. Ihre Erfolgsgeschichte verdanke sie allein ihren eigenen Leistungen, da das Land in der Vergangenheit und vor allem im Zeitalter der Weltkriege im Wesentlichen die richtigen und guten Entscheidungen getroffen habe. Diese Selbstzufriedenheit erlaubt sich, ihrerseits ohne historische Tiefendimension, die Friedensordnung geringzuschätzen, welche die europäische Integration seit 1945 und nach 1989 hervorgebracht hat.

Die Nationalkonservativen tragen diese Position in Diskussionen über die nationale Vergangenheit derart dominant vor, dass die anderen politischen Lager hinterherhinkend wenig mehr anbieten als die Imitation patriotischer Folklore bei den bürgerlichen Parteien oder die linke Verweigerung des Streitgesprächs bei den Themen, die als solides Fundament des rechtspopulistischen Bollwerks erscheinen. Diese Hilflosigkeit überrascht immer wieder. Sie findet ihren Niederschlag in Motiven und Narrationen etwa von Fernsehfilmen und Zeitungsartikeln oder auf mehrsprachigen Informationsseiten des Bundes im Internet. Dabei kann es sich bei den Verfassern durchaus um Personen handeln, die sich politisch gar nicht zum rechtsbürgerlichen Lager zählen. Ihre Erzählmodelle aber konstruieren sie aus älteren Lesefrüchten oder gar Schulerinnerungen, und das sind die Fundamente der nationalkonservativen Vergangenheitspolitik.

Bürgerliche Imitation wie linke Verweigerung und auch hilf- wie gedankenlose Wiederholung bestätigen die Unterstellung der Nationalkonservativen, dass es nur eine Deutung der schweizerischen Vergangenheit gebe, nämlich die ihrige, und dass die Zukunft des Landes den bewährten Pfaden der Vergangenheit zu folgen habe. Wer diesen Vorgaben folgt, verliert den Sinn für Alternativen und Widersprüche, verhindert demokratische Streitgespräche und kontroverse Meinungsbildung, verbaut sich Handlungsoptionen und

Gestaltungschancen. Dieses Büchlein möge dieser Entwicklung entgegenwirken und denen als Handreichung dienen, die Argumente auf dem heutigen geschichtswissenschaftlichen Kenntnisstand im politischen Streitgespräch einbringen wollen. Dieser ist aktuell ausserordentlich gut dokumentiert: 2014 ist der letzte, dreizehnte Band des dreisprachigen Historischen Lexikons der Schweiz erschienen, dessen Artikel auch kostenfrei im Internet konsultiert werden können (www.hls-dhs-dss.ch). Die Bibliografie am Ende dieses Buches enthält grundlegende und weiterführende Literatur, die in den Anmerkungen abgekürzt zitiert wird. Einschlägige Einzelstudien, die in der Regel nur einmal in den Endnoten auftauchen, sind dagegen dort vollständig bibliografisch verzeichnet.

In den folgenden fünfzehn Kapiteln werden ausgehend von Zitaten der nationalkonservativen Gallionsfiguren Christoph Blocher und Ueli Maurer Gemeinplätze über die Vergangenheit und historisch begründete Schlagworte der politischen Auseinandersetzung präsentiert und geprüft, wie weit sie mit der Überlieferung der Quellen und dem Forschungsstand übereinstimmen.[4] Der einleitende historiografische Überblick ordnet die wichtigsten Autoren in die Entstehung und den Wandel von nationalen Geschichtsbildern ein, doch lassen sich die Kapitel auch einzeln lesen. Gelegentliche Wiederholungen sind auch deswegen unvermeidlich, weil bestimmte Werke oder Deutungen in unterschiedlichen Zusammenhängen wichtig waren.

Diese Ausführungen widme ich unseren Kindern Lucas, Valentin, Patricia und Anna zum Trost dafür, dass ich hiermit den Zahlencode der Schlösser preisgebe, mit dem sie ihre Fahrräder sichern: 1291. Diese Jahreszahl symbolisiert den echten, aber unaufgeregten Patriotismus von Auslandschweizern ebenso wie ihren debattierfreudigen, aber nicht verbissenen Widerspruchsgeist in vielen Diskussionen, die sie nicht nur zu historischen Themen mit ihrem Vater führen, dem sie zwar glauben, aber auch etwas übelnehmen, dass es Tell und Rütlischwur nie gegeben hat. Erlebt und erlesen haben sie beides dank ihren deutschen Lehrern in Heidelberg und einem tschechischen Regisseur in Zürich, die ihnen das facettenreiche Drama des deutschen Schriftstellers Friedrich Schiller nicht in nationaler Verengung, sondern als universales Erbe präsentierten. Dazu fügt sich gut der Dank an meine Frau Martina Bächli Maissen, meine Mutter Leena Maissen-Visapää und an meine Heidelberger und Pariser Mitarbeiterinnen und Mitarbeiter Felicitas Eichhorn, Anna Frahm und Johan Lange, deren präzise Lektüre diesen Text bereinigte; an Guy P. Marchal für wertvolle Hinweise; an Franz Brunner, einen anregenden Sparringpartner, auch wenn er sich einen theatralischeren Text gewünscht hätte; an den sorgfältigen Lektor Urs Hofmann und die anderen Mitarbeiterinnen und Mitarbeiter vom Verlag Hier und Jetzt in Baden, mit denen ich einmal mehr angeregt und ertragreich zusammenarbeiten durfte.

Zur Einführung: Grundlinien der Geschichtsschreibung über die Schweiz

Viele Geschichten der Schweiz fangen mit der Ur- und Frühgeschichte an, mit den ersten Faustkeilen, die auf heutzutage schweizerischem Territorium gefunden wurden. Geschichtsschreibung über die Schweiz ist etwas anderes, und sie setzt auch nicht mit Julius Caesars Bericht über die Helvetier und seinen Sieg bei Bibracte ein. Selbst Urkunden, die uns viel über Machtverhältnisse und Gesellschaften im Mittelalter lehren, sind keine Quellen der Schweizer Geschichte im eigentlichen Sinn. Gewiss erfahren wir in mittelalterlichen Chroniken gelegentlich etwas über eine Stadt wie Zürich, oder Annalen verzeichnen die Begebenheiten in einem Kloster wie St. Gallen. Doch erst wer die Eidgenossenschaft und die Eidgenossen bewusst zu einem Gegenstand seiner Erzählung macht, kann zu den Begründern einer Geschichtsschreibung über die Schweiz zählen.[5]

Nicht die ältesten Bünde selbst, etwa der vielzitierte von 1291, sind also die ersten Belege für eine schweizerische Geschichte, wohl aber die ersten Berichte, die solche Bündnisse als kollektive Akteure erfassen. Das zu bedenken ist auch deshalb wichtig, weil es im Heiligen Römischen Reich des 13. und 14. Jahrhunderts nicht nur viele Bündnisse und Eidgenossenschaften gab, sondern die späteren schweizerischen Orte auch an vielen von diesen beteiligt waren. So gehörten die Städte des Mittellandes von Freiburg bis St. Gallen mit Basel, Breisach, Villingen und Ensisheim 1333 zu einem Landfriedensbündnis mit den Herzögen von Habsburg. Noch 1424 bezeichnete Bern den Herzog von Savoyen als «unsern genedigen Herren und liebsten eitgenossen», was eben bedeutete, dass sie ein Bündnis mit einem Eid beschworen hatten.[6] Das passt nicht in die spätere Erzählung, wonach die Eidgenossenschaft aus einer «Urschweiz» am Vierwaldstättersee und im Kampf gegen die österreichischen Vögte erwachsen sei. Deshalb erinnert sich niemand mehr an solche Bündnisse, die für die damaligen Zeitgenossen im Gebiet der heutigen Schweiz viel wichtiger und präsenter waren als die regionalen von 1291 und 1315. Aber auch sie waren nicht entscheidend für die Autonomie, die Herrschaftsrechte und das entstehende politische Selbstverständnis der künftigen eidgenössischen Orte. Diese lagen nicht in Bündnissen begründet, sondern in der Reichsfreiheit. Die Könige beziehungsweise Kaiser stellten dieses Privileg aus und erneuerten es bei Herrschaftsantritt. Damit wurden die begünstigten Orte reichsunmittelbar, unterstanden also dem Kaiser direkt und übten die von ihm gewährten Hoheitsrechte autonom aus, vor allem die hohe Gerichtsbarkeit über Leben und Tod.

Uri, Schwyz und Unterwalden beanspruchten diese Reichsfreiheit dank den sogenannten Königsbriefen. Das früheste dieser Privilegien, das erhalten ist, wurde 1240 für Schwyz ausgestellt. Die meisten Königsbriefe stammen aus dem frühen 14. Jahrhundert, wobei etliche auch Fälschungen sein dürften, die nicht zuletzt Aegidius Tschudi (1505–1572) zuzuschreiben sind, dem wichtigsten Chronisten der Schweiz. Angesichts dieser Ausrichtung auf das Heilige Römische Reich überrascht es nicht, dass Uri, Schwyz und Unterwalden 1309 unter einem Reichsvogt – dem Baselbieter Grafen Werner von Homberg, kein Habsburger! – vereint wurden und dann erstmals den gemeinsamen Namen Waldstätte erhielten. Der Reichsvogt ist nicht lange belegt, aber es gibt keinen Hinweis darauf, dass sich die Innerschweizer gewaltsam seiner entledigten: Werner von Homberg kämpfte 1315 bei Morgarten möglicherweise sogar auf Schwyzer Seite.[7] Allerdings wissen wir über diese Jahre fast nichts. Erst in den 1340er-Jahren fügte der Zisterzienser Johannes von Viktring in seine lateinische Weltchronik die erste Beschreibung der Schlacht bei Morgarten – vier Sätze, die der Kärntner fast dreissig Jahre nach dem Ereignis formulierte. Ausführlicher tat dies etwa zur selben Zeit der Barfüssermönch Johannes von Winterthur, dessen Vater die Schlacht auf Habsburger Seite überlebt hatte. Doch für deren Beschreibung, gerade auch der Örtlichkeiten, folgte Johannes dem alttestamentlichen Bericht über den Kampf der Israeliten gegen Holofernes (*Judith,* Kap. 4).[8] Beide Kleriker sprachen allein von «Swicenses» oder «Switenses», also Einwohnern von Schwyz.[9] Ihre Informationen sind so vage, dass bis heute über den Ort der Schlacht gerätselt und – zwischen Zug und Schwyz – gestritten wird. Über dieses später oft geschilderte Ereignis ist kaum mehr bekannt, als dass es stattgefunden hat und dann alttestamentlich stilisiert wurde. Die Chronisten erwähnten auch keine Verbündeten oder gar «Eitgenozen», obwohl die Waldstätte sich im Bund von Brunnen 1315 bereits untereinander so nannten – aber wie erwähnt noch nicht in einem exklusiven Sinn. Eine territoriale Bedeutung, die den Geltungsbereich der versprochenen Hilfeleistungen absteckte, erhielt das Wort «unser eidgnosschaft» erstmals 1351 im Bund von Zürich mit den drei Waldstätten und Luzern.[10] Dieses vorübergehende Bündnis wurde geschlossen, als Zürich sich unter Rudolf Brun, seinem Herrscher auf Lebenszeit, gegen eine konkurrierende, von den Habsburgern gestützte Patriziergruppe behaupten musste. Im Rückblick wurde seit dem 15. Jahrhundert daraus der «Beitritt» Zürichs zur Eidgenossenschaft, obwohl die zeitgenössischen Stadtchroniken den Bund von 1351 nicht einmal erwähnten.[11]

Die älteste Stadtchronik von Zürich stammt frühestens von 1339, wenn man von den lokalgeschichtlichen Einsprengseln in einer lateinischen *Chronica universalis Turicensis* absieht. Im Unterschied zu dieser beschränkte sich die sogenannte *Chronik von den Anfängen der Stadt Zürich* allein auf die Stadtgeschichte, die sie auf Deutsch erzählte. In verschiedenen Redaktionen überliefert, wurde sie auch in anderen eidgenössischen Orten rezipiert. Die etwa gleichzeitig, bis 1340 verfasste *Chronica de Berno* und andere Beispiele aus Deutschland zeigen ebenfalls, dass die Reichsstädte im 14. Jahrhundert dank wirtschaftlicher Prosperität und politischer Autonomie begannen, sich als Gemeinschaften mit einer eigenen Vergangenheit darzustellen, die sich nicht in der Zugehörigkeit zum Heiligen Römischen Reich und seinen Kaisern erschöpfte. In einer vom Adel dominierten Kultur war es besonders wichtig, frühe Anfänge und damit eine vornehme Abkunft zu behaupten: Trier etwa wollte 1250 Jahre vor Rom durch einen Sohn der Semiramis gegründet worden sein, und Solothurn kuppelte seine Anfänge später an diese Sage an.[12] Geschichtsschreibung entfaltete sich damit im 15. Jahrhundert auch im eidgenössischen Umfeld zu einer «Staatsangelegenheit», wobei der Staat die jeweilige Stadt war, die ihre Geschichte im offiziellen Auftrag von Stadtschreibern verfassen liess. Nicht zuletzt sollte die Erzählung die kriegerischen und käuflichen Erwerbungen von Gütern und Rechtstiteln legitimieren, die sie schilderte. Entsprechend gehörten Sammlungen und Abschriften von Urkunden zu diesen Geschichtswerken oder standen vielmehr in ihrem Mittelpunkt.[13] So sucht man in Luzern und der Innerschweiz vergebens nach einigermassen zeitnahen Beschreibungen der Schlacht von Sempach von 1386. Ein Luzerner Bürgerbuch erwähnte sie kurz, wendete aber viel mehr Raum und Herzblut auf, um ein Jahr davor die Einrichtung einer Turmuhr festzuhalten. Das wenige, was Zeitgenossen über den Waffengang berichteten, stammt aus einer Zürcher und zwei österreichischen Quellen. Das viele, was man sich später darüber erzählte, ersann man sich frühestens ein Jahrhundert nach dem Ereignis.[14]

Ebenfalls erst im 15. Jahrhundert sind Autoren von amtlichen Stadtgeschichten namentlich fassbar, zumeist der Stadtschreiber, der über seine Chronik den Aufstieg in die Führungsgruppen suchte – zumal wenn er von auswärts kam. Der wohl aus Rottweil stammende Conrad Justinger machte den Anfang, nachdem Bern ihm 1420 den Auftrag erteilt hatte, die Geschichte der Stadt von ihrer Gründung bis in die Gegenwart aufzuzeichnen. Justinger konzentrierte sich vorwiegend auf Berner Ereignisse, für die er neben städtischen Urkunden Geschichtswerke wie die *Cronica de Berno* auswertete. Umso mehr fällt auf, dass er die Schlacht bei Morgarten beschrieb und damit historiografisch einen Bogen von der Reichsstadt zu den Innerschweizern schlug, die zu diesem Zeitpunkt selbst noch gar nichts zu diesem Thema verfasst hatten. Auch die bereits bestehende Zürcher Chronistik fand Verwendung. Justinger und Bern ging es darum, eine rechtlich umstrittene Tat zu legitimieren, die in seiner Chronik viel Platz einnimmt: die Eroberung des Aargaus, den die Berner mit den Zürchern und den Innerschweizer Verbündeten 1415 den Habsburgern abgenommen hatten. Indem Justinger die Alliierten von Bern vorstellte und über ihre lang anhaltenden Differenzen mit den Habsburgern berichtete, rechtfertigte er die Aggression historisch, die den erst 1412 geschlossenen, fünfzigjährigen Frieden mit Habsburg brach. König Sigismunds Aufforderung, den Aargau zu besetzen, lieferte die rechtliche Legitimation dazu. Auch wenn Justinger diese «guten Fründe» als «Eidgenossen» bezeichnet, bedeutet das noch nicht viel, denn derselbe Titel findet sich auch für andere Alliierte wie Strassburg und weitere Reichsstädte.[15]

Man kann also festhalten, dass in der Mitte des 15. Jahrhunderts der Zusammenhalt der künftigen Eidgenossen noch locker war. Auf der einen Seite gab es die gemeinsamen Interessen durch die Gemeine Herrschaft und damit gegen die Habsburger, die ihre aargauischen Stammlande zurückerlangen wollten; auf der anderen Seite blieben dieselben Habsburger auch mögliche Partner, denn die Bundesbriefe des 14. Jahrhunderts gewährten den eidgenössischen Orten Bündnisfreiheit. Davon machte die Reichsstadt Zürich 1442 Gebrauch, als sie sich im Alten Zürichkrieg «ze ewiger zit» mit dem habsburgischen König Friedrich III. verband. Ihnen gegenüber stand Schwyz, dem sich die anderen eidgenössischen Orte anschlossen, sodass Zürich 1450 in einen Frieden einwilligen musste. Die alten Bundesbriefe, so derjenige von

1351 zwischen den Waldstätten und Zürich, wurden daraufhin leicht redigiert und neu ausgestellt, um den Eindruck zu erwecken, die Allianzen seien schon im 14. Jahrhundert gegen Habsburg gerichtet gewesen.
Die Mitte des 15. Jahrhunderts wurde auch für die Geschichtsschreibung über die Schweiz insofern eine folgenreiche Zäsur, als sich die Schwyzer Sicht auf den Alten Zürichkrieg durchsetzte, wie sie deren Landschreiber Hans Fründ in einer genauen, mit Dokumenten versehenen Schilderung des Kriegs festhielt. Für ihn war die Eidgenossenschaft aus einem antihabsburgischen Bündnis der Waldstätte erwachsen. Wie die anderen Orte auch, habe sich das bedrohte Zürich den Eidgenossen angeschlossen, um sich dann durch das Bündnis von 1442 mit dem Habsburger König vorübergehend bündniswidrig wieder zu entziehen. Dass dies eine rechtmässige Option war, hatten Zürcher wie Felix Hemmerli für den Alten Zürichkrieg durchaus festgehalten. Wie Bern sich aber politisch hinter Schwyz gestellt hatte, so ging Fründs antihabsburgische und antizürcherische Geschichtsdeutung auch in die Historiografie der Aarestadt ein. Dort setzten die Bilderchroniken eines Benedikt Tschachtlan oder Diebold Schilling des Älteren, mit seiner amtlichen *Chronik der Stadt Bern* von 1483, Justingers Werk und Tradition fort.[16] Diese Modelle wirkten ihrerseits wiederum formal wie inhaltlich auf Chronisten in Luzern (Melchior Russ, 1482; Diebold Schilling der Jüngere, 1513), Freiburg, Bremgarten und sogar Zürich (Gerold Edlibach, 1485/86, bis 1527 fortgesetzt), wo sie die entstehenden gesamteidgenössischen Grundelemente um lokale Fakten erweiterten. Insbesondere schlossen sich Aegidius Tschudi im 16. Jahrhundert und Johannes von Müller im 18. Jahrhundert dieser Version an, die bis in unsere Gegenwart weiterwirkt. Fründ verdrängte mit Hemmerli auch dessen Polemik, welche die vornehme Reichsstadt Zürich klar von den schwyzerischen Bauern schied. Insofern überrascht es nicht, dass der Name

«Schwyzer» und dann «Schweizer» auf alle Angehörigen dieses Bündnisses Ausdehnung fand, das sich nach 1450 zusehends als alternativlos verstand; und damit stempelten die Gegner der Eidgenossen bald auch die urbanen Zürcher und Berner als «Bauern» ab.[17]

Gegen solche Verunglimpfungen richteten sich die Propaganda der eidgenössischen Orte und die damaligen Geschichtserzählungen mit verschiedenen Strategien. Gewisse Autoren beanspruchten für die Innerschweizer eine weit zurückreichende, vornehme Herkunft, wie sie herkömmliche Adlige oder allenfalls Städte ebenfalls reklamierten. So führte das *Herkommen der Schwyzer und Oberhasler*, vor 1490 von einem Anonymus verfasst, diese Alpenbewohner auf ausgewanderte Schweden zurück. Diese hätten sich um Kaiser und Papst verdient gemacht und deshalb das Privileg der Reichsfreiheit erhalten, seien also dem Kaiser schon seit spätantiken Zeiten unmittelbar unterstellt gewesen.[18] Andere akzeptierten die fremde Unterstellung, dass die Eidgenossen Bauern und damit in der Ständegesellschaft nachrangig seien. Sie wendeten das Stigma aber um und sahen in ihren Schlachtensiegen ein Gottesurteil, das den Widerstand der «frumen, edlen Puren» gegen den pflichtvergessenen Adel legitimierte. Diesen Rückhalt verdienten sie sich angeblich, weil sie in Notwehr gehandelt hatten, nachdem die Habsburger sich an ihnen und ihren Freiheitsrechten vergangen hatten.[19]

Dieses Narrativ lag der Befreiungslegende zugrunde, der folgenreichsten Erfindung dieser Jahre. In sie bettete der Obwaldner Landschreiber Hans Schriber um 1474 eine Abschriftensammlung von kantonalen Urkunden im sogenannten *Weissen Buch von Sarnen* ein.[20] Das erste der dort überlieferten Dokumente war der erwähnte Bund von 1315 in Brunnen. Dieser Vereinigung der «eidgnossen» hätten sich, stets um der habsburgischen Bedrohung zu entgehen, die übrigen eidgenössischen Orte angeschlossen, deren

Bundesbriefe sich in diesem Kanzleibuch befanden: Luzern, Zürich, Zug, Glarus, Bern. Die Vorstellung ihres «Beitritts» zu einem mit klaren, antihabsburgischen Zielen gegründeten Bund der Waldstätte ersetzte damit den historischen Prozess einer allmählichen und nicht geradlinigen Verdichtung von verschiedenen Allianznetzwerken. Noch wirkmächtiger als diese Entwicklungsgeschichte um einen Innerschweizer Kern war ihre Legitimation. Denn der Bund von 1315 reagierte angeblich auf das, was im *Weissen Buch* erstmals überhaupt greifbar war und woraus die Vor- und Rahmengeschichte der dort überlieferten Akten bestand: die Untaten des Landvogts «Gijssler», Rütlischwur, Tellenschuss und Burgenbruch.

Hans Schriber zeichnete hier nicht alte, volkstümliche Überlieferungen auf, sondern komponierte die Befreiungslegende. Damit wehrte er sich als entschiedener Gegner der Habsburger gegen die Versöhnung der Eidgenossen mit diesen ihren Erbfeinden in der «Ewigen Richtung» von 1474. Gelehrte Überlieferungen inspirierten den juristisch beschlagenen Schriber, nicht nur Saxo Grammaticus (um 1210) für die Tellensage, sondern auch Justinger, dessen Chronik er zweimal erwähnte, und das schwedische Herkommen. Damit war klar, dass der legitime Herrscher in der Innerschweiz der Kaiser war – und nicht die Habsburger und ihre Vögte, deren herrschaftliches Auftreten als Usurpation von kaiserlichen Rechten erscheinen sollte. Tyrannen waren die Habsburger also nicht nur, weil sie angeblich brutale Untaten begangen hatten, sondern weil ihre Machtansprüche der Berechtigung entbehrten. Diese Argumentation beruhte auf der Gegenüberstellung von Habsburgern einerseits und dem Königtum als oberstes Amt im Reich andererseits. Sie stand auf wackligen Beinen, seitdem die Habsburger ab 1438 ununterbrochen den König stellten, der zumeist und seit Karl V. (1519/20) automatisch durch seine Wahl auch Kaiser wurde. Aber die Eidgenossen kamen mit dieser

Unterscheidung zwischen dem Kaiser als traditioneller und privilegierender Institution einerseits und dem Kaiser als konkreter (habsburgischer) Person andererseits klar, zumal sie den Gegensatz zu Österreich durch die «Erbeinungen» von 1477 und 1511 vertraglich weitgehend beigelegt hatten. So führten sie den Schwabenkrieg 1499 nicht gegen Maximilian I. als den König im Reich, sondern als den Erzherzog von Österreich und Grafen von Tirol.

Obwohl das *Weisse Buch* im Archiv von Sarnen unzugänglich blieb und erst 1854 wiederentdeckt wurde, fand die Befreiungslegende dank den Luzerner Chronisten Melchior Russ und Petermann Etterlin Eingang in die eidgenössische Frühgeschichte. Entscheidend war, dass Etterlins *Kronica von der loblichen Eydtgnoschaft, Jr harkommen und sust seltzam strittenn und geschichten* 1507 in Basel gedruckt wurde – als erste gesamteidgenössische Geschichte überhaupt.[21] Sie schlug gleichsam einen historiografischen Bogen von den Waldstätten über Luzern nach Bern, da sich Etterlin auch stark auf Justinger stützte. Wirkmächtig war auch die Bildtradition zur Tellensage, welche die für Etterlins Chronik entworfenen Holzschnitte begründeten. Diese Motive fehlten noch in den stärker auf die einzelnen Städte bezogenen grossen Bilderchroniken des 15. Jahrhunderts, die in ihrer prächtigen Ausführung eine schweizerische Besonderheit darstellen. Sie blieben ebenfalls in den städtischen oder familiären Archiven eingeschlossenes, amtliches Geheimwissen der jeweiligen Ratseliten. Mit dem Buchdruck und mit Petermann Etterlin wurde dagegen die Geschichte der Schweiz ein Thema, das breiteren lesefähigen Kreisen zugänglich war, also insbesondere einem städtischen Laienpublikum.

Der historische Stoff wurde aber damit zugleich Gegenstand von Kritik und Polemik, da auch auswärtige Historiker auf gedruckte Werke zugreifen, sie mit anderen Überlieferungen vergleichen und mit ihrem eigenen Sachverstand hinterfragen konnten. Das war eine Lieblingsbeschäftigung der

Humanisten, die sich damit ihren politischen Herrschern als Experten für den publizistischen Kampf anboten, den sie als Wettbewerb zwischen den entstehenden Nationen führten. Das hatte bereits der ebenfalls in Luzern wirkende Niklaus Schradin erleben müssen, der 1500 das erste gedruckte Buch veröffentlichte, das einem schweizergeschichtlichen Ereignis gewidmet war: eine illustrierte Reimchronik des Schwabenkriegs von 1499. Schradin beschrieb ihn als Aggression des Schwäbischen Bundes und Österreichs gegen die Eidgenossen, «die keins herren eigen sind».[22] Der habsburgisch gesinnte Elsässer Humanist Jakob Wimpfeling zerfetzte mit seinem Spott die Ursprungssage, wie sie Schradin nach dem *Herkommen der Schwyzer und Oberhasler* eingebaut hatte: Wie heisst der Papst, der die Schwyzer angeblich privilegiert hat, und wo ist die Bulle? Schradin betreibe nicht Geschichtsschreibung, sondern träume sein Ammenmärchen.[23] Ähnliches musste sich Etterlin vom schwäbischen Humanisten Heinrich Bebel anhören: Seine Dichtung sei lügnerisch, widersprüchlich und anachronistisch.[24]

Die Jahrzehnte um 1500 waren entscheidend für die Ausbildung eines gesamteidgenössischen, schweizerischen Geschichtsbilds. Es musste sich in einer internationalen humanistischen Gelehrtenwelt bewähren und zugleich mit einer Populärkultur verbunden bleiben, die über die Kantonsgrenzen hinausgriff und ebenfalls historische Dimensionen aufwies. Das zeigte sich bei den regelmässigen Neubeschwörungen der Bundesbriefe oder in den Jahrzeitfeiern zum Gedenken an die gemeinsam erkämpften Schlachtensiege, an deren Stätten Kapellen errichtet wurden. Bildliche Darstellungen und Theaterstücke erinnerten nicht nur an Tell, sondern stellten zugleich den tugendhaften alten Eidgenossen dem dekadenten jungen Eidgenossen gegenüber, wie er im Zeitalter der Burgunder- und Italienkriege zum Topos wurde. Das einfache Geld des Soldwesens verführe Letzteren zu adelsähnlichem Hochmut, zu Luxus und unsittlichem

Lebenswandel, wo die Vorfahren bescheiden und fromm ihren bäuerlichen Alltagsgeschäften nachgegangen seien.[25] Diese populären Formen der gemeinsamen Erinnerung lebten nicht zuletzt von ihrer kollektiven Inszenierung an Feiern und Vorführungen der Verbündeten. Zugleich erfasste eine zusehends professioneller betriebene Geschichtsschreibung die Eidgenossenschaft allmählich nicht mehr als Bündnisgeflecht von Reichsständen, sondern als Volk mit einem zusammenhängenden Territorium. Man kann von einer Ethnisierung und Territorialisierung des Geschichtsbilds reden, wobei auch die entstehende Kartografie eine wichtige Rolle spielte. Der Frühhumanist Albert von Bonstetten erfasste 1479 die «Obertütscheit Eydgnosschaft», da linksrheinisch, in Gallien und mit ihren acht Orten um die Rigi herum gruppiert, die den Mittelpunkt Europas darstelle. Derselbe Bonstetten sprach 1492 vom «lande der Helveczen, das iecz die Aydtnosschaft genemmet [genennet] wirt».[26] Damit formulierte er als einer der Ersten eine Kontinuität zu den antiken Helvetiern, die Julius Caesar in *De bello gallico,* einem zentralen Referenztext der Humanisten, mit Respekt erwähnt hatte. Ein Land «Helvetia» dagegen war weder bei ihm noch sonst in der Antike vorgekommen. Es war eine Erfindung der Humanisten, die erneut darüber stritten, wo diese Gegend mit den ruhmvollen Helvetiern gelegen habe: Wimpfeling sah sie im Elsass, doch die Identifikation mit der Eidgenossenschaft setzte sich durch, auch dank italienischen Gelehrten.

Der Glarner Humanist Glarean veröffentlichte 1514 eine *Descriptio Helvetiae,* eine lateinische Beschreibung der nunmehr dreizehn Orte. Der Zürcher Heinrich Brennwald verfasste gleichzeitig die erste schweizerische Chronik, die mit dem Bericht Caesars einsetzte und so über viele Jahrhunderte hinweg eine Kontinuität im «land Helveciorum (die Eidgenosschaft genempt)» postulierte. Diesen Gedanken entfaltete namentlich ein Schüler Glareans, der führende

Glarner Politiker und Offizier Aegidius Tschudi. Er sammelte während seiner Karriere an verschiedenen Orten im In- und Ausland Urkunden, Chroniken, Inschriften, Münzen und andere Quellen, die er in verschiedenen Redaktionsschritten seines *Chronicon Helveticum* zu einer Gesamtschau der schweizerischen Geschichte vom Jahr 1001 bis 1470 zusammenfügte. Lücken in der Überlieferung füllte er oft kreativ, indem er zum Beispiel genaue Datierungen erfand, was bei den Lesern den Eindruck von detailliertem Wissen verstärkte. Das tat er auch beim Rütlischwur, den er am 8. November 1307 stattfinden liess: «davon die eidtgnoschafft entsprungen und das land Helvetia (jetz Switzerland genant) wider in sin uralten stand und frijheit gebracht worden».[27] Der Nutzen dieser historischen Erfindung lag darin, dass die Vorfahren der Eidgenossen nicht nur in der bewunderten Antike lebten, sondern die Helvetier damals als freies Volk existierten – eine ursprüngliche Freiheit, die von einer Autorität wie Caesar überliefert wurde und nicht von den Privilegien der Kaiser im Heiligen Römischen Reich abhing. Anders als beim Schwedenmythos des *Herkommens,* den die fremden Humanisten verspotteten, handelte es sich zudem nicht um eine Genealogie mit Wurzeln im Ausland, sondern um den Rückbezug auf ein autochthones, seit jeher in der Schweiz siedelndes Volk.

Zu diesem Volk passte das Territorium, das Tschudi 1538 mit der ersten gedruckten Karte der Schweiz erfasste. Davon ist kein Exemplar erhalten geblieben, und nur eines der zweiten Auflage von 1560. Tschudis Hauptwerke wurden gar erst im 18. Jahrhundert gedruckt. Seinen Ruhm schon zu Lebzeiten und seine Nachwirkung verdankte Tschudi der Zusammenarbeit mit anderen Geschichtskennern, namentlich in Zürich: Johannes Stumpf, Heinrich Bullinger und Josias Simler; dazu Vadian in St. Gallen. Tschudis Überlegungen und sein Material gingen vor allem in Stumpfs Werk ein. Der Zürcher kopierte Tschudis Karte für seine *Landtaflen* (1548), den ersten Atlas der Schweiz. Erstmalig überhaupt in der Geschichte der Kartografie markierte er die Landesgrenzen mit der noch heute vertrauten gepunkteten Linie. Damit war die Territorialisierung des mittelalterlichen Bündnisnetzwerks bildlich umgesetzt. Das geschah in einem umfassenden Sinn, da die Linie auch die Zugewandten Orte einschloss und selbst die Exklaven (so Rottweil) wie mit einem Lasso an die Schweiz band. Ebenso deutlich wird auf dieser wie auf anderen Karten allerdings, dass es sich nicht um die Vorstellung eines Nationalstaats im Sinn des 19. Jahrhunderts handelte. «Helvetia» fügte sich neu in die Reihe der historischen Regionen wie Burgund, Bayern oder Schwaben, dessen südliche Hälfte seine Kerngebiete ausmachte. Auf dieser unteren Ebene befand es sich nicht in einem Gegensatz zu Frankreich (Gallia) oder Deutschland (Germania), sondern bildete einen Bestandteil des Heiligen Römischen Reichs.

In den zwei Folianten *Gemeiner loblicher Eydgnoschaft Stetten, Landen und Völckeren chronickwirdiger thaaten beschreybung,* gedruckt in Zürich 1548, erweiterte Stumpf Tschudis Helvetierthese insofern, als er das Kollektiv, das seit jeher seine «althärgebrachten Freyheiten» verteidigte, als ein «Alpenvolck» im «Alpenland» bezeichnete.[28] Durch diese Rückbindung an die Landestopografie war die Ethnisierung eines Bündnisses vollzogen, das vor allem Reichsstädte prägten, die mit den Alpen wenig zu tun hatten. Es entsprach aber der Wertschätzung der heimischen Alpen als Ort der göttlichen Offenbarung und seiner Majestät bei den Zürcher Reformatoren Ulrich Zwingli, einem gebürtigen Toggenburger, bei dessen Nachfolger Heinrich Bullinger, zugleich Verfasser einer ungedruckten *Eidgenössischen Chronik* (1568), oder bei dessen Schwiegersohn Josias Simler, der 1574 ein Werk *De Alpibus* vorlegte.

Es ist ebenso auffällig wie bezeichnend, dass Bullinger, Simler und Vadian, der Reformator von St. Gallen, in historiografischen Fragen eng mit Aegidius Tschudi zusam-

menarbeiteten, dem Anführer der Glarner Katholiken und um 1560 Namensgeber des «Tschudikriegs», der seinem Heimatkanton beinahe einen konfessionellen Bürgerkrieg bescherte. Diese erste Generation von humanistisch geprägten Reformatoren und Gegenreformatoren arbeitete ebenso wie die Chronisten um 1500 noch zusammen, um eine solide säkulare Geschichte als verbindende Klammer für die Eidgenossen zu formulieren, wenn schon deren transzendentale Verbindung im gemeinsamen religiösen Eid und Bekenntnis verloren war. Auch deshalb konnten sich die sagenhaften Elemente der Befreiungsgeschichte um Tell als zentrale Bestandteile der schweizerischen Geschichte halten. Denn trotz gelegentlichen Zweifeln waren selbst die Reformierten nicht bereit, solche glorreichen Bezüge zu den eidgenössischen Anfängen preiszugeben. Sogar Bruder Klaus, der 1649 selig gesprochen wurde, blieb im konfessionellen Zeitalter eine vorbildliche Figur, auf die sich beide Glaubensparteien bezogen. Ein weiteres Anliegen verband die Historiker über die Konfessionsgrenzen hinweg. Sie stellten die Kämpfe gegen die Habsburger nicht als illegitime Revolte gegen den Adel dar, sondern als gebotenen Widerstand der ordnungsliebenden Eidgenossen gegen die habsburgischen Usurpatoren. Besonders Tschudi und Simler, dessen *Regiment der lobl. Eÿdgenossschaft* (1576) oft aufgelegt und übersetzt wurde, betonten, dass die Eidgenossen nicht anarchische Bauern waren, sondern viele Vornehme und auch Adlige zu sich zählten. Das war besonders wichtig in einer Zeit, in welcher Habsburger wie Kaiser Karl V. oder Philipp II., der König von Spanien und Herrscher in Mailand, der Eidgenossenschaft wieder gefährlich werden konnten.
So blieb der kriegerische Gegensatz zu den habsburgischen Tyrannen, wie er nach dem Alten Zürichkrieg formuliert und zuletzt von Tschudi übernommen worden war, ein Grundmotiv des schweizerischen Geschichtsverständnisses. Veränderungen fehlten auch deshalb, weil die Geschichts-

schreibung über die Eidgenossenschaft nach den umfassenden und soliden Veröffentlichungen von Stumpf und Simler weitgehend ruhte. Nur zeitlich über sie hinaus führten der Basler Andreas Ryff (*Cirkell der Eidtgnoschaft,* 1597, ungedruckt) oder der Zürcher Johann Heinrich Rahn (*Eidtgnössische Geschicht-Beschreibung,* 1690). Sogar die Illustrationen übernahm der Wettinger Abt Christoph Silberysen für seine Schweizerchronik von 1576 aus Stumpfs Werk. Die amtliche Geschichtsschreibung dagegen widmete sich wieder vorwiegend der Geschichte der eigenen Stadt, in der die alles dominierende religiöse Wahrheitsfrage gelöst und nicht, wie in der eidgenössischen Geschichtsschreibung, konfliktträchtig war. Über die lokale Perspektive hinaus blickte man namentlich in Bern, wo Valerius Anshelm mit seiner ungedruckten Chronik (verfasst 1529–1547) und sein Fortsetzer Michael Stettler (*Schweitzer Chronic,* 1627) in Justingers Fussstapfen traten und eine klare protestantische Position vertraten. Ein habsburgfreundlicher Autor wie der Freiburger François Guillimann wanderte frustriert nach Freiburg i. Br. aus, nachdem sein Werk *De rebus Helvetiorum sive Antiquitatum libri V* (1598) sich nicht einmal unter Katholiken als Gegenstimme zu den Zürcher Historikern etablieren konnte.

Erst die um 1700 einsetzende Frühaufklärung brachte ein neues Interesse an der gesamteidgenössischen Vergangenheit hervor, das über konfessionelle Differenzen hinwegzuschauen bereit war. Der Zürcher Johann Jacob Scheuchzer erforschte in seiner *Beschreibung der Natur-Geschichten des Schweizerlandes* (1706) nicht nur die Topografie der Alpen, sondern formulierte die These eines «Homo alpinus Helveticus»: Der schweizerische Alpenhirt sei dank seiner einfachen Lebensweise nicht nur gesund, kräftig und tapfer, sondern auch tugendhaft und fromm – und politisch frei, was die Schweizer unabhängig von der Religionsfrage grundsätzlich verband.[29] Von Albrecht von Haller über Salomon Gessner und Jean-Jacques Rousseau bis zu Friedrich Schiller trugen Dichter zu dieser helvetischen Version des edlen Wilden bei, wie ihn die Aufklärung dem dekadenten Höfling als Gegenbild gegenüberstellte. Da insbesondere Frankreich und seine höfische Kultur diese Figur hervorbrachten, richteten sich der Patriotismus und der Helvetismus des Berners Beat Ludwig von Muralt, des Zürchers Johann Jacob Bodmer, des Luzerners Franz Urs Balthasar und vieler anderer Aufklärer gegen das Fremde, «Unschweizerische». Wenn es, wie beim Solddienst, bei korrupten Amtsleuten oder unduldsamen Klerikern, in der Schweiz selbst zu greifen war, geschah dies umso strenger. In Abgrenzung dazu formulierten die Aufklärer das Ideal sittenreiner republikanischer Selbstbestimmung, die nicht nur die Barrieren der Konfession überwinden sollte, sondern auch diejenigen der Sprache. So zählte die 1762 gegründete Helvetische Gesellschaft, die erste «nationale» Sozietät, neben Reformierten auch einige städtische Katholiken sowie den Waadtländer Pfarrer Philippe-Sirice Bridel zu ihren Mitgliedern. Der frühere «grosse pund obertütscher landen» wurde so allmählich als zweisprachig wahrgenommen in dem Sinn, dass die romanischen Sprachen nicht mehr zwingend ein Zeichen von Untertänigkeit waren.

Dass Bridel zu den Gründern der Geschichtsforschenden Gesellschaft der Westschweiz zählte, war kein Zufall. Die Erforschung der vaterländischen Geschichte war ein Hauptanliegen der Aufklärer, mit dem Ziel, ein neues Nationalgefühl historisch zu begründen. Johann Jacob Bodmer, der auch historische Dramen über Schweizer Helden verfasste und den Volkscharakter in der Alpenlandschaft begründet sah, wirkte mit Lehrbüchern bis hinein in die Realschule. Er gab ab 1735 die erste historische Zeitschrift der Schweiz heraus, die *Helvetische Bibliothek,* und weitere Sammlungen, die Quellen und ältere Geschichtswerke «zur Historie der Eidgenossen» vereinten. Damit standen Bodmer und sein Mitstreiter Johann Jacob Breitinger nicht allein. Sie gaben postum die *Helvetische Geschichte* des Berners Jacob Lauffer heraus, eine Kompilation aus ihm zugänglichen Vorgängerwerken. Weitere Werke wie die *Historie der Eydgenossen* (1758) des Vincenz Bernhard von Tscharner erschienen ebenfalls aus Berner Federn. Viel wichtiger war allerdings Gottlieb Emanuel von Hallers systematische *Bibliothek der Schweizer-Geschichte* (1788), das erste umfassende Verzeichnis der einschlägigen handschriftlichen und gedruckten Darstellungen und Quellen. Sie beruhte unter anderem auf Bodmers reichhaltigen Notizen und fügte sich ein in eine reiche Editionstätigkeit der Aufklärer. Etterlins *Kronika* wurde gleich zweimal (1752 und 1764) nachgedruckt. Vor allem aber gab der Basler Johann Rudolf Iselin 1734/36 erstmals Tschudis Hauptwerk als *Chronicon Helveticum* in den Druck; dessen Vorgeschichte der Schweiz erschien als *Gallia comata* ebenfalls erstmals gedruckt 1758 in der Edition von Johann Jacob Gallati. Der künftige Zürcher Bürgermeister Johann Jacob Leu gab nicht nur Josias Simlers *Regiment der Lobl. Eÿdgenoschaft* 1722 und 1734 aktualisiert und kommentiert heraus, sondern stellte auch ein *Allgemeines Helvetisches Eydgenössisches ... Lexikon* (1747–1765) in zwanzig Quartbänden zusammen. Dafür erbat er Informationen aus allen Kantonen, erhielt sie aber nicht aus allen – oft galt historisches Wissen noch als Geheimwissen, zumal bei Leu und anderen Autoren nun zunehmend Gewicht auf der Verfassungsentwicklung lag. Wie im 16. Jahrhundert erfolgte diese gemeineidgenössische Suche nach den historischen Wurzeln konfessionsübergreifend, sodass der Luzerner Joseph Anton Felix Balthasar oder der Zuger Beat Fidel Anton von Zurlauben (*Tableaux topographiques,* 1780–1788) als wichtige Korrespondenten von Hallers involviert waren. Erstmals beteiligt waren auch Vertreter der französischsprachigen Schweiz wie Abraham Ruchat, dessen Landeskunde *Les délices de la Suisse* (1714) im Ausland wirkungsmächtiger war als die zahlreichen Veröffentlichungen von Deutschschweizern.

Von diesem Urteil auszunehmen sind jedoch die weit über die Landesgrenzen hinaus wirkungsreichen *Geschichten schweizerischer Eidgenossenschaft* (1780–1808) des Schaffhauser Aufklärers Johannes (von) Müller. Er zog gleichsam die Summe aus den vielen Texten, die im 18. Jahrhundert neu zugänglich wurden, und ordnete diese in die Fragestellungen zu Landesbeschaffenheit, Volks- und Zeitgeist, Verfassungswandel und Vergänglichkeit ein, die Montesquieu und andere Aufklärer formuliert hatten und die in der Revolutionszeit hochaktuell waren. Müller stand selbst in den Diensten deutscher Fürsten und wurde 1791 vom Kaiser geadelt. Die Geschichte seiner Heimat, die er bei seinem Tod von den Helvetiern bis 1493 erzählt hatte, stilisierte er dagegen als kollektive Verwirklichung der Freiheit, die «unsere Väter durchaus und einmüthig», treu und tapfer, tugendhaft, patriotisch und christlich-fromm zu wahren wussten. Das so gezeichnete Vorbild der Alten sollte im Untergang der Alten Eidgenossenschaft und während der krisenhaften Helvetischen Republik volkspädagogisch Orientierung stiften. Nicht ein Fürst, sondern das schweizerische Volk in der durch die Alpen geprägten «Untilgbarkeit seines Nationalcharakters» war Hauptdarsteller und fand in einer freiheitlichen Verfassung seine wesensgemässe Bestimmung. Das trug im Umfeld von Französischer Revolution und Romantik zum enormen Erfolg des vielbändigen Werks vor allem in Deutschland bei.[30] Schillers *Wilhelm Tell* beruhte auf dem «glaubenswerten Mann» Johannes Müller, wie er augenzwinkernd im Drama genannt wird, und über ihn auf Tschudi.

Dass v. Müller für Jahrzehnte die literarischen und moralischen Standards der Schweizer Geschichte gesetzt hatte, zeigte sich an den zahlreichen Fortsetzungen und Aktualisierungen seines Werks, die Robert Glutz-Blotzheim, Johann Jakob Hottinger, Louis Vulliemin und Charles Monnard in den Jahrzehnten bis 1851 verfassten. Letzterer übersetzte

v. Müller auch ins Französische, und 1853 lagen umgekehrt diese Fortsetzungen auch auf Deutsch vor, sodass dem jungen Bundesstaat gleichsam eine zweisprachige Darstellung seiner Vorgeschichte bis ins frühe 19. Jahrhundert zur Verfügung stand. Die Schilderung des Gemeinsinns jenseits der Egoismen und der verbindenden christlichen Religion als dauerhafter sittlicher Basis trat an die Stelle von konfessionspolitischen Untertönen und Polemiken, auch wenn die Nationalgeschichte im 19./20. Jahrhundert eine Domäne von protestantischen Historikern blieb. Freiheit war ihr Leitmotiv, aber die elitären, religiösen und föderalistischen Autoren verstanden darunter keine Freiheit, die auf die nationale Demokratie enggeführt worden wäre. Die populäre Vermittlung v. Müllers und nicht zuletzt der Befreiungslegende war dagegen die Mission des aus Magdeburg eingewanderten liberalen Pädagogen und Politikers Heinrich Zschokke, über seine publizistische Tätigkeit für den *Schweizerboten* ebenso wie in *Des Schweizerlands Geschichte für das Schweizervolk* (1822). Sein Lob des Volkes, das sich seiner Überlieferung verpflichtet fühlen und von seinen Nachbarn abgrenzen solle, hatte einen grossen Erfolg und inspirierte vaterländische Feiern ebenso wie Volkslieder und Historiengemälde. Über die Sprachgrenze hinweg wirkte Zschokke ab 1849, als der liberale Freiburger Katholik Alexandre Daguet dessen Schweizergeschichte in einer französischen Bearbeitung vorlegte.

Ebenfalls ein Katholik, allerdings ein Konservativer, der Luzerner Joseph Eutych Kopp, verwarf 1835 in *Urkunden zur Geschichte der eidgenössischen Bünde* nicht nur Tell, sondern auch den Rest der Befreiungslegende, wie sie v. Müller, Zschokke und andere besungen hatten, die der Urschweiz durch Herkunft und Mentalität viel ferner standen als Kopp. Seine Quelle war nicht mehr die ältere Historiografie, sondern das Archiv mit seinen Urkunden. Das entsprach der Verwissenschaftlichung der Geschichtsschreibung, wie sie vor allem in Deutschland betrieben wurde und die jede Epoche, mit Leopold von Ranke gesprochen, als «unmittelbar zu Gott» betrachtete. Das galt auch für das Mittelalter, das Kopp nicht nationalgeschichtlich auf eine Gründungsphase der Schweiz reduzieren wollte. Zu den Urkunden, die er edierte oder mit einem neuen Blick würdigte, gehörte auch der Bund von Uri, Schwyz und Unterwalden von 1291, dem er aber wenig Bedeutung beimass. Er zeichnete ein positives Bild von den Habsburgern, und in den mittelalterlichen Urkunden entdeckte er nicht die Vorgeschichte einer liberalen Schweiz, sondern eine offene Situation mit vielen Akteuren und zeitgebundenen, kurzfristigen Zielen.

Kopp begründete 1839 die *Eidgenössischen Abschiede,* die Sammlung der Beschlussprotokolle, die bei den Treffen der Eidgenossen und später der Tagsatzung angefertigt worden waren. Ein anderer Luzerner, Philipp Anton von Segesser, setzte diese Edition später fort, die als Langzeit-Editionsprojekt des Bundes schliesslich alle Abschiede bis ins Jahr 1848 umfassen sollte. Dieses Datum betrachteten die ersten Bearbeiter der *Abschiede* mit gemischten Gefühlen, die Alte Eidgenossenschaft dagegen nicht ohne Nostalgie. Segesser war der Anführer der katholisch-konservativen Verlierer des Sonderbundskriegs im schweizerischen Parlament und Verfasser von Werken vor allem zu Luzern, das ihm als Heimat näher stand als der neue Bundesstaat. Der Konfessionalismus und Föderalismus von Segesser und Kopp sowie ihre Bewunderung für imperiale Strukturen verweigerten sich durch den Rekurs auf sperrige Urkunden den zielgerichteten Nationalgeschichten der Liberalen. Letztere suchten in den neu greifbaren Quellen die Bestätigung dessen, was sie im Mythos vorgegeben fanden. Dessen Ursprung fanden die beiden Zürcher Historiker Gerold Meyer von Knonau und Georg von Wyss 1854 praktisch gleichzeitig im *Weissen Buch von Sarnen,* um sich dann über die Rolle des Entdeckers zu zerstreiten.

Von Wyss verwies zugleich die Gründungslegende der Waldstätte in das Reich der Phantasie, weil sie urkundlich nicht belegt war. Die «kritische Schule» verwirklichte sich nicht zuletzt dank Institutionen: Um die Jahrhundertmitte wurden an den jungen Universitäten historische Seminare gegründet, oft mit eigenen Professuren für die vaterländische Geschichte. Diese verdankten ihre Methode Studienjahren in Deutschland, wo der deutsche Historismus um Ranke die systematische Quellenkritik vorbildlich vermittelte. Neben kantonale traten nun nationale Gesellschaften und Zeitschriften, namentlich die Allgemeine Geschichtsforschende Gesellschaft der Schweiz (1841) und ihr *Jahrbuch*, später die *Zeitschrift für schweizerische Geschichte*. Archive wurden als Teil der demokratischen Öffentlichkeit und Transparenz für das Publikum geöffnet. 1849 erhielt das 1798 gegründete Bundesarchiv in Bern seinen eindeutigen Auftrag. Manche Editionen von ungedruckten Quellen, nicht zuletzt der mittelalterlichen Chronistik, erblickten das Licht, finanziert von staatlichen Institutionen. Die Impulse waren dieselben wie in den anderen entstehenden Nationalstaaten Europas, die ihre Anfänge möglichst weit zurück ins Mittelalter verlegten. Sie wollten ihr Territorium und gegebenenfalls territoriale Ansprüche gegen aussen rechtfertigen und im Inneren eine Volksgemeinschaft postulieren, die sich nicht durch die wachsenden Klassengegensätze auseinanderdividieren liess. Ebenso wichtig war es für die Schweiz im Zeitalter der deutsch-französischen «Erbfeindschaft», die historischen Gemeinsamkeiten der verschiedenen Sprachgemeinschaften auf ihrem Territorium zu entdecken und für die «Willensnation» zu betonen.

Gerade wegen der internationalen Konkurrenz auch in den Geisteswissenschaften war Wissenschaftlichkeit gefragt. Die Historiografie wandte sich ab von der literarisch möglichst ansprechenden oder zumindest eingängigen Nacherzählung dessen, was andere Historiker schon überliefert hatten. Wichtig wurde die Erforschung von neuen Themen, die sich möglichst auf Urkunden und andere Realien aus der Untersuchungszeit stützte. Ein Winter mit niedrigem Wasserstand brachte am Zürichsee Reihen von Pfählen und andere Siedlungsreste zum Vorschein. Ferdinand Keller veröffentlichte auf dieser Grundlage 1854 *Die keltischen Pfahlbauten in den Schweizerseen.* Wie der Titel besagte, hatte man es bei den Pfahlbauten (die heutige Archäologen nicht mehr als solche ansehen) mit einem Phänomen zu tun, das (nur) für die «Schweiz» charakteristisch war. Zeitlich vor den Helvetiern und wissenschaftlich solider, da nicht nur bei Geschichtsschreibern belegt, trat so im jungen Bundesstaat eine nationale Urbevölkerung auf den Plan, die vor allem in populären Darstellungen ebenfalls als Projektionsfläche für helvetische Tugenden und Freiheitsliebe dienen konnte.

Als «Siegesfest der Wissenschaft» galt unter diesen Umständen, dass das Gründungsdatum 1307 für die Eidgenossenschaft, das Tschudi und nach ihm v. Müller überliefert hatten, dem Jahr 1291 weichen musste, dem frühesten urkundlichen Beleg für den Bund der Waldstätte.[31] Dass dieser der – zudem «ewige» – Kern war, aus dem die Eidgenossenschaft durch Anschlüsse entstand, übernahm allerdings die liberale Geschichtsschreibung, die um 1891 neue Synthesen vorlegte. Drei befreundete reformierte Freisinnige aus der östlichen Schweiz akzeptierten die Resultate der «kritischen Schule» um Kopp, wollten aber zugleich in positivem Sinn umfassende Darstellungen der Nationalgeschichte schaffen: Karl Dändliker (*Geschichte der Schweiz,* 1883-84), Johannes Dierauer (*Geschichte der Schweizerischen Eidgenossenschaft,* 1887–1917; auf Französisch übersetzt 1910–1913) und Wilhelm Oechsli (*Die Anfänge der Schweizerischen Eidgenossenschaft,* 1891). Oechslis Werk wurde begleitet von einer verfassungsgeschichtlichen Studie zu den Bundesverfassungen. Sie stammte aus der Feder von Carl Hilty, der die Schweizergeschichte als «Sittenlehre in nationalhistorischem Gewand» betrachtete, die sich nicht nur über die «bloss legendäre Darstellung», sondern auch über die «unfruchtbare Gelehrsamkeit» erheben müsse, also über die kritische und insofern destruktive Schule, als sie den «längst vergangenen Dingen» kein neues Leben einhauche. Als Moral aus der von Hegel inspirierten Fortschrittsgeschichte, welche den schweizerischen, politischen Volksgeist über die blosse Bluts- und Sprachgemeinschaft der anderen Nationen erhob, postulierte Hilty für Zeitgenossen und Nachfahren: «Die politische Selbständigkeit eines freiheitlich organisierten Volkes ist jedem anderen Gute für immer vorzuziehen».[32]

In einer Zeit, in der nationale Schlachtenfeiern wie in Sempach (1886) Aufsehen erregten und in Zürich das Schweizerische Landesmuseum mit Ferdinand Hodlers Marignano-Fresken eingeweiht wurde (1898), unterzogen sich die Historiker dem volkspädagogischen Auftrag unterschiedlich stark. Dändliker versuchte, die Wissenschaft mit der volkstümlichen Überlieferung auf der Suche nach dem «Geist der Freiheit und Volksherrschaft» in Übereinstimmung zu bringen. Er weigerte sich, «alles Hergebrachte zu negiren», sondern beliess der Legende ihre Berechtigung, wenn er einen historischen Kern erkennen konnte.[33] Den Befreiungssagen am entferntesten stand Dierauer, der auf der Basis der *Eidgenössischen Abschiede* eine nüchterne und präzise Ereignisgeschichte vorlegte, die sich patriotischen Bedürfnissen verweigerte, wenn diese die «sorglose Überlieferung des Volkes» nachsichtig behandelte.[34] Diese Strenge war geboten, denn Dierauers Bände erschienen in einer deutschen Reihe zur *Geschichte der europäischen Staaten* neben vielen anderen Nationalgeschichten, sodass er sich an internationalen Standards messen lassen musste. Oechsli verwarf die Befreiungslegende ebenfalls, deutete aber die mittelalterlichen Schlachten mit klarem Gegenwartsbezug als Kampf von «Bürgern und Bauern» gegen die Adelsmacht.[35] Erneut

am stärksten bei Dändliker, aber allen gemeinsam war der kritische Blick auf das Ancien Régime als einer Zeit der konfessionellen Konflikte, der aristokratischen Willkür und politischer Fremdbestimmung. Der Bundesstaat erschien in diesen Fortschrittsnarrativen einerseits als Verwirklichung aufklärerisch-liberaler Postulate, andererseits aber auch als Rückkehr zur Anerkennung und zum Respekt, den die mittelalterlichen Eidgenossen erfahren hatten. Diese Geschichtsvision wirkte nicht zuletzt über Popularisierungen wie jene von Johannes Sutz, *Schweizer Geschichte für das Volk erzählt* (1899), oder Emil Frey, *Die Kriegstaten der Schweizer dem Volk erzählt* (1904). Freys Schilderung, «wie die wetterharten Bauern und Hirten des schweizerischen Berglandes um ihrer Freiheit willen zum Schwert greifen», war programmatisch für ein Genre, das in der mehrbändigen *Schweizer Kriegsgeschichte* (1915–1923) ihren Höhepunkte erlebte: Auf Anregung des Generalstabschefs der Armee stellten führende Historiker die Entwicklung von den Helvetiern bis 1914 aus der militärischen Perspektive dar.[36]
Das gemässigt freisinnige Geschichtskonzept, insbesondere Oechslis Fixierung von 1291 als Gründungsdatum, integrierten an zentraler, staatsbegründender Stelle die katholisch-konservativen Verlierer des Sonderbundskriegs, also namentlich die «Urschweiz». Die Sieger von 1847/48 erkannten ihnen diesen Ehrentitel zu und orchestrierten damit den 1891 erfolgten Eintritt der Katholisch-Konservativen in den Bundesrat. Ebenfalls im historischen Umfeld zu verstehen ist die *Geschichte der schweizerischen Neutralität* des Zürcher Staatsarchivars Paul Schweizer. Er reagierte damit 1895 auf die Wohlgemuth-Krise, einen Spionagefall, der Bismarck zu Ausfällen gegen die Schweiz und ihre aussenpolitische Maxime veranlasste. Im Bemühen, sie auch historisch zu legitimieren, deutete Schweizer nach intensiven Archivrecherchen die frühesten Belege etwa für das «Stillesitzen» als eidgenössische Form der Neutralität.

Die liberale Geschichtsvision erlebte Fortsetzungen und Aktualisierungen etwa durch den Zürcher Professor Ernst Gagliardi, wogegen die konkurrierenden politischen Lager sie kaum in Frage stellten. Die katholisch-konservativen Historiker mochten keine alternative Perspektive auf die Nationalgeschichte entwerfen. Autoren der mit Geschichtslehrstühlen gut ausgestatteten Universität Freiburg, namentlich Joseph Hürbin (*Handbuch der Schweizer Geschichte,* 1900/06) oder Gaston Castella (*Histoire de la Suisse,* 1928), setzten nur bei konfessionellen Themen andere Duftnoten als ihre reformierten Vorläufer um Dierauer. Die meisten katholischen Historiker blieben wie der Nidwaldner Robert Durrer in ihrem föderalistisch-konfessionellen Lagerdenken auf Figuren wie Bruder Klaus und Carlo Borromeo ausgerichtet. Eine Ausnahme war allein die reaktionär-ständestaatliche Geschichtsvision des Freiburger Patriziers Gonzague de Reynold (*La démocratie et la Suisse,* 1929). Auf der Linken schrieb der Sozialdemokrat Robert Grimm seine *Geschichte der Schweiz in ihren Klassenkämpfen* nicht auf der Grundlage eigener Forschungen, sondern 1920 während seiner Haft nach dem Landesstreik. Er stützte sich vor allem auf Dändliker und Dierauer, doch betonte Grimm gegen die harmonisierende Sicht der Nationalgeschichte die vielen, oft gewaltsamen Konflikte als Motor der emanzipatorischen Entwicklung. Dazu zählte der Kampf der «Bauern» um 1300 gegen den «Adel», worin Grimm die liberale und konservative Narration übernahm. Auf eigenen Forschungen beruhte die *Geschichte der Schweiz* (1941) von Grimms Parteigenossen, dem Historiker und Nationalrat Valentin Gitermann. Es war ein aussergewöhnlicher Blick «ohne beschönigende Retouchen» auf die Nation, insofern der jüdische Flüchtling erst fünfjährig aus der Ukraine in die Schweiz gelangt war. Sein ausgewogenes Werk erntete neben Anerkennung auch scharfe Kritik, weil es nicht in der schweizerischen Geschichtsforschung wurzle und er die bündische Ausbildung des christlichen Volksstaats im Mittelalter nur eilig behandelt habe.[37] Gitermanns materialistischer Ansatz, der grossen Persönlichkeiten sowie der Militär- und Geistesgeschichte wenig Raum widmete, galt als linke Methode. Das erklärt die Randstellung, welche die Wirtschafts- und Sozialgeschichte beibehielt, obwohl durchaus liberale Historiker wie William Rappard, Eduard Fueter oder Hans Nabholz in diesen Bereichen schweizergeschichtliche Beiträge leisteten. Sie verfassten allerdings keine Gesamtdarstellungen, und Erstere beide schrieben mit einem klaren Fokus nicht auf die mittelalterlichen Anfänge, sondern auf den Bundesstaat seit 1848.

Die Westschweizer schauten zwar gelegentlich mit föderalistischem Misstrauen, aber nach den Verwerfungen, die es im Ersten Weltkrieg zwischen den Sprachgruppen gegeben hatte, insgesamt sehr wohlwollend auf die Entwicklung vom Staatenbund zum und im liberalen Bundesstaat, der ihre Autonomie garantierte. Im Unterschied zu den Deutschschweizern beschrieben die Vertreter der Minderheit eher die Ausbildung staatlicher Strukturen in ihrem internationalen Umfeld denn die Entfaltung einer Nation aus sich selbst heraus. Von einem französischen «Joch» nach 1798 sprach aber auch der Journalist William Martin in seiner *Histoire de la Suisse: Essai sur la formation d'une confédération d'états,* die erstmals 1928 erschien und danach sehr oft neu aufgelegt wurde, für die neuere Zeit mit Ergänzungen von Pierre Béguin. Ähnliches gilt für die vielfach nachgedruckte *Histoire de la Suisse* (1944) von Charles Gilliard. Der liberal-reformierten, aber auch einer konservativ bernischen Tradition verpflichtet war die «Viermännergeschichte» von Hans Nabholz, Leonhard von Muralt, Richard Feller und Edgar Bonjour, womit erstmals Spezialisten die unterschiedlichen Epochenbeiträge schrieben. Nabholz war von diesen Autoren methodisch am differenziertesten und akzeptierte zwar die sagenhafte Überlieferung als «Verkörperung der Freiheitsidee», doch war ihm klar: «Unsere Darstellung von der Entstehung der Eidgenossenschaft weicht stark von dem Bilde ab, das jeder Schweizer von diesen Vorgängen lebendig vor Augen hat und das sich von Generation zu Generation weitervererbt.»[38]

Die Formulierungen zeigten bereits die Ausrichtung auch der Historikerzunft auf die Geistige Landesverteidigung der 1930er-Jahre. Die Diskrepanz zwischen dem Forschungsstand und den volkstümlichen Vorstellungen von der Schweizergeschichte war ihr bewusst. Doch der Appell an Freiheit und Opferbereitschaft hatte nichts Theoretisches, wenn ein völkisches Grossdeutschland im Norden drohte, von Süden der faschistische Irredentismus, der alle Italienischsprachigen in einem Staat vereinen wollte. Die Rede vom «Sonderfall» erfüllte nun eine existentielle Aufgabe. Sie legitimierte einen Staat, dessen Gemeinschaft nicht Blut und Sprache definierten, sondern Geschichte und, in Ernest Renans Worten, das alltägliche Plebiszit der Bürger. Die Einheit in der Vielfalt war in der Argumentation des federführenden Bundesrats Philipp Etter das Wichtigste: Viersprachigkeit, kulturelle Mittlerrolle, föderalistische Bundesstruktur, Gemeindeautonomie und Menschenwürde in einem christlichen Sinn. Gegenüber diesem Erbe der Alten Eidgenossenschaft traten die Errungenschaften von 1848 zurück: parlamentarische Demokratie, individuelle Freiheit und Gleichheit, eine liberale Wirtschaftsordnung. Definiert wurde der Sonderfall aussenpolitisch damit nicht nur in Abgrenzung zu den rechten und linken Totalitarismen, sondern auch zu den demokratisch legitimierten Volksfrontregimes in Frankreich und Spanien und den angloamerikanischen Modellen.

In gewisser Hinsicht hatte die schweizerische Historikerzunft Glück. Einer der Ihren, der Luzerner Katholik Karl Meyer, glaubte selbst an das, was er mit der Autorität eines Professors in Zürich verkündete: Die Befreiungserzählung einschliesslich der Tellensage war nicht Legende, sondern

wahre Geschichte, und der einstige Widerstand genossenschaftlicher Kommunen gegen den fremden Adel gab das Modell für die Verteidigung des demokratischen Sonderfalls in der gegenwärtigen Bedrohung ab.[39] Ähnlich erklärte der erwähnte Robert Durrer 1934 Winkelried gegen die «Pseudokritik des 19. Jahrh.» wieder zur historischen Figur.[40] Dieser Rückschritt hinter Kopps hundert Jahre zuvor etablierte Quellenkritik provozierte klaren Widerspruch von fachkundigen Kollegen. Allein, Meyers Darlegungen fügten sich gut in die politische und gesellschaftliche Erwartungshaltung, dass die Vergangenheit Identität und Kontinuität stiften solle. 1941 beging der Bundesrat in diesem Geist zusammen mit General Guisan den 650. Geburtstag der Schweiz im kurz zuvor eingeweihten Schwyzer Bundesbriefarchiv, um in den ernsten Stunden die Verpflichtung gegenüber den Ahnen und ihr Vorbild zivil und religiös zu unterstreichen.
Die biografische Erfahrung der Kriegsjahre und vor allem des militärischen Aktivdiensts prägte die grosse Zahl von schweizergeschichtlichen Texten, die nach 1945 verfasst wurden und sich oft an ein weiteres Publikum wandten, so die Schriften von Georg Thürer, eines Schülers von Karl Meyer (*Bundesspiegel. Werdegang und Verfassung der Schweizerischen Eidgenossenschaft,* 1948). Es fällt auf, dass viele der Autoren nach oder neben ihrer historiografischen Tätigkeit politische Ämter übernahmen und sich somit in doppelter Hinsicht vaterländisch-gouvernemental betätigten. Gottfried Guggenbühl (*Geschichte der Schweizer Eidgenossenschaft,* 1947/48) war Zürcher Erziehungsrat; Peter Dürrenmatt (*Schweizer Geschichte,* 1957) vertrat den Kanton Basel-Stadt im Nationalrat; von den Autoren der wiederholt aufgelegten *Illustrierten Geschichte der Schweiz* (1958–1961) wirkte Karl Schib kurz als Kantonsrat und Sigmund Widmer als langjähriger Stadtpräsident von Zürich. Sie fügten sich in eine lange Reihe von Parlamentariern und Bundesräten ein, die Werke zur kantonalen oder nationalen Geschichte

verfassten, wenn auch nicht unbedingt Gesamtdarstellungen. Bei den Bundesräten führte diese Tradition von Emil Freys erwähnten *Kriegstaten der Schweizer* (1904) über Markus Feldmann, den Koordinator der genannten *Schweizer Kriegsgeschichte* (1915–1923), bis Georges-André Chevallaz (*Le défi de la neutralité,* 1995, deutsch 1997).[41] Vom Widerstandsgeist gegen den italienischen Faschismus und Irredentismus geprägt waren Guido Calgari und Mario Agliati, die 1969 eine *Storia della Svizzera* vorlegten.
Ihre Hauptwirkung verdankte die Nationalgeschichte, welche die Geistige Landesverteidung der 1930er-Jahre in den Kalten Krieg transportierte, allerdings weniger der Geschichtsschreibung, selbst wenn sie volkstümlich präsentiert wurde, als dem Schulunterricht und den pädagogischen Schriften etwa des Schweizerischen Jugendschriftenwerks SJW (so *650 Jahre Eidgenossenschaft,* 1941). Der Lehrplan für die Berner Primarschulen, der von 1947 bis 1982 gültig war, hielt fest: «Die nationale Aufgabe erfüllt der Geschichtsunterricht in unserem Vaterlande dann, wenn er zum guten Eidgenossen erziehen hilft. Zum guten Eidgenossen gehört das eidgenössische Bewusstsein. Dieses beruht auf einer gewissen Kenntnis der Wesenszüge unseres Staates und unserer Geschichte, aber auch auf einem Empfinden der Unterschiede zwischen uns und den andern.»[42] In einem für den Schulunterricht verfassten Buch, *Wir wollen frei sein wie die Väter waren,* forderte Franz Meyer 1961, den historischen Vorbildern zu folgen: «Auch wir sind bereit, für unser Vaterland Opfer zu bringen, für das Heimatland auf etwas zu verzichten, dem Lande einen Dienst zu erweisen und für die Heimat zu beten. Nur so verdienen wir es, in einem freien Lande leben zu dürfen.» Meyer rettete die mittelalterlichen Legenden zumindest in ihrem didaktischen Kern: «Wir wissen, dass die mündliche Überlieferung Fehler und Ungenauigkeiten enthalten kann. [...] Und trotzdem sind diese Geschichten wahr. Das Volk der Hirten stand auf, starke

Landammänner führten es, und mutige Helden setzten ihr Leben ein für die Freiheit dieses Volkes.»[43] In der Wissenschaft waren solche Positionen nicht mehr haltbar, nachdem der Zürcher Professor Marcel Beck das Vorgehen Karl Meyers und seiner Schule zerzaust hatte. Der Beck-Schüler und Schriftsteller Otto Marchi popularisierte den Kenntnisstand 1971 mit seiner *Schweizer Geschichte für Ketzer*.

In der Schule dagegen machte die heroische Verteidigung der Freiheit gegen die Habsburger und andere fremde Bedrohungen lange den Hauptteil des schweizergeschichtlichen Unterrichts aus. Die Moral aus der Masslosigkeit der Söldner und der Niederlage von Marignano war die Neutralität, die als aussenpolitischer Grundzug danach die Narration bestimmte, unterbrochen nur durch Napoleon, der die «Franzosenzeit» um 1800 repräsentierte. Die internen Gegensätze wurden gleichsam von der harmonischen Versöhnung her erzählt und aufgefangen: vom Stanser Verkommnis bis zum «Friedensabkommen» in der Metallindustrie von 1937. Die schweizergeschichtlichen Schulbücher begannen sich erst seit den 1970er-Jahren allmählich zu ändern. Die Schweiz wurde als Teil ihrer europäischen Umwelt vorgestellt, ihre Vergangenheit nicht auf das Militärische reduziert, und bei der Behandlung der Helvetik (1798–1803) kamen nun auch positive Aspekte zur Sprache.[44]

Diese Veränderungen fügten sich in einen allmählichen Wandel, der greifbar wurde, wenn sich Brüche im nationalen Geschichtsbild auftaten. Ein politischer Reflex bestand dann jeweils darin, dass der Bundesrat in der internationalen Tradition der «Weissbücher» historische Fakten von Fachleuten abklären liess.[45] So verfasste der frühere Basler Regierungsrat Carl Ludwig 1957 einen nach ihm benannten Bericht über die schweizerische Flüchtlingspolitik im Krieg, als die offizielle Publikation der *Akten zur deutschen auswärtigen Politik* in der Bundesrepublik belegte, dass der J-Stempel in Pässen deutscher Juden 1938 auf schweizerische Anregung eingeführt worden war. Als weitere Aktenpublikationen und ein Buch des englischen Journalisten Jon Kimche die Neutralitätspolitik im Krieg in ein fragwürdiges Licht stellten, veranlasste die Landesregierung einen prominenten Zeitzeugen, den Basler Geschichtsprofessor Edgar Bonjour, seine *Geschichte der schweizerischen Neutralität* zu verfassen. Er erhielt ungehinderten Zugang zu den Archiven, doch der Bundesrat willigte in die Veröffentlichung des Berichts ab 1967 erst ein, nachdem Medien und Parlamentarier dies eindringlich gefordert hatten. Die letzten drei Bände, die für die Kriegszeit relevant waren, erschienen auch auf Französisch. Bonjour zeigte sich durchaus kritisch gegenüber einzelnen Aspekten der bundesrätlichen Politik im Krieg. Ihre Gesamtbeurteilung konzipierte er allerdings als folgerichtige Fortsetzung seiner schon früher verfassten Darstellung der schweizerischen Neutralität, die er – wie Paul Schweizer 1895 – möglichst früh, nämlich mit Niklaus von Flüe beginnen liess. So konnte er das Fazit aus den Kriegsjahren ziehen, dass die Neutralität nicht nur mitentscheidend gewesen sei für die Wahrung der Selbständigkeit, sondern dass die Verpflichtungen, die sich aus ihr ergaben, gegenüber dem Ausland erfüllt worden seien.[46]

Zu strengeren Urteilen kamen in denselben Jahren um 1968 eine wachsende Zahl von Journalisten und Schriftstellern wie Walter Matthias Diggelmann, Christoph Geiser, Max Frisch und Niklaus Meienberg, die ihre publizistischen Finger in die unheroischen Wunden der Kriegszeit legten.[47] Die Historikerzunft griff diese heiklen Themen etwas später auf, in den 1980er-Jahren, nachdem die Sperrfrist im Bundesarchiv auf 35 Jahre reduziert worden war und ab 1979 die zahlreichen Bände der *Diplomatischen Dokumente der Schweiz* (von 1848 bis 1945, gegenwärtig fortgesetzt bis 1989) das dort gesichtete Quellenmaterial gedruckt zugänglich machten. Autoren wie Werner Rings oder Jakob Tanner untergruben die Doktrin, dass die wirtschaftliche Kooperation mit dem Dritten Reich nur den Geboten der Not gehorcht hatte. Markus Heiniger behandelte 1989 *Dreizehn Gründe. Warum die Schweiz im Zweiten Weltkrieg nicht erobert wurde*. Seine Antwort liess sich auf die Formel reduzieren: wirtschaftliche Dienstleistungen und militärische Bedeutungslosigkeit. Georg Kreis und Hans Ulrich Jost sprachen vom «Helvetischen Totalitarismus», um das Vollmachtenregime und den Geist der Kriegsjahre zu charakterisieren.

Aufsehen erregte dies auch deshalb, weil Jost diese Formulierung 1983 im Referenzwerk *Geschichte der Schweiz und der Schweizer* wählte. Es wollte das solide, aber stark ereignis- und verfassungsgeschichtlich angelegte *Handbuch der Schweizer Geschichte* (1972/1977) ergänzen, wenn nicht sogar ablösen. Ausländische Einflüsse, vor allem das Modell einer «histoire totale» im Sinn der französischen *Annales*-Schule, prägten das Konzept der *Geschichte der Schweiz und der Schweizer*, die auf Deutsch, Französisch und Italienisch erschien. Sie wertete die politische und militärische Geschichte der «grossen Männer» ab zugunsten der langfristigen Entwicklungen, die den Alltag der «normalen Menschen» bestimmten und möglichst mit quantitativen Quellen und statistischen Methoden erfasst wurden: Bevölkerungsentwicklung, Wirtschaft, sozialer Wandel, Mentalitäten. Für viele dieser Phänomene war der Nationalstaat Schweiz nicht der geeignete Darstellungsrahmen, weil es zwischen den Landesteilen sehr viele Unterschiede gab. Die Verschiebung der Erkenntnisinteressen trug dazu bei, dass die Nationalgeschichte im folgenden Vierteljahrhundert erheblich an Bedeutung verlor. Für eine «histoire totale» eigneten sich die Kantone besser, deren Geschichte zum Gegenstand eines eigentlichen Wettbewerbs um die gründlichste Erforschung und höchststehende Präsentation wurden. Sie integrierten weitere neue Ansätze, etwa die Frauen- und Geschlechtergeschichte. Beatrix Mesmer war eine Mitherausgeberin der *Geschichte der Schweiz und der Schweizer*, doch Beiträge aus

weiblicher Hand zu schweizergeschichtlichen Gesamtdarstellungen finden sich erstmals im Handbuch *Die Geschichte der Schweiz*, das Georg Kreis 2014 herausgegeben hat.
Praktisch alle diese neuen Schweizer- und Kantonsgeschichten umfassten mehrere Bände, in denen Experten die jeweiligen Epochen behandelten. Diese Spezialisierung war wie die neuen inhaltlichen und methodischen Interessen ein Zeichen dafür, dass die schweizerischen Geschichtswissenschaftler Anschluss an internationale Entwicklungen fanden. Schweizergeschichte war nicht mehr ein Geschäft für sich, das als Entfaltung der Nation über die Jahrhunderte hinweg verfolgt wurde, sondern unterteilte sich mit einem vergleichenden Blick auf ausländische Forschungen in eigenständige Epochen. In der universitären Lehre und in ihren Prüfungen waren nicht unbedingt Themen aus der Schweiz stark rückläufig, wohl aber solche der Nationalgeschichte. Der Internationalisierung entsprach es, dass die *Zeitschrift für schweizerische Geschichte* schon 1951 einen neuen Namen erhielt: *Schweizerische Zeitschrift für Geschichte*. Das *Historische Lexikon der Schweiz*, welches das *Historisch-Biographische Lexikon der Schweiz* (1921–1934) ablöste und von 2002 bis 2014 in drei Landessprachen erschien, behandelte nicht nur die vielen Personen und Orte im Land, sondern präsentierte in Sachartikeln Phänomene, die bereits im Ausland Gegenstand der Forschung geworden waren.
Wie stark sich das populäre Geschichtsbild und die universitäre Forschung auseinandergelebt hatten, zeigte sich 1986 beim Jubiläum der Schlacht bei Sempach, dann 1989, im Umfeld des Mauerfalls und der Armeeabschaffungsinitiative, und 1991 bei der Jubiläumsfeier «700 Jahre Eidgenossenschaft», die in ihrer ursprünglich geplanten Form scheiterte. 1995 wurde die Rolle der Schweiz im Zweiten Weltkrieg gar zum Thema internationaler Polemiken. Vor allem Amerikaner formulierten Anschuldigungen über die schweizerische Kollaboration mit Nazideutschland, die

zum Teil aus der Luft gegriffen waren und zum Teil auf solider Quellengrundlage beruhten. Dazu gehörte kaum etwas, was den Fachleuten nicht bekannt gewesen wäre. Aber weite Kreise, nicht zuletzt viele Angehörige der Aktivdienstgeneration, die damals Militärdienst geleistet hatten, empfanden die Weltkriegsdebatte als Demütigung der Schweiz und ihrer Leistungen im Weltkrieg. Der Bundesrat setzte erneut eine Kommission zur «historischen Wahrheitsfindung» ein, die von Jean-François Bergier geleitet wurde. Sie legte 2002/03 in zahlreichen Einzeluntersuchungen und einem Schlussbericht ihre Einschätzung vor, wie sich die Schweiz, namentlich ihre Unternehmen und der Finanzplatz, verhalten hatte. Die Konfrontation mit dem Forschungsstand führte zu heftigen öffentlichen Debatten: «Junghistoriker» erschienen den einen als besserwisserische «Nestbeschmutzer» und marxistische «Schweizhasser», während die anderen forderten, endlich mit den Geschichtsmythen aufzuräumen.[48]

Geschickt nutzten vor allem die Schweizerische Volkspartei (SVP) und ihre Schwesterorganisation, die Aktion für eine neutrale und unabhängige Schweiz (AUNS), das vergangenheitspolitische Thema, das viele als Frage der nationalen Ehre ansahen. Ihr Anführer Christoph Blocher ordnete die Auseinandersetzung um Entschädigungszahlungen und deren Gegenstand in den jahrhundertelangen Widerstand gegen Aggressoren und in diesem Fall «Erpresser» aus dem Ausland ein. Diese Argumentation fügte sich gut in das rhetorische Abwehrdispositiv, das die Nationalkonservativen bereits gegenüber dem Europäischen Wirtschaftsraum (1992) und gegenüber der Europäischen Union pflegten, in der sie eine zentralistische und imperialistische Grossmacht erblickten. Diese Überzeugung ergab sich nicht aus neuen historischen Publikationen oder eigenständigen Forschungen. Im Gegenteil, die Nationalkonservativen wiederholten bloss, aber mit anhaltendem Erfolg die Kernelemente des Geschichtsbilds, wie es im Kalten Krieg für die politischen

Parteien bis weit in die Linke hinein und für grosse Teile der Bevölkerung Gültigkeit gehabt hatte. Einleitend zu den hier folgenden Kapiteln wird diese Position jeweils durch ein Zitat der beiden SVP-Bundesräte Christoph Blocher oder Ueli Maurer illustriert. Es bildet den Ausgangspunkt zu den folgenden Überlegungen, ob und wie weit die schweizerischen Heldengeschichten der historischen Überlieferung entsprechen und angemessene Modelle für die Zukunft liefern.

1

Der Bund von 1291

«Der Gotthard steht in höchstem Masse für die schweizerische Unabhängigkeit und Freiheit. Er ist Symbol und Mahnmal zugleich. Es ist kein Zufall, dass die Geburtsstunde unseres Landes – der Bundesbrief von 1291 – hier in der Nähe, auf dem Rütli – einer kleinen abgelegenen Wiese – beschlossen und beglaubigt wurde.»[49]

Der Bund von 1291 wurde nicht auf dem Rütli beschworen. Jedenfalls ist es sehr unwahrscheinlich, dass die führenden Männer von Uri, Schwyz und Nidwalden (Obwalden gehörte diesem Bund nicht an) eine mühsame Reise zu einer abgelegenen Wiese in Kauf nahmen, wenn sie sich auch in einer Siedlung treffen konnten. Verstecken mussten sie sich nicht: Ihr Bund war keine heimliche Verschwörung wie der Rütlischwur, den Friedrich Schiller dichterisch überhöhte. Selbst wenn es den Rütlischwur je gegeben hätte, so hatte er mit dem Bund von 1291 nichts zu tun. Schillers Vorlagen wussten nichts vom 1291er-Bund: Weder der Aufklärer Johannes von Müller erwähnte ihn, ebenso wenig dessen Quelle, der Humanist Aegidius Tschudi, und auch nicht der Tschudi vorliegende Text, das vom Kanzleischreiber Hans Schriber verfasste, spätmittelalterliche *Weisse Buch*. Dort fehlte ein Datum für den Rütlischwur, den Tschudi – der um die suggestive Kraft präziser Daten wusste – dann auf den «Mittwoch vor Martini», also den 8. November 1307 datierte, worin ihm v. Müller folgte. Der Rütlischwur, «davon die eidtgnoschafft entsprungen» (Tschudi), war aber kein Bundesbrief.[50]
Die Bundesbriefe ihrerseits waren ebenso wenig ein Ansatz zur Staatsbildung wie die englisch-französische *Entente cordiale* von 1904 oder die NATO. Landfriedensbündnisse

gab es im späten Mittelalter sehr viele, nicht nur, aber oft zwischen Städten. Das berühmteste und langlebige Beispiel war die Hanse. Zürich und Basel, zum Teil auch andere später schweizerische Städte gehörten beispielsweise zum Rheinischen Bund (1254–1257), zum südwestdeutschen Städtebund (1327) und zum Schwäbischen Städtebund (1376–1389). Für alle derartigen Zusammenschlüsse war charakteristisch, dass verschiedene Herrschaftsträger in einer Zeit ohne staatliches Gewaltmonopol gemeinsam und überlokal Frieden und Sicherheit garantieren wollten. Dafür verpflichteten sie sich eidlich zu gegenseitiger Hilfe gegen aussen oder bei der Durchsetzung von Urteilen. Schiedsgerichte und andere Verfahren sollten verhindern, dass Konflikte durch Fehde ausgetragen oder auswärtige Gewaltträger herangezogen wurden. Es ging nicht um kollektive Verteidigung von demokratischer Freiheit, die es um 1300 in der Innerschweiz ebenso wenig gab wie anderswo. Das Ziel der tonangebenden Adligen und Grossbauern war die Sicherung ihrer eigenen Herrschaftsrechte und Handelswege in einem regionalen Verbund. Die Rechte von anderen Verbündeten und jene des übergeordneten Königs im Reich wurden dabei jeweils vorbehalten, ebenso die freie Bündniswahl – die Allianzen waren nicht exklusiv, sondern eher kumulativ, sodass sie eigentliche Netzwerke bilden konnten, die aber nicht von Dauer waren. Ihre Verdichtung und Verfestigung erfolgte auch in der späteren Schweiz nur in einem jahrzehntelangen Prozess, wobei die Konkurrenz zu den Habsburgern seit der Schlacht von Sempach (1386) und vor allem seit der Eroberung des Aargaus (1415) einigend wirkte: Die damals Acht Orte verwalteten und verteidigten die Beute als Gemeine Herrschaft gemeinsam. Sie schlossen auch die Zugewandten Orte oder später aufgenommene Kantone von der Herrschaft und den Erträgen derjenigen Territorien aus, bei deren Eroberung sie nicht mitgewirkt hatten.

Erst nach der Krise des Alten Zürichkriegs erhielt diese eine, Achtörtige Eidgenossenschaft allmählich exklusiven Charakter, sodass man fortan von einer «Aufnahme» von neuen Mitgliedern reden kann. Bis zur konfessionellen Spaltung waren die Grenzen noch sehr flüssig zwischen dem inneren Kern der Eidgenossen und den Zugewandten Orten, die oft gleichsam in einer Warteposition dem Beitritt entgegensahen und mit eigenen Kontingenten an den militärischen Expeditionen teilnahmen. Das galt im 15. Jahrhundert insbesondere für Solothurn und Appenzell. Die Städte Schaffhausen und St. Gallen schlossen 1454 einen Bund mit sechs Orten, ohne Uri und Unterwalden. Alle acht Orte verbanden sich 1463 mit dem schwäbischen Rottweil, und 1466 bildeten Bern und Solothurn eine Allianz mit dem elsässischen Mülhausen. Das *Hüpsch Lied vom Ursprung der Eydgnoschaft* listete 1477, im Zeitalter der Burgunderkriege, zuerst die acht Orte auf, die «vest und weiss» seien, beständige und weise, fromme Glieder des Bundes. Die «rechte Eydgnoschafft» reiche aber weiter: «Solothurn ein alter stamm», Freiburg, Biel, Appenzell, Schaffhausen, Stadt und Abt St. Gallen. «Strasburg gehörtt auch in den pund», ebenso weitere Elsässer Städte wie Colmar und Schlettstadt, aber ebenso die Herzöge von Österreich, Lothringen und Mailand.[51] Das war die momentane Allianz, die gegen Karl den Kühnen antrat. Sie umfasste Habsburger und andere Herzöge, und nirgends stand geschrieben, dass ein Kirchenfürst wie der St. Galler Abt nicht mehr werden konnte als der nächste und ranghöchste Zugewandte Ort, protokollarisch gleichsam der 14. Kanton der Alten Eidgenossenschaft. Gerade weil die Bündnisse situationsbezogen waren und für viele Entwicklungen offen blieben, ist die Rede – im *Hüpschen Lied* – vom «Ursprung» oder später von der «Gründung» der Eidgenossenschaft irreführend, denn es handelte sich um einen Verdichtungsprozess von verschiedenen Polen her.

Das lag nicht zuletzt daran, dass kein Reichsstand, und damit auch nicht die künftigen schweizerischen Kantone, seine Herrschaft kollektiv aus solchen Bünden hergeleitet hätte. Die ersten, zeitgenössischen Zürcher Chroniken erwähnten den Bund von 1351 mit den Waldstätten ebenso wenig wie Justinger deren ersten Bund mit Bern (1323); derjenige von 1353 fehlte am sachlich-chronologisch richtigen Ort und wurde erst später nachgetragen.[52] Die Staatlichkeit der einzelnen Orte gründete nicht in ihren Bündnissen, sondern in ihren individuellen Reichsprivilegien. Darin gewährte der König (oder Kaiser) des Heiligen Römischen Reichs Vorrechte, die legitime Herrschaft erst schufen. Besonders wichtig waren Privilegien im Bereich der Rechtsprechung, etwa das Blutgericht (das mit Todesstrafen enden konnte) oder die Zusage, dass Gerichtsurteile nicht durch Appellationen an andere Gerichte in Frage gestellt werden konnten. Für ihre geleisteten Dienste oder Geldzahlungen erwarben die meisten zukünftigen Orte den umfassenderen Status eines Reichsstands, der dem König und dessen Schutz unmittelbar unterstand. Die früheste erhaltene Bestätigung dieser «Reichsfreiheit» erhielt Schwyz 1240; in den anderen Orten fallen die Freiheitsbriefe zumeist in das 14. und 15. Jahrhundert. Zumindest vorübergehend erlangten auch andere Herrschaftsträger in der heutigen Schweiz Reichsfreiheit: so Hasli, Frutigen und Guggisberg, später Baden, Bremgarten und Mellingen. Die Beispiele zeigen, dass Reichsfreiheit nicht unbedingt davor bewahrte, vom mächtigen Nachbarn annektiert zu werden.
Die Bedeutung der königlichen Privilegien zeigte sich darin, dass sie sorgfältig aufbewahrt wurden und, als Ausweis der Herrschaftsrechte, auch aufbewahrt werden mussten. Bei Bündnissen war das anders. Der Vertrag von 1291 ging bald vergessen, spätestens nachdem 1315, im Anschluss an die Schlacht bei Morgarten, ein neuer, in Brunnen beschworener Bundesbrief Uri, Schwyz und Unterwalden umfasste, für die

1309 erstmals die Kollektivbezeichnung «Waldstätte» überliefert ist. Immerhin blieb das Dokument von 1291 erhalten, anders als die Urkunde eines in seinem Text erwähnten früheren Bündnisses. 1758 wurde es wieder entdeckt und 1760 erstmals gedruckt, weckte aber vorerst kein besonderes Aufsehen. Das geschah auch erst einige Zeit nach der zweiten Edition durch Joseph Eutych Kopp im Jahr 1835. Für Kopp selbst war das Bündnis nicht grundlegend, da er den Innerschweizer Konflikt mit den Habsburgern erst – durchaus zutreffend – im Vorfeld des Morgartenkriegs ortete.

Die liberale Nationalgeschichtsschreibung sah dann in der Urkunde von 1291 den «Stiftungsbrief der schweizerischen Eidgenossenschaft», wie es Wilhelm Oechsli 1891 festhielt.[53] Diese Einschätzung war bei einem reformierten Zürcher Geschichtsprofessor nicht selbstverständlich, denn es gab 1291 auch ein anderes Bündnis, das am 16. Oktober Schwyz und Uri zum gegenseitigen Schutz schlossen und zwar mit – Zürich! Es war allerdings auf drei Jahre befristet und nicht, wie die Allianz vom August, auf «ewig» geschlossen, was so viel bedeutete wie «unbefristet».[54] Vor allem fokussierte der auch inhaltlich knappere Bund vom Oktober nicht auf die Waldstätte, die sich seit der zweiten Hälfte des 19. Jahrhunderts programmatisch als «Urschweiz» bezeichneten. Das entsprach dem Bild, das im 15. Jahrhundert entstanden war und die nationale Geschichte als Reihe von Beitritten zu einem ursprünglichen Bund verstand.

Vom «Stiftungsbrief» sprach Oechsli nicht zufällig in dem Jahr, in dem erstmals am 1. August offiziell des Bundesbriefs gedacht wurde, und zwar im Sinn einer Gründungsakte. Der Aufschwung der Geschichtsschreibung als wissenschaftlicher Disziplin hatte nicht zuletzt damit zu tun, dass sie den neu entstehenden Nationalstaaten ihre möglichst weit ins Mittelalter zurückreichenden Wurzeln nicht mehr mit legendären Überlieferungen, sondern mit Originalquellen, namentlich Urkunden, belegte und einordnete. Im Fall der

Schweiz war dies zusätzlich verzwickt, weil der Nationalstaat in einem Bürgerkrieg zwischen liberalen Nationalisten und konservativen Föderalisten erkämpft worden war. Die Wunden des Sonderbundskriegs von 1847 waren am Ende des Jahrhunderts bei den Innerschweizer Verlierern noch kaum vernarbt. Zudem hatten der liberale Kulturkampf gegen die «ultramontane», auf die römische Kurie ausgerichtete katholische Kirche und die neue Bundesverfassung von 1874 mit ihren konfessionellen Sonderartikeln sie wieder aufgerissen. Insofern war es sehr symbolträchtig, dass dieser liberale Bundesstaat das Jahr 1848 stets vernachlässigte, wenn es seine Anfänge zu feiern galt – als liberal-nationalen Gründungsakt, wie ihn für die USA 1776 darstellte, für Frankreich 1789, für Italien 1860 oder für Deutschland 1871. Auch die moderne Schweiz entstand durch Revolutionen, zuletzt durch den illegalen Bruch mit dem völkerrechtlichen Bundesvertrag von 1815: Dessen Revision 1847/48 hätte Einstimmigkeit der vertragschliessenden, souveränen Kantone erfordert. Trotz oder gerade wegen dieser illegitimen Geburt folgte die liberale Schweiz in ihrem Geschichtsbild dem Beispiel Grossbritanniens, wo mit der Magna Charta die vormodernen, kollektiven und ständischen Freiheitsrechte gefeiert wurden, nicht die individualistischen Grundrechte der Moderne.

Die Gedenkfeier für das 600-jährige Bestehen der Eidgenossenschaft wurde relativ kurzfristig, 1889, zuerst in Bern angeregt, der Haupt- oder vielmehr Bundesstadt des neuen Nationalstaats. Dort wollte man den Anlass mit der 700-Jahr-Feier der eigenen Stadt zusammen begehen. Das Vorhaben stiess in der Presse durchaus auf Kritik, weil es «einen zu archivarischen Charakter» habe; die Feier sei «keine Naturblume, keine Alpenrose, in den Bergen gewachsen, sondern ein Zimmergewächs der Gelehrten- und Beamtenstube».[55] In den Alpen sah man das anders, wollte aber diesen Anlass nicht der urbanen, protestantischen Schweiz überlassen, die im Bund von 1291 nicht vorkam. Dieser verwies auf die drei Urkantone und vor allem auf Schwyz, wo das einzige erhaltene Exemplar des Bundesbriefs aufbewahrt wurde; allerdings noch nicht im erst 1936 errichteten Bundesbriefarchiv. Schwyz, die Gemeinde, stach nicht nur Bern aus, sondern auch die kantonalen Mitbürger in Brunnen, das als Bündnisstätte von 1315 ursprünglich und bis weit ins 19. Jahrhundert im Vordergrund gestanden hatte. Auch der Bundesschwur auf dem Umschlag dieses Buches, eine auf 1578 datierte Federzeichnung in einer Abschriftensammlung des Chronisten Christoph Silberysen, illustrierte diesen Bund von 1315. Sein Text wurde im Unterschied zu demjenigen von 1291 bereits im 14. Jahrhundert wiederholt abgeschrieben, also von den Zeitgenossen als grundlegend angesehen. Für Brunnen sprach zudem seine Nähe zum bereits mythischen Rütli auf der gegenüberliegenden Seeseite. Das brachte allerdings auch Schwierigkeiten mit sich: Das Rütli gehört zu Uri, und für die Urner ging die Schweiz, in Übereinstimmung mit Aegidius Tschudi, auf 1307 als Jahr des Rütlischwurs zurück. Tatsächlich hatte die Tagsatzung 1807, damals allerdings ohne viel Aufheben, des «fünften Jubeljahrs der alten Schweizerischen Freyheit» gedacht.[56] 1891 hingegen stritten sich die beiden Urkantone, weil das Schwyzer Festprogramm den eigenen Beitrag zur Schweizergeschichte allzu exklusiv hervorhob; Tell erhielt bloss eine Statistenrolle. Entsprechend trotzig trägt in Altdorf seit 1895 die von Richard Kissling geschaffene Statue von Tell mit Sohn auf dem Sockel die Jahreszahl 1307. 1907 feierten die Urner folgerichtig 600 Jahre Rütlischwur, mit prominenter Beteiligung von freisinnigen Bundesräten.

In der «Urschweiz» war also das Gründungsdatum noch lange Zeit strittig: 1291 für die Gemeinde Schwyz, 1307 für Uri, 1315 für Brunnen. Die liberale Mehrheit im Bund spielte gleichsam den Schiedsrichter, der sich für das möglichst weit zurückliegende und urkundlich in Schwyz belegte Datum

1291 entschied. Gemeinsam freuen konnten sich gleichwohl alle Innerschweizer über ein Geschichtsbild, das die Verlierer von 1847 im Zentrum der Erzählung beliess, wie es das *Weisse Buch* und Aegidius Tschudi beschrieben hatten. Demnach hatten sich die Waldstätte zusammengeschlossen, um die habsburgischen Usurpatoren zurückzuweisen; von diesen bedrängt, habe danach ein Ort nach dem anderen Anschluss gesucht an den Bund, der so als antihabsburgisches, freiheitliches Verteidigungsbündnis gross und dauerhaft geworden und schliesslich genetisch in den Bundesstaat übergegangen sei. Anfang und Kern des Schweizerbundes lagen also angeblich in den katholischen Gefilden, in denen der Widerstand gegen den Bundesstaat und dessen moderne Freiheiten seit jeher seine Bastionen hatte. Obwohl die Eidgenossenschaft erst dank den grossen, zusammenhängenden Territorien der später reformierten Kantone Zürich und Bern die Voraussetzungen erlangte, um sich als europäischer Kleinstaat auf Dauer zu behaupten, wollte man um 1900 im frühesten belegten Bündnis den Samen erkennen, aus dem der Schweizer Stamm erwuchs. Die vormoderne Landsgemeinde, nicht das liberale parlamentarische Repräsentativsystem war sein Symbol. Tatsächlich wurde 1891 auch die Verfassungsinitiative eingeführt, nachdem bereits seit 1874 das Referendum existierte und den Konservativen das Nein-Sagen erleichterte. Ihre Referendumsmacht hatte den weiteren Ausbau des Nationalstaats etwa im Bereich von Schule, Militär oder Eisenbahnen blockiert. Auch deswegen wählte, ebenfalls 1891, die freisinnig dominierte Bundesversammlung mit dem Luzerner Josef Zemp erstmals einen Katholisch-Konservativen in den Bundesrat, einen Vertreter der Verlierer von 1847. Deren Föderalismus drückte sich darin aus, dass die Feier am 1. August seither eine Bundesfeier ist und nicht ein Nationalfeiertag wie anderswo. Erinnert wird also an den bündischen Zusammenschluss von autonomen Kleinstaaten, den laut Bundesverfassung wei-

terhin souveränen Kantonen, die gleichrangig im Ständerat vertreten sind – und nicht an die Nation von freien und gleichen Bürgern, deren Stimmen im Nationalrat gleich viel wiegen.
Wenn das Jahr 1891 die Annäherung der Sonderbundsfeinde zumindest auf nationaler Ebene symbolisierte, dann zugleich auch die Abgrenzung des entstehenden Bürgerblocks gegen die Arbeiterbewegung. Gewerkschaften und Sozialdemokraten feierten 1890 erstmals die 1. Mai-Feier, den die ein Jahr zuvor gegründete Zweite Internationale als Kampftag der Arbeiterbewegung ausgerufen hatte. Dies war eine internationale Feier von bloss einer gesellschaftlichen Klasse; der 1. August dagegen eine nationale Feier, die alle Klassen umfassen und damit auch ihre Gegensätze aufheben sollte in der gemeinschaftlichen Liebe zum Vaterland. Das Altbewährte sollte Orientierung liefern in einer Zeit des schnellen und für viele bedrohlichen Umbruchs in Politik, Wirtschaft und Gesellschaft. Eine 1891 veröffentlichte Ausgabe der Bundesbriefe empfahl diese «für die Schweizer Jugend» zur besseren Lektüre «als nur die Fahrtenpläne der Eisenbahnen, den Kurszettel der Börse und die Preise von Baumwolle, Sprit und Petroleum».[57] Hierin bestand der ideologische Kompromiss, der Konservative und Liberale einte: Die ewige Schweiz war der gemeinsame Bezugspunkt, obwohl sie für Erstere ein in der Vergangenheit verankerter Schutzverband der althergebrachten kantonalen Freiheiten war, für Letztere eine dank dem Nationalstaat dynamische Gestalterin der gemeinsamen Zukunft.

2

Wilhelm Tell

«Hier am Gotthard entstand unser schweizerischer Staatsmythos, der sogar ein doppelter ist: Die Geschichte vom Einzelgänger Wilhelm Tell, der zum Tyrannenmörder wurde. Und die Geschichte vom Rütlischwur als Zeichen des Zusammenstehens, der Gemeinschaft – einer echten, der Solidarität. Man kann viel Abschätziges hören und lesen über die Gründungsgeschichte der schweizerischen Eidgenossenschaft. Das seien ja alles nur Mythen. Ja und?» [58]

Es ist nicht besonders originell festzuhalten, dass Wilhelm Tell nie existiert hat. Zwar gibt es Autoren, die sich in Publikationen mit dem alles sagenden Titel *...Und es gab Tell doch* oder *Wilhelm Tell – nicht umzubringen* über diese Frage ereifern können.[59] Aber die Zweifel an seiner Existenz sind praktisch gleich alt wie sein literarisches Leben, das mit der ersten – 1507 in Basel – gedruckten Schweizer Geschichte, Petermann Etterlins *Kronica von der loblichen Eydtgnoschaft,* richtig einsetzte, nicht zuletzt dank den Illustrationen. Aegidius Tschudi brachte diese Erzählung in der Mitte des 16. Jahrhunderts in die Form, die über den Aufklärer Johannes von Müller und Friedrich Schiller auf uns gekommen ist. Bereits Tschudis Zeitgenosse, der St. Galler Humanist und Reformator Vadian, war skeptisch gegenüber der Gründungssage. Der erzkatholische Freiburger Historiker Franz Guillimann erwähnte den Armbrustschützen zwar 1598 in seiner Schweizer Geschichte, meinte aber 1607 in einem vertraulichen Brief, es handle sich wohl um eine reine Fabel, für die es keinerlei zeitgenössische Quellen gebe.[60]

Damals wussten die Gebildeten bereits, dass der dänische Historiker Saxo Grammaticus um 1210 in seiner *Gesta Da-*

norum die Geschichte des Bogenschützen Toko erzählt hatte, die in wesentlichen Elementen die Tellensage vorwegnahm: Apfelschuss, zweiter Pfeil, Tyrannenmord im Wald. Gleichwohl war es ein Skandal, als der Ligerzer Pfarrer Uriel Freudenberger 1760 in Zusammenarbeit mit Gottlieb Emanuel von Haller, dem Berner Bibliografen, auf Deutsch und Französisch *Der Wilhelm Tell. Ein Dänisches Mährgen* veröffentlichte. Uri liess den Henker das Werk öffentlich verbrennen und schenkte dem Luzerner Joseph Anton Felix Balthasar eine Goldmedaille für seine Replik *Défense de Guillaume Tell.* Drei Jahrzehnte später wurde Tell ein Held der Revolutionäre in Frankreich und ihrer aufklärerischen Anhänger auch in der Schweiz. Als Freiheitsheld schmückte er ab 1798 Fahne und Siegel der Helvetischen Republik. Doch deren föderalistische Gegner und Verteidiger des Ancien Régime beriefen sich genauso entschieden auf Tell als Symbol ihrer alten, kantonalen Freiheiten. Mit ähnlichen Positionen stritten sich in der ersten Hälfte des 19. Jahrhunderts Liberale und Konservative um das wahre Erbe Tells, ehe der Zürcher Historiker Gerold Meyer von Knonau 1854 im Obwaldner Staatsarchiv die Urquelle der Sage entdeckte: *Das Weisse Buch von Sarnen,* eine Sammlung von Urkundenabschriften, in welche um 1470 die Befreiungsgeschichte eingefügt war. Die vielen Parallelen zur *Kronica* zeigten klar, dass Petermann Etterlin sich auf das *Weisse Buch* gestützt hatte.
Diese Entdeckung stärkte die Position derer, die von einem wahren, historischen Kern der Tellengeschichte ausgingen. Richard Kisslings Statue erhob den Helden 1895 in Altdorf aufs Podest, und die Bundesfeier verband zumeist unreflektiert Rütli, Bundesschwur und Tell. Besonders engagiert kämpfte in den 1930er- und 1940er-Jahren der aus Luzern stammende und in Zürich lehrende Geschichtsprofessor Karl Meyer für die Authentizität von Tell. Der Aktualitätsbezug war im Zeitalter der Geistigen Landesverteidigung offensichtlich und die Rezeption gerade bei einem nichtaka-

demischen Publikum beträchtlich, weil Meyer Tell und die ersten Eidgenossen zu Freiheitskämpfern gegen die äussere Bedrohung stilisierte. Jedermann wusste, auf wen Meyer in der Gegenwart zielte, wenn sich seit dem Kampf gegen das herrschaftliche Prinzip der Habsburger der «genossenschaftliche, republikanisch-föderative Staatsgedanke ununterbrochen, sechs Jahrhunderte lang, bis heute behauptet» habe.[61]

Nur mit dieser Bedeutung für das Selbstverständnis oder das Selbstwunschbild der Schweizer – einsame, aber unerschrockene Wahrer der Freiheit gegen fremde Tyrannen – lässt sich erklären, dass die Tellengeschichte gerade im 20. Jahrhundert so heftig verteidigt wurde. Niemand würde einen 1970 verfassten Text, zumal ohne Quellenangaben, als Beleg für ein Ereignis um 1800 ernst nehmen – obwohl im letzten Drittel des 20. Jahrhunderts das Wissen um die napoleonische Zeit ungleich besser war als im letzten Drittel des 15. Jahrhunderts die Kenntnisse über Rudolf von Habsburg und die habsburgischen Vögte. Was in den Jahren um 1300 im Gebiet der heutigen Schweiz passierte, ist weitgehend unbekannt. Es gibt die erwähnten Urkunden, zeitgenössische Geschichtsschreibung aber nur indirekt, von auswärtigen Autoren. Wer Tells Historizität behauptet, der muss an verschollene schriftliche Überlieferungen denken, obwohl nicht nur in Bergtälern, sondern selbst in deutschen Städten im 14. Jahrhundert noch praktisch keine Geschichtsschreibung existierte; oder er bemüht die mündliche Überlieferung, die an langen Winterabenden eine wahre, wenn auch nicht immer sehr wahrscheinliche Begebenheit über Generationen hinweg weitergereicht hätte.

Handelte es sich nicht um einen Nationalhelden, so würde man nicht über volkstümliche Überlieferungen spekulieren, sondern die frühesten Belege der Befreiungslegende so betrachten, wie man das bei allen historischen Texten tut – als Zeugnis ihrer eigenen Entstehungszeit. Die ersten Nachrichten über einen Widerstand (nur) der Schwyzer gegen die Habsburger, noch ohne Tell und Bundesschwur, finden sich um 1420 beim ersten Berner Chronisten überhaupt, bei Conrad Justinger. Er war ein Zeitgenosse der Appenzellerkriege (1401–1429). Diese entbrannten in seiner Deutung deswegen, weil die Amtsleute des Abts von St. Gallen «nüwe fünde», neue, also illegitime Rechtsansprüche auf Abgaben einforderten und die einheimischen Frauen behelligten. Dagegen verteidigten die Appenzeller «die alten recht [...] mit dem swert». Das war tatsächlich der Standpunkt der Appenzeller, die bei der Wahrung ihrer althergebrachten Rechte und Freiheiten auf den Rückhalt vor allem von Schwyz zählen konnten, während Habsburg und der regionale Adel den Abt von St. Gallen unterstützten. Die Habsburger unterlagen 1405 in der Schlacht am Stoos, etliche Burgen gingen während des Kriegs in Flammen auf. 1411 trat Appenzell in ein enges Bündnis mit den Eidgenossen. Justinger folgte nun einer erzählerischen Strategie, die in seinen Zeiten häufig war: Er machte diese seine Gegenwart zum Deutungsmuster für die Vergangenheit, die damals ein Jahrhundert zurücklag. In der Passage, die erstmals überhaupt eine Befreiungsgeschichte formulierte, wollten die Habsburger Amtsleute und Vögte in der Innerschweiz «nüwe recht und nüw fünde» durchsetzen und stellten zudem «gar frevenlich» den dortigen Frauen nach. Das gute alte Recht lag in den «majestat briefen», den Privilegien von Kaiser und Reich, «dem si ouch zugehörent». Der langjährige Konflikt habe dann im Sieg der Schwyzer bei Morgarten geendet, den Justinger richtig auf das Jahr 1315 datierte. Damit stellte er den Anschluss an die Fakten her, die dank früheren Chronisten wie Johannes von Winterthur bekannt waren.[62]

Justinger entwarf oder übernahm hier ein Argumentationsmuster, das grundlegend für die schweizerische Geschichtsschreibung bleiben sollte: Die Schwyzer, um die es hier vor allem ging, verteidigten ihre herkömmlichen Freiheitsrechte, die sie dem Reich verdankten; dass die Habsburger diese Rechte missachteten, machte sie zu Tyrannen, gegen die Widerstand legitim war. Mit dieser Deutung reagierten die Innerschweizer auf den Vorwurf, der seit der Schlacht bei Sempach (1386) wiederholt wurde und auch in den Appenzellerkriegen aktuell war: Die «Bauern», die anders als der Adel nicht zum Herrschen geschaffen waren, hätten sich rebellisch gegen ihren rechtmässigen Herren erhoben und ihn aus seinem eigenen Territorium vertrieben. Was die Eidgenossen als Freiheitskampf verklärten, war für die Betroffenen nicht nur Usurpation von Herrschaftsrechten, sondern oft auch pure Aggression gegen die Gefolgsleute und Untertanen der Habsburger und anderer Adelsgeschlechter.

Justinger war der Chronist von Bern, und es war nicht selbstverständlich, aber für die schweizerischen Verhältnisse bezeichnend, dass der Städter hier die Sicht des wichtigsten Landorts Schwyz übernahm. Dieselbe Geschichtskonzeption setzte sich später und konfliktreich auch in Zürich durch. Im Alten Zürichkrieg (1440–1450) hatte sich die Limmatstadt auf das freie Bündnisrecht berufen, das ihr der Bund von 1351 mit den Waldstätten belassen hatte und das auch sonst üblich war. Im Streit um das Toggenburger Erbe von Schwyz und den anderen Orten arg bedrängt, ging Zürich 1442 ein ewiges Bündnis mit Friedrich III. ein – dem habsburgischen König im Reich, der in dieser Funktion formal der Stadtherr der Reichsstadt an der Limmat war. Es war also eine legitime und keineswegs die erste Allianz mit dem benachbarten Adelsgeschlecht. Doch die Innerschweizer um Schwyz, die dann faktisch siegreich aus dem Alten Zürichkrieg hervorgingen, deuteten das Bündnis mit den Habsburgern nachträglich als Verrat, der gegen Geist und Buchstaben der alten Bündnisse aus dem 14. Jahrhundert verstossen habe. Um dies zu belegen, wurden nach dem Frieden von 1450 die ursprünglichen Bundesbriefe mit Zürich, Zug und Luzern vernichtet, aber mit dem alten Datum versehen gleich neu ausgestellt: Es fehlten nun in der neuen Version die damaligen Vorbehalte zugunsten der Habsburger und ihrer Rechte.[63]

In der Innerschweizer Geschichtsschau waren nun nicht mehr die einzelörtischen Reichsprivilegien grundlegend, sondern die zwischenörtischen Bünde. Ihr Zweck sei von Anfang an der Kampf gegen Habsburg gewesen. Ihrerseits verfassten die Anhänger Habsburgs schon während des Zürichkriegs und während der anhaltenden Streitigkeiten danach Anklageschriften gegen die «Schweizer», insbesondere wegen der eidgenössischen Eroberung des habsburgischen Thurgaus 1460. Zum Kollektivbegriff für die Eidgenossen wurde «Schweizer» in der Absicht, vor allem die Stadtbürger zu beleidigen und als Bauern wie die Schwyzer herabzusetzen. Historisch argumentierten solche Texte, dass diese Bauern seit jeher die gottgewollte Ständeordnung durcheinandergebracht, gegen ihren rechtmässigen Herrscher rebelliert und seine Territorien entfremdet hätten: Morgarten, Sempach, Stoos, die Eroberung des Aargaus und nun des Thurgaus waren Stätten dieser Empörung.[64] Da die Habsburger auch den Kaiser stellten, waren die Eidgenossen in Rechtfertigungsnot: Ihre Kämpfe gegen ein konkurrierendes Geschlecht aus dem regionalen Hochadel konnten als Widerstand gegen den gottgewollten Universalherrscher verstanden werden. Deswegen betonten die Eidgenossen die Freiheitsrechte, die sie von früheren Kaisern erhalten hatten. Die Habsburger hätten diese immer wieder missachtet und damit gegen das Reichsrecht verstossen; dagegen hätten die Eidgenossen bloss in Notwehr gehandelt und zudem mit obrigkeitlicher Ermächtigung. Tatsächlich hatten sie den Aargau erobert, nachdem König Sigismund, der aus der Dynastie der Luxemburger stammte, den habsburgischen Grafen von Tirol, Friedrich IV., abgesetzt hatte; und den Thurgau nach einem Bann von Papst Pius II., ebenfalls gegen den Grafen von Tirol, diesmal Friedrichs Sohn Siegmund. Damit reduzierten die beiden Parteien ihre durchaus wechselhafte gemeinsame Vergangenheit auf zwei Formeln: widerrechtliche Rebellion der Eidgenossen aus der Sicht der einen, widerrechtliche Tyrannei der Habsburger aus der Sicht der anderen. Vergleichbar sind die Positionen vielleicht mit denen im amerikanischen Bürgerkrieg: widerrechtliche Sezession der Konföderierten gegen widerrechtliche Einmischung des von den Nordstaaten dominierten Bundes in die Hoheitsrechte der souveränen Südstaaten.

Das Weisse Buch von Sarnen entstand in den 1470er-Jahren. Die militärischen, politischen und historiografischen Auseinandersetzungen mit den Habsburgern waren damals noch sehr präsent, kamen aber mit der «Ewigen Richtung», dem Frieden von 1474, zu einem plötzlichen und nachhaltigen Ende. Doch das Abkommen hatte Gegner, vor allem in Unterwalden, welches den Frieden nie besiegelte. Auch der Obwaldner Landschreiber Hans Schriber zählte zu ihnen, und er war der Verfasser des *Weissen Buchs*. Darin findet sich erstmals überhaupt die Befreiungslegende, und zwar als Rahmenerzählung zu den gesammelten Abschriften von Urkunden und Verträgen mit den Eidgenossen. Die Befreiungssage entstand also sehr wahrscheinlich als eine Warnung davor, sich mit den Habsburgern einzulassen, denn sie seien von jeher der Eidgenossen Feind gewesen. Schribers durchaus kreative schriftstellerische Leistung bestand darin, dass er verschiedene Anliegen und erzählerische Traditionen so verband, dass sie einen zusammenhängenden und verwobenen Sinn ergaben. Zuerst klärte er das Herkommen: Die Schwyzer stammten aus Schweden, die Unterwaldner aus Rom. Das römische Reich gewährte ihnen und den Urnern das Privileg, sich als freie Siedler niederzulassen. Der Ursprung der Völker war nicht nur eine Passion der Humanisten, die darüber etwa am Basler Konzil diskutiert hatten; eine Genealogie machte auch ein Adelsgeschlecht aus. Auf deren Ebene hob Hans Schriber seine bäuerlichen

Landsleute mit der Ursprungserzählung. Danach liess er die Befreiungslegende mit Bundessschwur und Burgenbruch folgen, die er grösstenteils wohl selbst erdichtete. Möglicherweise spielte er dabei auf ihm bekannte Zeitgenossen an, etwa mit den Helden «Stoupacher von Switz», «einer der Fürsten von Ure» und «einen im Melchi» (über der Melchaaschlucht). Ihre Vornamen erhielten sie erst später, Erny aus Melchtal im Urner *Tellenspiel* (1512), was dann in den 1550er-Jahren Aegidius Tschudi zuerst als «Heinrich» und dann als «Arnolt von Melchtal» übernahm. Ähnlich hatte er sich zuerst auf Johans von Stouffach festgelegt, dann auf Hans Stouffacher und schliesslich in Urkunden von 1313/14 einen Landammann Wernher Stouffach ausfindig gemacht und diesen Namen ebenso übernommen wie denjenigen eines «Walter Fürst», der um 1315 wiederholt in Urkunden belegt war.[65] Es geschah also erst rund zweihundertfünfzig Jahre nach den angeblichen Befreiungstaten, dass Tschudi in alten Urkunden Akteure identifizierte, die mit den sehr vagen Benennungen übereinstimmen konnten, die Hans Schriber sich ausgedacht hatte.

Eindeutig auf Hans Schribers eigene Zeit bezogen sich die Hinweise im *Weissen Buch* auf die Kämpfe gegen nordostschweizerische Ritter, wozu namentlich das bis 1486 belegte Ministerialengeschlecht der Gessler von Meienberg gehörte, treue Gefolgsleute der Habsburger und entschiedene Gegner der Eidgenossen. Schriber datierte die Befreiungsgeschichte in die Zeit *nach* dem Tod der Habsburger Könige, als die Grafen von Tirol die Herrschaft antraten. Die Habsburger hatten die Grafschaft Tirol aber erst 1363 erlangt. Mit all diesen Indizien verweist das *Weisse Buch* nicht auf die Jahre um 1300, sondern auf das 15. Jahrhundert und besonders 1460, als eben die Grafen von Tirol die konkreten Gegenspieler der Eidgenossen waren. Die beiden Vögte Gessler und Landenberg stammten laut dem *Weissen Buch* aus dem Aargau und Thurgau – also den ebenfalls im 15. Jahrhundert umstritte-

nen Territorien, welche die Eidgenossen den Tirolern abnahmen. Die Tat des «redlichen Manns» Tell gestaltete Schriber nach der dänischen Toko-Sage. Möglicherweise waren die *Gesta Danorum* durch das Basler Konzil greifbar, wo ein schwedischer Bischof beim Streit um Protokollfragen nachweislich die skandinavische Geschichte bemüht hatte. Realer Bezugspunkt war ein Ereignis, das am 13. November 1464 Aufsehen erregt hatte. In einem Hohlweg des Schwarzwalds wurde der Ritter Hans von Rechberg durch einen Pfeil oder Bolzenschuss aus dem Gebüsch ermordet. Der «Raubritter» fiel wohl – wie Gessler – als Opfer eines privaten Racheakts. Für die zeitgenössischen Innerschweizer war Rechberg der Inbegriff des öffentlichen Feinds. Schon sein Onkel war bei Sempach auf der Gegenseite gestorben. Als Truppenführer hatte Rechberg seit dem Alten Zürichkrieg wiederholt und durchaus auch erfolgreich in österreichischen Diensten die Eidgenossen bekämpft, zuletzt bei der Eroberung des Thurgaus. Dabei stilisierte er sich zum Verteidiger des Adels gegen die «übermütigen Bauern», die rebellisch gegen die göttliche – und habsburgische – Herrschaftsordnung verstiessen. Damit meinte Rechberg die reichsfreien ländlichen wie städtischen Kommunen gleichermassen.[66]
Hans Schribers Befreiungssage hatte umgehend grossen Erfolg. In den folgenden drei Jahrzehnten integrierten Chronisten wie die beiden Luzerner Melchior Russ oder Petermann Etterlin sie in die bereits bestehenden, umfassenderen Darstellungen der eidgenössischen Frühgeschichte, insbesondere in diejenige von Justinger. Mit den Illustrationen bei Etterlin (vermutlich von Daniel Schwegler) oder in Sebastian Münsters *Cosmographia* (1552, von Hans Rudolf Manuel Deutsch) sowie dem *Hüpsch Lied vom Ursprung der Eydgnoschaft* (wohl 1477) und dem Urner *Tellenspiel* (1512) drang die Sage schon bald über die Gelehrtenstube hinaus in die breite Öffentlichkeit und erreichte früh die Popularität, die sie nie mehr verlieren sollte.

3

Die Erbfeindschaft der österreichischen Vögte

«Fremde Mächte – damals Habsburg – wollten sich diese Schweiz unterjochen, fremd bestimmen; sagen, was in diesen Gebieten zu tun sei! [...] Wie 1291 trachten auch heute Grossmächte danach, die Eigenständigkeit der Schweiz einzuschränken.»[67]

Rudolf Brun war die zentrale Figur im Zürich des 14. Jahrhunderts. Aus einer Ritterfamilie stammend, führte er die Zunftrevolte an, die den Patriziern 1336 die Macht entwand. Obwohl damit die Handwerksmeister an der Macht beteiligt wurden, war dies kein demokratischer Umsturz: Brun wurde mit sehr weitreichenden Kompetenzen Bürgermeister auf Lebenszeit. Die nach Rapperswil vertriebenen Patrizier sannen auf Rache, und in Zürich selbst regte sich ebenfalls Widerspruch. 1350 unterdrückte Brun in der Zürcher «Mordnacht» eine Verschwörung seiner inneren und äusseren Feinde; wenn er nicht, nach anderer Lesart, einen geeigneten Vorwand nutzte, um die Opposition auszuschalten. Folgenreich war dies, weil der bedrängte Bürgermeister äusseren Rückhalt suchte und in den Waldstätten auch fand. Die Bestimmungen im Bund, den Brun 1351 mit ihnen und Luzern schloss, waren ähnlich formuliert wie die vielen Landfriedensbündnisse der Zeit. Aussergewöhnlich war allein die Klausel, dass «der Burgermeister, die Rät und die Zunft bi ir gewalt, bi ir gerichten und bi iren gesetzten beliben» sollten – also eine Garantie der Zürcher Verfassung und von Bruns persönlicher Führerstellung gegen seine zahlreichen Feinde.[68] Das bedrängte Zürich hatte sich als Bittsteller an die Innerschweizer gewandt.
Auch in dieser Garantieklausel entsprach der Vertragstext von 1351 weitgehend einem Entwurf aus dem Vorjahr – damals allerdings für ein Bündnis von Zürich mit Habsburg. Brun hatte sich zuerst an die regionale Schutzmacht gewandt.

Die Habsburger lehnten ab. Feindseligkeiten gab es jedoch erst, als nicht die Habsburger Zürich, sondern die Zürcher Rapperswil angriffen und eroberten: Es gehörte einer habsburgischen Nebenlinie. Mit den neuen Verbündeten aus den Waldstätten focht Zürich den folgenden Kleinkrieg gegen den österreichischen Herzog Albrecht II. Die habsburgischen Besitzungen Glarus und Zug wurden 1352 in Bündnisse gezwungen, die später als Beitrittsjahr zur Eidgenossenschaft galten, obwohl sich die beiden Orte so bald wie möglich – vorübergehend – wieder daraus lösten. Denn das, was die Glarner den «bösen Bund» nannten, drohte, sie von Schutzbefohlenen der Habsburger zu Untertanen vor allem der Schwyzer zu machen. Zürich seinerseits schloss 1355 Frieden und im Jahr danach eine Allianz mit den Habsburgern, sagte ihnen die Rückgabe eben dieser habsburgischen Gebiete zu und versprach dem Herzog sogar Unterstützung, wenn er seine Rechte in den Waldstätten wieder geltend machen wolle. Rudolf Brun starb 1360 als österreichischer Rat und Pensionär.
Auch Bern, seit 1353 mit den Innerschweizern, aber nicht mit Zürich verbündet, ging 1363 eine Allianz mit den Habsburgern ein. Der Beispiele sind Dutzende: Die heute als «Beitritte» zur Eidgenossenschaft gezählten Bundesbriefe gehörten zu einer Vielzahl von vorübergehenden Abmachungen im süddeutschen Raum, die aus einem konkreten Handlungsbedarf zwischen Betroffenen geschlossen wurden. Sie bildeten zeitweise Netzwerke von Allianzen, so im 13./14. Jahrhundert die «burgundische Eidgenossenschaft» mit dem Zentrum Bern. Habsburg war dabei stets ein potentieller Partner – so wie viele andere geistliche und weltliche Fürsten, nicht zuletzt das im Westen des Mittellands mächtige Savoyen. Und um die Habsburger bildeten sich im später schweizerischen Raum ähnliche, freiwillige Gefolgschaften. Als 1363 am Lehenstag in Zofingen die habsburgischen Vasallen von weit her zusammenkamen, befanden

sich darunter manche Kleinadlige aus der Innerschweiz, so die Obwaldner Familie von Hunwil, und etliche Bürger von Zürich, Bern und Luzern.
Die Habsburger waren also bis zum letzten Viertel des 14. Jahrhunderts ein wichtiger Akteur neben vielen anderen im Mittelland, gelegentlich ein Bündnispartner, dann wieder ein Gegenspieler in oft wechselnden Allianzen. Die Quellen wissen um 1300 nichts von dauerhaften Spannungen zwischen Waldstätten und Habsburgern oder gar einer Gewaltherrschaft österreichischer Vögte. Der Morgartenkrieg und der vorangegangene Einsiedler Marchenstreit waren eine kurze Ausnahme, über die wir wie erwähnt sehr wenig wissen. Vermutlich war der angebliche Freiheitskrieg bei Morgarten eine gescheiterte Strafexpedition der habsburgischen Ordnungsmacht, die aufgrund ihrer Schutzverpflichtung als Schirmvogt des Klosters Einsiedeln und mit Hilfe der betroffenen Städte wie Zürich, Zug, Luzern und Winterthur gegen die Schwyzer vorging. Diese hatten nach längeren Auseinandersetzungen um die Nutzung von Weideland das Kloster Anfang 1314 geplündert und die schutzlosen Mönche verschleppt. Eine neuere Deutung sieht als Hauptgegner Habsburgs den erwähnten hochadligen Reichsvogt Werner von Homberg. Dann hätten gegensätzliche adlige Erbansprüche auf die Herrschaft Rapperswil und damit zusammenhängende Vogteirechte in Einsiedeln den Konflikt ausgelöst, während die Schwyzer und Einsiedler nur nachgeordnete Akteure gewesen wären.[69]
Im Anschluss an die Schlacht erneuerten jedenfalls die Schwyzer, die weitere Repressalien fürchten mussten, 1315 in Brunnen ihr Bündnis mit Uri und Unterwalden, diesmal sowohl mit Nidwalden wie mit Obwalden. Wenig überraschend begünstigte Ludwig der Bayer, der sich in diesen Jahren mit den Habsburgern um die Königswürde stritt und obenauf schwang, die Waldstätte mit Privilegien, den sogenannten «Königsbriefen». Diese erlaubten es den Wald-

stätten, die der luxemburgische König Heinrich VII. 1309 als Reichsvogtei enger zusammengeschlossen hatte, sich autonom zu verwalten. Das beeinträchtigte aber keineswegs deren Einbindung in das Heilige Römische Reich, im Gegenteil: Die Privilegien schufen eine unmittelbare Beziehung zum königlichen Reichsoberhaupt. Der Reichsvogt, hier also Werner von Homberg, repräsentierte keine Fremdherrschaft, wie die spätere Sage vom tyrannischen Landvogt Gessler suggeriert. Als Verwalter von Reichsgut und vor allem als Richter entstammte der vom König eingesetzte Vogt dem regionalen Adel oder Patriziat. Auch als die Waldstätte keinen Reichsvogt mehr hatten, blieb der Titel als Kern herrschaftlicher Kompetenz manchmal üblich, nachdem diese an die eidgenössischen Orte übergegangen war: In Appenzell-Innerrhoden hiess der Vorsitzende des Blutgerichts bis 1872 Reichsvogt.
Um 1300 dagegen sucht man in den Quellen vergeblich nach einem tyrannischen Landvogt und findet dort auch keinen Dauerkonflikt zwischen Waldstätten und Habsburgern, die mit ihren umfassenden Ambitionen im Reich an den unwirtlichen Alpentälern kaum interessiert waren. Gleichermassen fehlen im 14. Jahrhundert Spuren von freiheitlicher Demokratie: In den Innerschweizer Talschaften bildeten wenige Hochadlige, einige Amtsleute niederen Adels und aufgestiegene Grossbauern die herkömmliche Führungsschicht, die oft über Lehen oder Ämter den Habsburgern verpflichtet waren. Das änderte sich erst gegen Ende des 14. Jahrhunderts: Die letzten hochadligen Familien in der Region, die Urner Attinghausen, starben aus, und 1382 wurde in Obwalden die Partei der Ministerialen von Hunwil gestürzt. Neue und breitere Bevölkerungsgruppen – aber längst nicht alle Männer – erhielten Mitspracherechte. Ihre Stellung beruhte auf der Viehwirtschaft und dem Handel mit Viehprodukten und Söldnern; und nicht mehr auf Ämtern, die sie Habsburg verdankten. Gemeinsam mit Luzern, das eigentlich noch

seinem habsburgischen Stadtherrn unterstand, betrieben diese neuen Eliten («Häupter») eine Expansionspolitik, die keine Rücksicht auf das geltende Recht nahm. Obwohl die Goldene Bulle von Kaiser Karl IV. 1356 das «Ausburgerwesen» verbot, nahm Luzern Einwohner habsburgischer Siedlungen und Städte als Bürger auf, die aber an ihrem Wohnort verblieben und so den Einfluss der Stadt ausdehnten; anderswo eroberte Luzern habsburgische Besitzungen und vertrieb die Vögte.

Als sich der habsburgische Herzog Leopold III. gegen die Luzerner Rechtsbrüche wehrte, erlitt er 1386 die sensationelle Niederlage bei Sempach. Es war, wie die österreichische Seite hundert Jahre lang wiederholen würde, ein Mord an einem Fürsten, der beim Kampf für sein gutes Recht in seinem eigenen Land von seinen eigenen Untertanen erschlagen wurde. Nun erst, in den Jahrzehnten um 1400, begann eine Phase häufiger, jedoch nicht dauernder Auseinandersetzungen zwischen – nicht immer allen – eidgenössischen Orten und Habsburg. Sie währte fast ein Jahrhundert, schloss aber den friedlichen Erwerb habsburgischer Pfandschaften durch die Städte nicht aus. Erst im Friedensschluss der «Ewigen Richtung» von 1474 akzeptierten die Habsburger, dass sie ihre Herrschaftsrechte, die sie bis dahin alle den Eidgenossen formal bloss verpfändet hatten, nicht mehr auslösen konnten und für immer abtreten mussten. Dass dies frühere Kerngebiete betraf, hatte den Konflikt zeitweise sehr verbittert: der Aargau mit dem Stammsitz Habsburg, der 1415 verloren ging; der 1460 eroberte Thurgau sowie viele weitere Gebiete vor allem in der östlichen Schweiz von Winterthur über Rapperswil bis zum Rheintal. Am nächsten kamen die Habsburger einer Rückeroberung des Aargaus im Alten Zürichkrieg, dank dem Bündnis König Friedrichs III. mit der Limmatstadt. Im Anschluss daran und als Antwort auf den Vorwurf, die Schweizer Bauern hätten stets die gottgewollte Herrschaftsordnung umstürzen wollen, entstand die geschilderte Innerschweizer Geschichtsvision. Sie rechtfertigte die Schlachten als Widerstand gegen die Habsburger Tyrannis und sah in den zahlreichen Siegen den Gottesbeweis, dass die eidgenössische Sache gerechtfertigt war. Damit traten die Bundesbriefe an die Stelle der einzelörtischen Königsprivilegien, was die Herrschaftslegitimation betraf. Demnach lag die Zweckbestimmung des eidgenössischen Defensivbündnisses seit seinen Anfängen im Kampf gegen die Habsburger und ihre Vögte und es fand seinen Niederschlag in der gemeinsamen Herrschaft über die einst habsburgischen Gebiete Aargau und Thurgau. Der Nachwelt vermittelte Aegidius Tschudi dieses Bild, das er gleichsam säkularisierte und mit den ihm zugänglichen Informationen abstimmte. Der Glarner Katholik schrieb seine Geschichtsbücher, nachdem der habsburgische Kaiser Karl V. 1547 die linksrheinische Reichsstadt Konstanz erobert und Österreich einverleibt hatte – ein Brückenkopf des habsburgischen «Erbfeindes» im Mittelland, vor dem Tschudi gerade seine katholischen Miteidgenossen warnen wollte. So entstand das Modell für alle echten und eingebildeten Bedrohungen, bis ins 21. Jahrhundert.

4

Ein einzig Volk von Brüdern

«Als Schweizer unter sich hätten unsere Vorfahren ihre Spannungen vielleicht vollends gütlich beilegen können. Möglich, dass es noch einige Milchsuppen mehr gebraucht hätte. So aber, eingebunden in europäische Bündnisse, schlugen die fremden Konflikte voll auf die Schweiz durch.»[70]

Die Geschichte der Schweiz gilt als langweiliger Schulstoff. Sie wird oft auf die ungebändigte Selbstbehauptung während Jahrhunderten reduziert, doch dieses Thema erschöpft sich nach den Schlachtensiegen in einem langen 15. Jahrhundert schnell. Danach scheint es, mangels Aussenpolitik, friedlich und eben langweilig zugegangen zu sein. Doch die lange geübte Rhetorik der Einheit, in Schillers Bundesschwur ebenso greifbar wie in vielen textlichen wie bildlichen Aufforderungen zur Eintracht, blendet fast die ganze Schweizer Geschichte aus: Sie ist eine Reihe von vielen, oft kleinlichen inneren Konflikten, die immer wieder die eidgenössischen Bünde zu sprengen drohten. Statt die Habsburger zu bemühen, könnte man die schweizerische Geschichte viel passender als Dauerkonflikt zwischen Schwyz und Zürich beschreiben und sich fragen, weshalb trotz diesen und anderen Spannungen die Bünde beisammenblieben. An helvetischer Friedfertigkeit lag es jedenfalls nicht: Raufbolde fochten nicht nur im Mittelalter ihre Sträusse aus; auch im ausgehenden 20. Jahrhundert machten gewaltsame Demonstrationen von Jugendlichen, Bauern, Globalisierungsgegnern oder Anarchisten Schlagzeilen, von den jurassischen Separatisten nicht zu reden. Und in den Jahrzehnten um 1900 kannte die Schweiz eine der höchsten Streikraten in Europa. Herrschaftsanteile und Vorrechte wurden im politischen Schicksalsverband Schweiz nicht gerecht verteilt, sondern oft bitter erstritten – wie anderswo auch.

Aussergewöhnlich war allerdings das gleichrangige Zusammengehen von Städten mit ländlichen, alpinen Gemeinschaften im Spätmittelalter. Die deutschen Städte blieben in ihren Bünden im 14. Jahrhundert meist unter sich. Auf dem Land herrschten ihre Gegenspieler, die adligen Grundherren oder die aufkommenden fürstlichen Territorialherren. Im Alpenraum gab es hingegen selbständige Talschaften, die eine informelle Arbeitsteilung mit den Städten pflegten: extensive Viehzucht in den Bergen, Getreidebau im Mittelland. Der Austausch, auch von gewerblichen Artikeln, war die Grundlage der Zusammenarbeit, die sich auch auf den Fernhandel erstreckte, beispielsweise von Vieh und Viehprodukten in den süddeutschen oder oberitalienischen Raum. Zugleich war der Stadt-Land-Gegensatz von Anfang an konstitutiv für die Eidgenossenschaft. Besonders Bern führte vor, dass es die Alpen als Herrschaftsraum ansah, nicht als Wohnort von gleichberechtigten Partnern: Einst reichsfreie Täler wie Hasli oder Frutigen oder weitgehend autonome wie Saanen wurden zu Untertanengebieten; ebenso das Entlebuch im Luzernischen. Weshalb sollte es etwa den angrenzenden Unterwaldnern langfristig besser ergehen? Schwyz liegt von Zürich gleich weit weg wie Interlaken von Bern – insofern war es kein Zufall, dass hier vom Alten Zürichkrieg über die konfessionellen Kriege bis zum Sonderbundskrieg die Fronten aufeinanderstiessen. Schon durch ihr Bündnis mit den Appenzellern im frühen 15. Jahrhundert zogen die Schwyzer einen Riegel, der den Zürchern – anders als Bern – eine Ausdehnung nach Süden in den Alpenraum verbaute.
Wiederholt wussten die Länderorte auch die wirtschaftlich ähnlich strukturierten, aber politisch untertänigen Landgebiete gegen die städtische Obrigkeit aufzuwiegeln oder im Konflikt zu unterstützen. Im grossen Bauernkrieg von 1653 bestand das politische Ziel der Aufständischen in Luzern, Bern und Basel denn auch darin, eigene Landsgemeindekantone zu bilden; der Rückhalt in den Innerschweizer

Länderorten war aber nicht stark. Das lag auch daran, dass die Waldstätte selbst ebenfalls Herrschaftsträger waren und eigenständig über Minderberechtigte herrschten: die Urner über das Urserental und die Leventina, die Schwyzer über Einsiedeln, Höfe, die March und Küssnacht. Ähnlich beherrschten in den beiden zugewandten Alpenrepubliken die sieben Oberwalliser Zenden das französischsprachige Unterwallis und die Drei Bünde in Rätien die italienischsprachigen Gebiete Chiavenna, Veltlin und Bormio. Die Eidgenossenschaft war bis 1798 ein Gebilde, das auf ständischer und politischer Ungleichheit beruhte, und das bedeutete immer auch wirtschaftliche Ausnutzung der Schwächeren. Vor allem der Aufbau der Territorialherrschaften im 15. Jahrhundert provozierte wiederholt den Widerstand der Landschaft; am berühmtesten ist der Sturz des Zürcher Bürgermeisters Hans Waldmann. Ebenso endemisch waren die innerörtischen Konflikte um wirtschaftliche Ressourcen und politische Verfügungsgewalt im 18. Jahrhundert, als sich die Untertanen zusehends nicht nur auf ihr gutes altes Recht beriefen, sondern auch auf naturrechtliche Argumente.

Wirkten die Herrschaftsbeziehungen und Ungleichheiten innerhalb der Orte als Spaltpilz, so bildeten sie gegenüber Dritten zugleich eine Klammer zwischen den Dreizehn Orten der Eidgenossenschaft. Mit der Eroberung des Aargaus entstand 1415 die erste Gemeine Herrschaft; es folgten der Thurgau (1460), Teile des Rheintals (1490) und die Ennetbirgischen Vogteien im Tessin (1512). Die Verwaltung dieser Besitzungen war das wichtigste gemeinsame Projekt der Alten Eidgenossenschaft. Die Rechenschaftsablage der Landvögte, bei deren Einsetzung die herrschenden Kantone sich im Zweijahresrhythmus abwechselten, liess die Tagsatzung entstehen und blieb stets ihr Hauptgeschäft. Die Tagsatzung als Gesandtenkongress konnte verbindliche Beschlüsse nur bei Einstimmigkeit fassen, aber sie war doch

der Ort, wo sich selbst in Zeiten der Feindschaft die Vertreter der Stände trafen und nach eingespielten und bewährten protokollarischen Regeln im Gespräch Lösungen suchten.
Seit dem 16. Jahrhundert wurde der Stadt-Land-Gegensatz dauernd überlagert durch die konfessionellen Trennlinien, die nur bedingt deckungsgleich lagen – zum Glück für die Eidgenossenschaft. Die zwinglianischen Reformatoren fanden Aufnahme in den Städten mit Zunftregierungen, wo Kaufleute und Handwerker vor allem vom Handel lebten, zudem auch im patrizischen Bern. Dort konnte man damit leben, dass die Reformatoren um Zwingli durchsetzten, dass keine Soldbündnisse mehr eingegangen wurden – in Zürich bis 1612, in Bern bis 1582. In den ländlichen Kantonen und in den westlichen Städten Solothurn und Freiburg waren dagegen Patrizier und breite, arme Bevölkerungsschichten auf den Solddienst angewiesen. In Freiburg machten die Pensionenzahlungen im 16. Jahrhundert zwei Drittel der Staatseinnahmen aus; dazu kamen Pensionen an Private und die Solde selbst. Beim Konflikt zwischen Katholiken und Reformierten ging es also nicht nur um die wahre Lehre, sondern auch um die Formen des Broterwerbs. Mit der Niederlage der Zürcher bei Kappel 1531 entschied sich, dass in der Eidgenossenschaft zwei Glaubensgemeinschaften miteinander auskommen mussten. Erstmals in Europa galt nun das Prinzip «cuius regio, eius religio» – wer herrscht, der bestimmt die Konfession (der Untertanen). Damit lag die Entscheidung über die wahre Religion bei den städtischen Räten, den ländlichen Machthabern oder – vor allem in selbständigen Bergregionen – bei den einzelnen Gemeinden.
Das Ergebnis war der konfessionelle Flickenteppich, der seither für die Schweiz bezeichnend ist: die vier reformierten Stadtkantone Zürich, Bern, Basel und Schaffhausen, die Katholiken in den Innerschweizer Fünf Orten, ebenso in den Patrizierstädten Solothurn und Freiburg, dazu die konfessionell geteilten Kantone Appenzell und Glarus, wo die Gemein-

den – wie sonst vor allem in Graubünden – weitgehend unabhängig waren. Gemischt konfessionell waren die meisten Gemeinen Herrschaften, weil die alternierenden Landvögte aus den regierenden Orten jeweils ihre Glaubensbrüder schützten. Unterschiedliche Glaubensrichtungen fanden sich auch unter den Zugewandten, von den altgläubigen Prälaten wie dem St. Galler Fürstabt und dem Basler Fürstbischof zu reformierten Städten wie Biel und Genf. Graubünden wurde dauerhaft und kleinteilig bikonfessionell, und um 1600 war dies auch im Wallis der Fall. Wegen dieser Differenzen war eine Erweiterung der Eidgenossenschaft seit den 1530er-Jahren nicht mehr realistisch. Der Eid, der sie zusammenband, war religiös begründet und konnte ab 1526 nicht einmal mehr, wie bisher üblich, unter den Dreizehn Orten selbst erneuert werden: Die Reformierten weigerten sich, den Bundesschwur wie herkömmlich auch unter Berufung auf die Heiligen zu leisten, und die Katholiken waren nicht bereit, vom geheiligten Brauch der Väter abzuweichen. Erst recht aussichtslos blieben, obwohl wiederholt geführt, die Debatten um ein «cantonnement», die Einbindung von neuen Ständen, etwa des St. Galler Fürstbischofs oder gar von Genf, des strategisch wichtigen «calvinistischen Rom». Wie hätte mit ihnen eine Genossenschaft entstehen können, die im Eid ein religiöses Fundament gehabt hätte? Die konfessionelle Spaltung verewigte und formalisierte den Status der «Zugewandten Orte», der zuvor in seiner Offenheit eher eine Vorstufe des Beitritts gewesen war.

Im Klima konfessionellen Misstrauens, das bis ins 18. Jahrhundert dominierte, war auch an den Ausbau gemeinsamer Institutionen nicht zu denken. Die Tagsatzung blieb der Ort, wo sich die zerstrittenen Orte einstimmig einigen mussten, wenn sie etwas erreichen wollten. Deshalb obsiegte allmählich die Tendenz, religiöse Fragen wegen ihres Unruhepotenzials auf die lange Bank zu schieben oder zu neutralisieren. Die Dreizehn Orte liessen sie deshalb selbst dort ausser Acht, wo Mehrheitsentscheidungen theoretisch denkbar gewesen wären, nämlich in den Gemeinen Herrschaften. Die Parität, 1712 nach dem Zweiten Villmerger Krieg formal eingeführt, stellte die nur vier, aber – dank Zürich und Bern – an Ressourcen überlegenen reformierten Orte den sieben katholischen Kantonen gleich. Immobilität und Pattsituationen waren der Preis für diesen Respekt vor der einzelörtischen Autonomie, die zur *Raison d'être* der Eidgenossenschaft wurde. Es fehlte die (monarchische) Zentrale, die Entscheidungen unter Berufung auf das Gemeinwohl erzwingen konnte – freie Bahn der Kirchturmpolitik, aber zugleich keine Gefahr, dass machtpolitische Exzesse wie etwa bei Ludwig XIV. einen ruinösen Steuerstaat hervorbrachten. Es fehlte ein gemeinsames Gericht, wie das Reichskammergericht in Speyer und später Wetzlar, das Konflikte in und zwischen den Orten tendenziell hätte verrechtlichen und damit entspannen können. Damit erlebten die Schweizer keine langanhaltenden und teuren Gerichtsverhandlungen, aber den Bürgerkrieg als einzige Alternative, um in Streitfällen zu Lösungen zu kommen.

Der Bürgerkrieg, oder auch die Drohung damit, war strukturell angelegt in dieser Eidgenossenschaft von Gleichgestellten. 1531, 1656, 1712 und noch 1847 erzwang er Entscheidungen, wenn der politische Prozess nicht mehr weiterkam. Das Verlaufsmuster war jeweils ähnlich: Die sachlichen Differenzen, sofern sie nicht (wie in der Reformationszeit selbst) ohnehin exklusiv religiös waren, wurden konfessionalisiert. Das brachte unausweichlich zwei klare Lager hervor, indem insbesondere Luzern die konfessionelle Solidarität seiner möglichen Interessengemeinschaft mit den Patrizierstädten voranstellte. Entlang der konfessionellen Front, die Heisssporne in Schwyz und Zürich an der Spitze, verlief dann der Krieg, der sich nicht lange hinzog, sondern wie ein Gottesurteil zumeist nach einer Schlacht entschieden war. So sehr die jeweilige konfessionelle Propaganda betonen musste, dass es um das Seelenheil und damit um alles oder nichts ging, so blieben einerseits die Opferzahlen doch niedrig und andererseits die Niederlagen folgenarm. In den vier erwähnten Konflikten starben nur im Zweiten Villmergerkrieg mehr als tausend Kämpfende, nämlich rund 3000. Im Spanischen Erbfolgekrieg starben gleichzeitig in einer einzigen Schlacht, 1709 bei Malplaquet, 32 000 Soldaten; darunter 8000 Schweizer Söldner, die in beiden Lagern dienten und im Kampf aufeinandertrafen. Auch die fünfzig Hinrichtungen nach dem Grossen Bauernkrieg oder noch die vier Toten des Landesstreiks von 1918 sind, selbst unter Berücksichtigung der Bevölkerungszahlen, ganz andere Dimensionen als etwa der deutsche Bauernkrieg, die französischen Religionskriege, der amerikanische Bürgerkrieg oder auch der preussisch-österreichische Krieg von 1866, der die nationale Einigung Deutschlands einleitete. Anders als in diesen und fast allen anderen Kriegen brauchte der Unterlegene zudem nicht zu fürchten, dass er substanziell etwas verlieren würde. Die Kantonsgrenzen der Dreizehn Orte sind seit dem 16. Jahrhundert im Wesentlichen dieselben geblieben, und die erfolgten Veränderungen gehen nicht auf die verschiedenen Bürgerkriege zurück. So sehr die Glaubensfrage auch mobilisierte, so erlebte kein Verlierer je eine Zwangsmission; nicht einmal in den Gemeinen Herrschaften, wo 1531 die Reformation zu einem Ende kam und fortan beide Konfessionen nebeneinander existierten.

Die Erfahrungen des bedingten Auskämpfens haben die Schweizer tief geprägt: Sie lösen ihre Konflikte über politische Prozesse, nicht auf dem Rechtsweg. Seit den Bundesverfassungen von 1848 und 1874 sind dafür gesamtschweizerische Prozeduren vorhanden, die etwa im Jurakonflikt mit Abstimmungen von der Gemeindeebene bis zum Bund zu erträglichen Lösungen führen. Dass zwei Bundesstaaten sich vor dem höchsten Gericht streiten, wie New York und New Jersey über das Eigentum an Ellis Island, ist kaum denkbar. Nicht ein übergeordnetes Recht und damit wenige juristische Fachleute, sondern der – heutzutage demokratische – politische Prozess soll die Konflikte lösen, die genuin politisch sind, nämlich allgemeinverbindliche Regeln durchsetzen wollen.

Deshalb stehen nicht Urteile am Ende dieser Auseinandersetzungen, sondern Rituale der Versöhnung. Das Grundmuster ist die Verbrüderung nach dem Stanser Verkommnis von 1481, wo der Konflikt zwischen Stadt- und Landorten auch durch die Vermittlung des späteren Nationalheiligen Niklaus von Flüe beigelegt worden sei; wohl aus der Ferne seiner Einsiedelei im Ranft, denn persönlich war er nicht in Stans erschienen. Jedenfalls wurde Bruder Klaus zur Ikone der Verständigung und Versöhnung im konfessionellen Zeitalter, populär gerade auch unter den Reformierten, die ihn, den 1649 Selig- und 1947 Heiliggesprochenen, als überparteilichen Mahner zur Eintracht darstellten. Das andere Versöhnungsbild ist die Kappeler Milchsuppe: Die Alt- und Neugläubigen verzehrten sie offenbar gemeinsam, als 1529 der erwartete Krieg zwischen den sich gegenüber stehenden Heeren doch nicht ausbrach; dafür zwei Jahre danach umso heftiger. Spätere Darstellungen wie diejenige Albert Ankers (1869) verewigten die Szene, und das «Friedensabkommen» in der Metall- und Uhrenindustrie von 1937 wurde als wiederbelebte Kappeler Milchsuppe dargestellt, zu der sich die Feinde im Landesstreik einfanden: Bürgerblock und Arbeiterbewegung. Zur Milchsuppe lud 2006 auch Bundesrat Pascal Couchepin, nachdem sich Zürich und St. Gallen im Streit um die 1712 von den Zürchern entwendeten und entgegen den Friedensabmachungen nie zurückerstatteten Kulturgüter geeinigt hatten. Auch hier führte, trotz vorbereiteten Rechtsgutachten, kein Gerichtsurteil zur Lösung, sondern der durch den Bundesrat moderierte politische Prozess.

Weshalb aber, so die am Kapitelanfang gestellte Frage, hatte der Bund ohne Zentralgewalt (bis 1848) und trotz mannigfachen inneren Konflikten über die Jahrhunderte hinweg Bestand? Zum einen fehlten Alternativen: Eine Spaltung drohte alle Schweizer Orte zu peripheren Untertanen eines – französischen, savoyischen, habsburgischen oder lombardischen – Fürstenhauses zu machen. Und zum anderen verliefen und verlaufen die Bruchlinien im Land nicht deckungsgleich. Die Gegensätze zwischen Stadt und Land, zwischen den Kantonen, zwischen Reformierten und Katholiken, zwischen Deutsch, Französisch, Italienisch und Rätoromanisch, zwischen Liberalen und Konservativen, zwischen Arbeiterbewegung und Bürgertum – sie liessen und lassen sich auf der Landkarte leicht abbilden und helfen an jedem Abstimmungssonntag bei der Interpretation der Resultate. Da die (sozialen, sprachlichen, religiösen, politischen) Sympathien und Loyalitäten je nach Sachfrage anders liegen, resultiert aber keine Sollbruchstelle, wie sie etwa in Frankreich oder Spanien im frühen 20. Jahrhundert linke urbane und laizistische Republikaner von konservativen, ländlichen und klerikalen Monarchisten schied. Der Kanton Jura wurde nicht an der Sprachgrenze geteilt, welche die säkularen Separatisten des «Rassemblement Jurassien» überschätzten, sondern dort, wo die nördlichen Katholiken auf die südlichen Reformierten stiessen, die nördlichen drei Bezirke des Juras sich also sowohl sprachlich als auch konfessionell im Kanton Bern fremd fühlten.

Zu fehlenden Alternativen und Sollbruchstellen kommt ein weiterer Punkt hinzu, der auch für den Bundesstaat seit 1848 wichtig ist: Die Schweiz hat nur in der napoleonischen Zeit eine rationale Neuordnung erlebt, wie sie anderswo bereits aufgeklärt-absolutistische Fürsten und dann zentralistische Einheitsstaaten durchsetzten. Auch massive Bevölkerungsverschiebungen in kurzer Zeit sind ihr unbekannt, wie sie etwa die Flüchtlingsströme nach den Weltkriegen kennzeichneten. Nicht zuletzt haben die bürgerlichen und ländlichen Eliten seit dem 16. Jahrhundert und selbst um 1800 wenig Wandel erlitten: Kriege, Revolutionen, Vertreibungen oder Duelle konnten Individuen treffen, haben aber nicht die führenden Familien dezimiert. Diese Kontinuität nährt einen Grundkonsens, der lokale und regionale Selbstbestimmung und auch die entsprechenden territorialen Grenzen bewahren will, was beides in vielen Fällen spätmittelalterlich begründet liegt. Die behutsame Zentralisierung des Bundesstaats hat hierauf immer wieder viel Rücksicht genommen, um die Vielfalt von Eigenheiten als Hauptcharakteristikum der Schweiz zu schützen. Konservativ und konservierend wirken etwa Gemeindeautonomie, Föderalismus mit angeblicher Kantonssouveränität und Zweikammersystem, die direkte Demokratie mit Referendum und die Vernehmlassungsverfahren. Diese Verfassungsstruktur gewährt relativ kleinen Minderheiten faktisch Vetorechte, etwa durch das geforderte Ständemehr bei Verfassungsänderungen. Im Extremfall könnten das Fünftel Schweizer Bürger in den elfeinhalb einwohnerschwächsten Kantonen Entscheidungen verhindern, die ein massives Volksmehr finden würden. Die vielgepriesene Konkordanzdemokratie ist kein Produkt naturgegebener helvetischer Einmütigkeit, sondern die politische Antwort auf die vielfältigen Blockademöglichkeiten in einer Verfassungsstruktur, die der Zentralregierung viel engere Zügel anlegt als in anderen Staaten. Das erschwert Anpassungsprozesse an den beschleunigten ökonomischen und sozialen Wandel der Moderne. Deswegen dachten die liberalen Sieger des Sonderbundskriegs so lange nicht an Konkordanz, bis die Katholisch-Konservativen den parlamentarischen Betrieb durch die 1874 erlangte Referendumswaffe lahmlegen konnten und 1891 ihren ersten Bundesrat zuerkannt bekamen. Die wirtschaftlichen und politischen Krisen der Weltkriegsjahrzehnte führten dazu, dass die Bauernschaft über die Bauern-, Gewerbe- und Bürgerpartei (BGB) 1929 in die Landesregierung gelangte, die Arbeiterschaft 1944 nach der erstmaligen Wahl eines sozialdemokratischen Bundesrats. Die Teilhabe am politischen System mit seinen Ämtern und Funktionen schränkte jeweils das demokratische Korrekturpotential einer Opposition weiter ein, die fast nur noch aus monothematischen Kleinparteien bestand. Die Zauberformel von 1959 besiegelte diesen Machtausgleich: Die vier grössten Parteien und damit insgesamt gut achtzig Prozent der Wähler waren im Verhältnis zu ihrer parlamentarischen Stärke dauerhaft in die nationale Verantwortung eingebunden. Ihre Magie wirkt weiter, sodass die Schweizer unverdrossen nostalgisch von einer Konkordanzregierung sprechen, obwohl die mit erheblichem Abstand grösste Partei des Landes, die Schweizerische Volkspartei (SVP: 26,6 Prozent in den Nationalratswahlen 2011), mit nur einem Bundesrat darin ebenso stark vertreten ist wie die neue Bürgerlich-Demokratische Partei (BDP: 5,4 Prozent).

5

Die faktische und die juristische Unabhängigkeit

«Wettstein erreichte vor 350 Jahren durch seine diplomatische Mission bei Verkündung des Westfälischen Friedens die europäische Anerkennung der (für die meisten eidgenössischen Orte im Grunde seit den ‹Schwabenkriegen› von 1499 geltenden) Souveränität.»[71]

Viele Schülergenerationen konnten die schweizerische Staatsbildung in der Vormoderne in einer Formel zusammenfassen, die bis heute dumpf repetiert wird: 1499 faktische, 1648 rechtliche Unabhängigkeit und Loslösung vom Deutschen Reich. Die Formel ist ebenso falsch wie kurz. Weder gab es ein Deutsches Reich, noch suchten die Eidgenossen sich davon zu lösen. Diese anachronistischen Verzerrungen gehen auf das 19. Jahrhundert zurück, das Zeitalter der Nationalstaaten. Mit der Einigung von Italien und Deutschland verschwanden 1870/71 die vielen Mittelstaaten, die in der Nachbarschaft der Schweiz lagen und ähnliche Dimensionen hatten: das Grossherzogtum Baden, die Königreiche Württemberg und Bayern, das Königreich Sardinien-Piemont mit Savoyen, die unter österreichischer Herrschaft vereinten, altehrwürdigen Staaten Mailand (Lombardei) und Venedig. In ihrer damaligen Form gingen diese Territorien auf Napoleon zurück, doch die Vielzahl von deutschen und italienischen Staaten wurzelte im Heiligen Römischen Reich Deutscher Nation, das unter dem Druck desselben Napoleon 1806 aufgelöst worden war. In Deutschland wurde die mittelalterliche Blütezeit des Heiligen Römischen Reichs zu einem wichtigen Bezugspunkt, als Bismarck 1871 ein neues, also das Zweite Reich schuf: Dessen Herrscher, Kaiser Wilhelm I., wurde zum Beispiel im monumentalen Kyffhäuserdenkmal zum Erben des Stauferkaisers Friedrich Barbarossa stilisiert.

Auch in Italien und schon länger in Frankreich entstand nun erst eigentlich die Mittelalterforschung, welche die Wurzeln und Anfänge des modernen Nationalstaats möglichst weit zurückzudatieren suchte. Vor diesem Hintergrund hatte die mehrsprachige und republikanische Schweiz ein Interesse, sich von diesen monarchischen Nationalgeschichten abzugrenzen und deutlich zu machen, dass sie schon früh andere Wege gegangen war als die Nachbarn im Deutschen Reich. Einer der wichtigsten Exponenten der liberalen Nationalgeschichtsschreibung, der Zürcher Karl Dändliker, deutete 1885 den Frieden von Basel, der 1499 den Schwabenkrieg beendet hatte, als «stillschweigende Anerkennung des faktischen Zustandes, d.h. des Unabhängigseins der Eidgenossenschaft von den Reichsordnungen». Damit habe das Reich «die Existenz der Schweiz als eigenartiges Gemeinwesen» akzeptiert, auch wenn die deutschen Rechtsgelehrten es erst im Westfälischen Frieden über sich gebracht hätten, die «gänzliche Lostrennung» auszusprechen und «formell für alle folgenden Zeiten» zu besiegeln.[72]
Noch wichtiger als die Frage, ob das Reich 1499 irgendwelche Zugeständnisse machte, ist diejenige, ob die Eidgenossen solche überhaupt begehrten. Unabhängigkeit vom deutschen Kaiserreich war im ausgehenden 19. Jahrhundert ein Gebot des Völkerrechts und der nationalen Ehre – denn Abhängigkeit bedeutete eine Einschränkung der Souveränität und damit ihre Aufhebung. Es gab keine Mittelstellung: Entweder ein Staat ist souverän – oder er ist es nicht. Das Mittelalter kannte aber diese 1576 von Jean Bodin formulierte Souveränitätslehre noch nicht und dachte anders über legitime Herrschaft. Sie kam von Gott auf den Kaiser, den Universalherrscher, und wurde von diesem in unterschiedlichem Umfang weitergegeben an seine Lehnsleute. Es fehlte also noch die kategorische Unterscheidung: entweder souveräner Herrscher – oder Untertan. Vielmehr gab es verschiedene Stufen von Machtträgern, und sie alle verdankten

ihre Herrschaftsrechte idealerweise konkreten Privilegien, die ihnen der Kaiser gewährt hatte. Die eidgenössischen Orte hatten als Reichsstände, die dem Kaiser direkt unterstellt waren, im 14. und 15. Jahrhundert solche Privilegien von ihm erlangt – nicht als Eidgenossenschaft insgesamt, sondern als einzelne Orte. Das war die rechtliche Existenzgrundlage dieser Kleinstaaten von Uri über Appenzell bis Freiburg. Hätten sie das Reich verlassen (können), dann wären sie von demjenigen abgefallen, dem sie überhaupt erst ihre Herrschaft verdankten. Daran dachte niemand, auch wenn das Verhältnis zu den Kaisern und Königen distanziert wurde, seitdem diese von 1438 bis 1808 mit einer kurzen Ausnahme alle dem Haus Habsburg entstammten. Das Heilige Römische Reich war nicht einfach eine politische Ordnung, sondern in der mittelalterlichen Theorie ein Element der Heilsgeschichte. Denn Nebukadnezars Traum im zweiten Kapitel des alttestamentlichen Buches Daniel wurde so ausgelegt, dass Augustus dieses Kaiserreich begründet habe; und unter ihm war Jesus Christus zur Welt gekommen. Weit bis ins 17. Jahrhundert waren in Deutschland sogar die meisten Protestanten überzeugt, dass das «römische» das vierte und letzte Weltreich auf Erden war, auch wenn dort nun katholische Habsburger herrschten.

Weshalb sollten die Eidgenossen eine so ehrwürdige Institution verlassen wollen, die erst im Jüngsten Gericht ihr Ende finden würde? Die Kaiser in Wien waren zumeist weit weg, und seit dem vertraglichen Ausgleich in der «Ewigen Richtung» von 1474 waren die Beziehungen zu den Habsburgern geregelt: Sie hatten ihre Gebietsverluste im Aargau und Thurgau akzeptiert. Das Heilige Römische Reich war nicht Partei, als es 1499 zum Schwabenkrieg kam, der nördlich des Rheins Schweizerkrieg hiess und heisst. Schon diese Namen machen deutlich, dass es sich um einen Konflikt innerhalb des Reichs handelte, zwischen dem Bund der Schweizer und dem Schwäbischen Bund. Zu Letzterem gehörte auch Kaiser

Maximilian I., aber nur als Graf von Tirol, der bis ins Elsass hinein etliche Territorien in «Vorderösterreich» besass. Die Eidgenossen und die mit ihnen verbündeten Bündner achteten sehr auf solche Unterschiede und führten den Krieg nie gegen Kaiser und Reich, sondern bloss gegen den Schwäbischen Bund. Dieser war in zweierlei Hinsicht eine Konkurrenz: Zum einen waren die schwäbischen Landsknechte und die schweizerischen Reisläufer in Frankreich und Italien begehrte Söldner, die um militärischen Ruhm und Vorrang stritten. Ihre unterschiedliche Verfasstheit schlug sich zum anderen auch in zwei Ordnungsmodellen nieder, die dem Rhein entlang aufeinanderstiessen. Der Schwäbische Bund vereinte Reichsstädte mit weltlichen und geistlichen Fürsten sowie Reichsrittern, also mit herausragenden Vertretern des Adels. Durch diese ständische Struktur war das hierarchische Element deutlich ausgeprägt, wogegen die schweizerischen Reichsstädte sich mit alpinen Talschaften, den Länderorten, in genossenschaftlicher Gleichrangigkeit verbunden hatten. Schon seit längerem bezeichneten die vornehmen Schwaben alle Eidgenossen verächtlich als «Bauern» und, fast synonym nach dem wichtigsten Landort, als «Schwyzer» und daraus dann «Schweizer». Noch weiter ging die Verbindung «Kuhschweizer», die den einsamen Alpenhirten und ihren Verbündeten Sodomie unterstellte. Auch die Entgegnung «Sauschwaben» sollte die Jahrhunderte überleben.

Der Schwabenkrieg kann etwas anachronistisch als «Bürgerkrieg im Bistum Konstanz» bezeichnet werden. Der Bodensee mit Konstanz war seit dem Frühmittelalter das Zentrum einer an Städten und Klöstern reichen Landschaft, die von Ulm bis in den Bündner Alpenraum reichte. Ihr entsprachen in etwa das frühere Herzogtum Schwaben sowie die Diözese Konstanz. Die wichtigste schwäbische Reichsstadt südlich des Bodensees war Zürich, dessen Bündnispolitik sich seit dem Bund von 1351 mit den Waldstätten zusehends nach Westen verschob und durch die indirekte Allianz

mit Bern den Bogen in das frühere Königreich Burgund und die Diözese Lausanne schlug. Im Alten Zürichkrieg hatten die Eidgenossen die Zürcher gezwungen, ihren gemeinsamen Bund als exklusive Gemeinschaft zu akzeptieren. Im anschliessenden Jahrzehnt ab 1450 folgten enge eidgenössische Allianzen mit der Stadt St. Gallen und dem dortigen Fürstabt sowie mit Schaffhausen und Stein am Rhein, 1460 dann die Eroberung des Thurgaus. Damit hatte das linksrheinische Konstanz sein Hinterland verloren. Würden der Bischof von Konstanz und die Reichsstadt dem St. Galler Beispiel folgen? Viel sprach dafür, hielten die Eidgenossen doch in Konstanz sogar wiederholt ausserordentliche Tagsatzungen ab. Doch als die Spannungen eskalierten, wählten Bischof und Reichsstadt den Schwäbischen Bund als Partner: Die rauen Streiter vor allem aus der Innerschweiz waren unberechenbare Alliierte, welche für ihre militärischen Bundesleistungen immer wieder – wie im berüchtigten «Saubannerzug» – gewaltsam Schutzgelder erpresst hatten. Nur allzu oft dürfte die lokale Bevölkerung die Freiheitskämpfer der Nationalgeschichte als rücksichtslose beutegierige Aggressoren erlebt haben, welche die Nachbarlande unsicher machten.
In dieser Art muss man sich auch den Kleinkrieg zwischen Alpen- und Oberrhein vorstellen, in dem Truppen der Eidgenossen und des Schwäbischen Bundes die Lande durchzogen, sich in Scharmützeln bekriegten und die Einwohner plünderten. Der Friede von Basel bestätigte am 22. September 1499 den Status quo, entflocht aber gegensätzliche Rechtsansprüche im Thurgau zugunsten der Eidgenossen und zulasten von Konstanz. Damit war die territoriale Grenze deutlich gezogen – eine Grenze zu Schwaben, wohlverstanden, und nicht zu «Deutschland», das in einem politischen Sinn erst im 19. Jahrhundert entstand. Weder Kaiser noch Reich waren Vertragspartner des Basler Friedens. Maximilian I. unterzeichnete den Frieden, aber ganz im Sinn

der Eidgenossen nur als Mitglied des Schwäbischen Bundes wegen seiner Grafschaft Tirol. Die guten Beziehungen waren bald wieder hergestellt: 1507 folgten die Eidgenossen Maximilians Einladung, als «Glieder und Verwandte des Heiligen Römischen Reichs» zum Reichstag zu kommen. Er fand ausgerechnet in Konstanz statt, das in diesen Jahren nach dem Modell von Basel und Schaffhausen (Bundesbriefe von 1501) sehr ernsthaft den Anschluss an die Eidgenossenschaft erwog und daran letztlich erst 1547 durch die habsburgisch-kaiserliche Besetzung gehindert wurde. Die Eidgenossen dagegen erneuerten 1511 die «Ewige Richtung» mit Österreich und versprachen dabei, ihrem «allergnädigsten Herren dem Römischen Keyser» getreue Dienste zu erweisen – demselben Maximilian, den sie 1499 als Grafen von Tirol bekriegt hatten.
Die Reformbeschlüsse des Wormser Reichstags von 1495 fanden im Basler Frieden keine Erwähnung. Allerdings hielt er fest, dass alle anstehenden Prozesse der Eidgenossen kassiert würden, und das konnte später als Befreiung vom Reichskammergericht interpretiert werden. Wohl deshalb verkündet die These von der «faktischen Unabhängigkeit», die Schweizer hätten sich im Schwabenkrieg dagegen gewehrt, dass ihnen die Reichstagsbeschlüsse aufgezwungen würden. Die Reformbewegung von 1495 ging nicht auf den Kaiser zurück, sondern auf die geistlichen Kurfürsten. Sie wollten die Reichsinstitutionen gegenüber dem Kaiser stärken, der nicht zuletzt wegen seiner Kriegspolitik in Italien auf finanzielle Hilfe des Reiches und seiner Stände angewiesen war. Sie setzten mit dem ewigen Landfrieden ein Fehdeverbot durch, um vor allem die Reichsritter von Kriegen untereinander abzuhalten. Hinzu kam ein Reichskammergericht, um die entsprechenden Konflikte friedlich zu schlichten, und zur Deckung von dessen Kosten der «Gemeine Pfennig» als Abgabe. Nicht realisiert wurde das ebenfalls beschlossene Reichsregiment, in dem die Reichs-

stände neben dem Kaiser über Finanzen und Aussenpolitik hätten mitentscheiden wollen. Insgesamt zielte die Reform auf eine «Verdichtung» der Reichsverfassung, Friedenswahrung und Rechtssicherheit durch eine Stärkung der Institutionen auf der obersten Ebene. Das war ein Anliegen, das nicht zuletzt Kaufleuten und damit den Städten entgegenkam, die immer wieder unter dem eigenmächtigen Fehdewesen der «Raubritter» litten.

Die schweizerischen Reichsstädte empfanden diese Not kaum. Der Adel war in der Schweiz domestiziert oder ausgestorben. Die verbündeten Orte sicherten die Überlandwege in ihrem weitgehend geschlossenen Herrschaftsgebiet zuverlässig und lenkten das innere Gewaltpotential durch Solddienst und Eroberungszüge nach aussen. Sie hielten wenig von der gelehrten, aber auch teuren Jurisprudenz, die mit dem Reichskammergericht für eine Verrechtlichung von Konflikten zu sorgen begann. Im Rahmen der eidgenössischen Bünde standen bilaterale Rechtshilfe, Vermittlung oder Schiedsgerichte im Vordergrund, notfalls ein Waffengang: politische Verfahren, die nicht so kostspielig schienen wie langanhaltende Rechtsprozeduren.

Wenn die Eidgenossen die Wormser Reformbeschlüsse nicht umsetzten, dann bedeutete das aber keinen «Austritt» aus dem Reich. Vielmehr verblieben sie in der alten, gleichsam «unverdichteten» Reichsverfassung. 1495 entstand ein Reich «mit zwei Geschwindigkeiten»: ein innerer Kreis von Reichsständen, der sich auf dem Reichstag regelmässig für gemeinsame Entscheidungen traf, während die Bande zu den äusseren Reichsständen locker blieben. Das galt nicht nur für die Eidgenossenschaft, sondern auch für andere Reichsglieder von Böhmen über Savoyen zu den Niederlanden, welche die Reformen von 1495 nicht übernahmen. Es ist bezeichnend, dass der Titel des Heiligen Römischen Reichs genau in dieser Zeit durch den Zusatz «deutscher Nation» präzisiert wurde. Das liess sich zusehends als Einschränkung des politischen Verbands auf die deutschsprachigen Reichsstände verstehen, während das ideale Universalreich weiterhin umfassend gedacht wurde.

Die Eidgenossen verblieben in einer Mittelstellung und liessen sich bis 1566 vom neuen Kaiser wie gewohnt ihre Privilegien bestätigen. Als 1612 wieder ein neuer Herrscher antrat, wollte die Tagsatzung nach Diskussion der Vor- und Nachteile eine Delegation für die Privilegienbestätigung losschicken, «da man in des Reiches Namen über das Blut richtet und über den Ehrenwappen des Reiches Krone und Adler führt».[73] Tatsächlich überragte der doppelköpfige Reichsadler als Quelle der Herrschaftsrechte die Wappen der einzelnen eidgenössischen Kantone oder – wie noch heute auf dem Badener Landvogteischloss – aller Orte zusammen. Doch die Lähmung der Reichsinstitutionen und der Wegfall des Reichstags im Vorfeld des Dreissigjährigen Kriegs verhinderte die kaiserliche Bestätigung der Privilegien.

Dass es den Eidgenossen gelang, sich vom grossen Krieg fernzuhalten, verdeutlichte, dass sie unmerklich und wohl auch unbeabsichtigt auf Distanz zu den Verhältnissen im Reich gegangen waren. Das zeigte sich erst recht in der Reaktion, nachdem das Reichskammergericht während der Kriegsjahre Appellationen gegen gerichtliche Urteile der Stadt Basel entgegengenommen hatte. Wie Schaffhausen und St. Gallen, die zudem alle 1640 zum Regensburger Reichstag geladen wurden, war Basel beim Friedensschluss von 1499 in seinen eigenen Stadtmauern noch kein eidgenössischer Ort gewesen. Unterstand die Stadt am Rheinknie deshalb dem 1495 errichteten Reichskammergericht? Um diese Frage mit einer negativen Antwort zu klären, reiste der Basler Bürgermeister Johann Rudolf Wettstein 1646 ins westfälische Münster, wo ein umfassender Friede den Dreissigjährigen Krieg beenden sollte: zwischen den beteiligten europäischen Mächten ebenso wie zwischen den Reichsständen. Mit bloss lauer Unterstützung in den katholischen

Orten wollte Wettstein die Befreiung der Eidgenossen vom Kammergericht, die sogenannte «Exemtion», auch auf die jüngeren Orte ausgedehnt haben. Die «Exemtion» war ein Privileg – also ein Zugeständnis, das eine höhere Instanz, eben der Kaiser, gewähren konnte oder auch nicht.
Frankreich arbeitete in Westfalen auf die Schwächung des habsburgischen Kaisers hin. Deshalb rieten seine Diplomaten Wettstein, nicht mit solchen herkömmlichen Privilegien zu argumentieren, sondern sich als Vertreter eines souveränen Staates die Einmischungen des Kammergerichts zu verbitten. Tatsächlich berief sich der Basler auf «Freyheit, Souverainetet und Herkommen» der Eidgenossen.[74] Es war wohl das erste Mal überhaupt, dass das Wort «Souveränität» in die deutsche politische Sprache eindrang. Seine Wirkung war, ganz entsprechend der französischen Intention, subversiv. Wenn Reichsstände begannen, sich als souverän zu verstehen, dann erkannten sie keinen weltlichen Herrscher mehr über sich; also auch nicht den habsburgischen Kaiser, Frankreichs ewigen Gegenspieler. Tatsächlich sprengte der Souveränitätsgedanke langfristig das Reich, endgültig allerdings erst 1806 unter Napoleon. Doch der Westfälische Friede war insofern der Präzedenzfall, als die Niederlande souverän wurden. Den Eidgenossen dagegen gewährte der Kaiser, der die französische Falle erkannte, nur die Exemtion – ein Zugeständnis im Rahmen des Reichsrechts, nicht des Völkerrechts. Mehr hatte Wettstein ursprünglich auch nicht gewollt, und die dankbaren Basler Kaufleute beschenkten ihn entsprechend nach seiner Heimkehr mit einem goldenen Nautilusbecher, auf dem ein Reichsadler die Tafel «Privilegia» überreichte. Mehr gewollt hatten aber die Franzosen, und sie deuteten in den kommenden Jahrzehnten die Erklärung von 1648 konsequent als Souveränität. Deswegen habe die Eidgenossenschaft keinerlei Verpflichtungen mehr gegenüber dem Reich. Das bedeutete in französischer Leseweise konkret, dass frühere Vorbe-

halte im Solddienst nicht mehr galten und Frankreich seine schweizerischen Regimenter gegen Truppen des Reichs einsetzen konnte.
Dagegen nahmen die Eidgenossen selbst die Vorstellung, dass sie souverän seien, nur zögerlich an. Nicht zuletzt ergaben sich daraus komplizierte Fragen: Bei wem lag die Souveränität – allein bei den Kantonen oder, etwa für diplomatische Gesandtschaften, doch auch bei der Gesamteidgenossenschaft? Zudem beruhte Souveränität auf der Fähigkeit, sich selbst militärisch zu verteidigen, während die reichsrechtlichen Privilegien die Herrschaftsrechte auch der schwachen Stände schützten. Insofern erstaunt es nicht, dass in der zweiten Hälfte des 17. Jahrhunderts zuerst die grossen reformierten Kantone den Souveränitätsgedanken für sich aufgriffen und manchmal – so im neuen Zürcher Rathaus von 1698 – in ihrer Bildsprache programmatisch umsetzten. In Stans und Sarnen dagegen schmückte man das Rathaus noch um 1720 mit dem doppelköpfigen Reichsadler, der bis in die Mitte des 18. Jahrhunderts Münzen der kleinen katholischen Orte zierte. Weils sie stets in Angst vor den mächtigen reformierten Stadtkantonen lebten, erschien den altgläubigen Landsgemeindekantonen der Rückhalt des fernen, aber katholischen Kaisers in Wien und die Vorstellung einer unumstösslichen, heilsgeschichtlich verankerten Reichsordnung lange unverzichtbar. Ironischerweise verweigerten sich diejenigen Kantone, die heutzutage am hartnäckigsten die nationale Souveränität verteidigen, am längsten der neuen staats- und völkerrechtlichen Ordnungskategorie Souveränität. Das Motiv ist aber damals wie heute dasselbe: die bestmögliche Wahrung der einzelörtischen Autonomie.

6

Neutral seit Marignano

«Auf die Schlacht von Marignano geht unsere Neutralität zurück, die ist viel älter als der Bundesstaat.»[75]

Wie Individuen sind auch Kollektive stolz auf ihre vergangenen Erfolge. Sie ziehen ihr Selbstwertgefühl daraus, Schwierigkeiten überwunden zu haben, wie auch ihre Zuversicht, dass ihnen dies in Zukunft weiter gelingen wird. Umso interessanter ist es, dass für Geschichtsbilder auch Niederlagen eine grosse Bedeutung haben: Masada, Amselfeld, Alamo sind nur einige Beispiele dafür, wie – heroische – Niederlagen zur Begründung der Gemeinschaft und für territoriale Ansprüche genutzt wurden und werden. Zu diesen bildmächtigen Niederlagen gehört auch Marignano. Seit 1494 stritten sich die europäischen Grossmächte – Spanien, Frankreich und Kaiser Maximilian – um die Vorherrschaft im reichen Italien der Renaissance. Die grössten italienischen Staaten – Mailand, Venedig, Florenz, Neapel und der Kirchenstaat – beteiligten sich an den wiederholt wechselnden Allianzen; und ebenso die Eidgenossen. Der 1499 beendete Schwabenkrieg war auch ein Produkt des Konkurrenzkampfes zwischen schweizerischen und schwäbischen Söldnern. Reisläufer dienten fortan vor allem für Frankreich, aber auch in den anderen Heeren; manchmal begegneten sie sich feindlich im Feld. Auch deswegen koordinierten die eidgenössischen und zugewandten Orte zusehends ihr Vorgehen, trachteten das Soldwesen zu kontrollieren und übten für wenige Jahre eigenständige Grossmachtpolitik. Zeitgenossen wie Niccolò Machiavelli äusserten ihre Bewunderung über die Kriegstaktik der schweizerischen Schlachthaufen. Vorübergehend dominierten diese sogar das Herzogtum Mailand, die heutige Lombardei. Darauf erhob aber auch der französische König Franz I. Anspruch. Der 13./14. September 1515 in Marignano war nicht zuletzt ein epochaler

Sieg der neuen und teuren Kriegstechnologie: Die bewegliche Artillerie der Franzosen zerschoss die eidgenössischen Infanteriegevierte, deren Zeit als militärische Avantgarde in Europa damit zu Ende ging.

An Neutralität und Mässigung dachten sie deswegen keineswegs: Bern vergrösserte sein Territorium 1536 durch die Eroberung der Waadt um die Hälfte. In den folgenden Jahrhunderten hatten die Schweizer weiterhin einen erheblichen Anteil an den europäischen Kriegen; wenn auch nicht unter eigenen Fahnen, so doch in fremden Diensten, dank dem Ewigen Frieden von 1516 und dem Soldbündnis von 1521 vor allem in Frankreich. Der privilegierte Zugriff des mächtigen Nachbarn auf das eidgenössische Kriegspotential hatte mit Neutralität nichts zu tun, wohl aber mit der Einbindung in die grosse europäische Politik. Frankreich wirkte für drei Jahrhunderte faktisch als Schutzmacht und Schiedsrichter zwischen den oft zerstrittenen Kantonen, gewährte ihnen Privilegien für den Export ihrer Waren und sagte unentbehrliche Salzlieferungen zu, nahm die vielen Männer auf, welche die Schweiz selbst nicht ernähren konnte, und bildete sie in seinen Regimentern zu Soldaten aus, die im Verteidigungsfall in die Schweiz zurückberufen werden durften. Auch deswegen und um den Söldnernachschub nicht zu stören, hatten die Grossmächte ein eigenes Interesse, die Eidgenossenschaft während der vielen und langen Kriege der Frühen Neuzeit unversehrt zu lassen. Das galt nicht nur für die Franzosen, sondern auch für ihre Gegenspieler, die spanischen Habsburger, die nicht zuletzt in Mailand herrschten, für Savoyen beziehungsweise Piemont und später für die Niederländer, die ebenfalls erhebliche Söldnerkontingente beanspruchten – und damit in Europa wie in der Eidgenossenschaft zum Gleichgewicht der Mächte beitrugen. Insofern war es unvermeidlich, dass Schweizer Söldner in den italienischen Kriegen um 1500, in den französischen Religionskriegen (1562–1598) oder in den Kriegen Ludwigs XIV.

um 1700 gegen Spanien, die Niederlande und das Heilige Römische Reich in den verfeindeten Heeren kämpften und im Spanischen Erbfolgekrieg 1709 in Malplaquet aufeinanderstiessen.

Nicht die Schweizer zogen sich also allmählich von den Schlachtfeldern zurück, wohl aber die Eidgenossenschaft als militärisches Defensivbündnis aus der stets auch kriegerischen Aussenpolitik. Das war keine Lektion von Marignano, sondern ein Gebot innenpolitischer Not. Die massiven Verluste an Menschenleben provozierten erregte Debatten ebenso wie die sozialen und kulturellen Veränderungen durch die Brutalität der Kriegserfahrungen, die Übernahme fremder Bräuche und reichen Beuteguts, die Korruption der Pensionenherren, die den ausländischen Fürsten den Nachschub an Reisläufern garantierten. Die Zeitgenossen beschrieben dies als Sittenverfall der jungen Eidgenossen, die nicht mehr die bescheidene, fromme Tugend der Alten leben wollten. Ein gewichtiger Fürsprecher dieser Kritik war Ulrich Zwingli, der die Glarner Truppen als Leutpriester nach Marignano begleitet hatte. Die Katastrophe machte ihn zum entschiedenen Gegner der Solddienste und der Abhängigkeit von auswärtigen Zahlungen. Die Reformation, die auf die Sitten wie auf den Glauben zielte, spaltete die Eidgenossenschaft in zwei Lager, die sich erstmals 1529 und dann 1531 bei Kappel bewaffnet gegenüberstanden. Religiöse Bürgerkriege folgten 1656 und 1712, und neben der gemeinsamen Tagsatzung gab es regelmässig auch solche, die nach Konfession getrennt waren.

Die Eidgenossen beklagten diese Uneinigkeit oft und laut, zumal sie in der alles entscheidenden Frage nach dem richtigen Weg zum Seelenheil gründete. Paradoxerweise verdankt das Land ihr aber wohl das Überleben, zumindest in der Form von gleichberechtigten kleinen Republiken: Hätten die grossen Kantone Zürich und Bern 1531 bei Kappel gewonnen, hätten sie die besiegten Kantone mittelfristig ebenso mit Zwang konfessionalisiert wie dies gerade Bern in seinen 1536 eroberten Territorien tat. Vor allem aber hätte eine reformierte Eidgenossenschaft sich den protestantischen Hilferufen im Schmalkaldischen Krieg (1546/47) und im Dreissigjährigen Krieg (1618–1648) nicht entziehen können. Wenn sie die Beteiligung an diesen Kriegen – anders als etwa Böhmen – überhaupt als selbständiger Staat überstanden hätte, dann nur dank massiven Verfassungsänderungen: Die wesensähnliche Republik der vereinigten niederländischen Provinzen erhob wegen der Kriegskosten im 17. Jahrhundert die höchsten Steuern pro Kopf, und die militärische Führung lag bei einem quasi erblichen Statthalter aus dem Haus Oranien, der auch innenpolitisch oft eine königsähnliche Rolle spielte.

Dagegen konnte ein im Inneren so tief gespaltenes Gebilde wie die Eidgenossenschaft keine Aussenpolitik betreiben oder gar Krieg führen. Ohne Fürst, ohne einheitliche militärische Spitze, ohne klare, gemeinsame strategische Ziele war das schon im Spätmittelalter schwierig gewesen; ohne religiöse Einheit war es vollends unmöglich für Männer, die eine Eid-Genossenschaft gebildet hatten und sich gegenseitige Hilfe in der Not geschworen hatten. Diesen Eid schworen die Schweizer seit der Reformation bis 1798 nicht mehr: Die Reformierten weigerten sich, die Heiligen anzurufen; die Katholiken beharrten darauf, denn so hatten es schon die Vorfahren getan.

Im Schmalkaldischen Krieg zwischen Kaiser und protestantischen Reichsständen, in den französischen Religionskriegen zwischen Katholiken und reformierten «Hugenotten», im Dreissigjährigen Krieg – Schweizer Söldner waren stets dabei, doch die Eidgenossenschaft griff als Staat nicht ein. Diese in der Uneinigkeit begründete Zurückhaltung nannte aber niemand Neutralität. Die jüngeren Bundesbriefe verpflichteten die neuen Orte, etwa Basel, zum «still sitzen»: Sie sollten in den regelmässigen Konflikten zwischen Stadt- und

Länderorten nicht eingreifen, sondern vermitteln. Mit den internationalen Beziehungen hatte eine solche Bestimmung unter Verbündeten aber nichts zu tun. «Neutralitas» existierte als lateinisches Fremdwort schon im Mittelalter, war aber mehrfach negativ besetzt. Die Eidgenossen unterstanden ideell Kaiser und Reich: Erklärte Neutralität zwischen ihnen und ihrem Hauptgegner Frankreich wäre gleichbedeutend gewesen mit Widerstand gegen die Macht, der sie ihre Herrschaft verdankten. Entsprechend erwähnten gerade die Reformierten bei Bündnisgesuchen von protestantischer Seite die Friedensverpflichtungen, die ihnen aus der Erbeinung mit Habsburg erwuchsen. Zudem durften sie die gegnerische Glaubenspartei in der Schweiz nicht zum Bürgerkrieg provozieren. Dies hiess aber nicht «Neutralität». Dieses Wort reservierten die Abschiede (Beschlussprotokolle) der Tagsatzung allein für den Zustand der Freigrafschaft Burgund – ein Gebiet, das den spanischen Habsburgern gehörte und damit im umgebenden Frankreich einen Stachel bildete, aber zugleich vom entfernten Spanien schwer zu verteidigen war. Deshalb wurde die Region neutralisiert: Frankreich und Spanien klammerten es aus ihren ewigen Kriegen aus, die Eidgenossenschaft sollte das Territorium und seine Neutralität militärisch sichern.

Neutrale waren nicht nur, wie die Freigrafschaft Burgund, unselbständig und schwach; sie waren auch Gott zuwider. Seit dem Mittelalter galt die Lehre vom gerechten Krieg, und die Verteidigung des wahren Glaubens erfüllte diese Anforderung am besten. Dafür durfte man nicht nur Krieg führen, man musste dies sogar. Gott war ein eifersüchtiger Herrscher, der keine Gleichgültigkeit duldete. Die Zeitgenossen konnten sich auf die Offenbarung (3, 16) berufen, dass «Gott die laulichen, das ist die neutralisten, darumb dass sie nit kalt noch warm, aussspeyen thue».[76] Hatte nicht Jesus selbst gesagt: «Wer nicht mit mir ist, der ist wider mich» (Matthäus, 12, 30)? Neutralität in Glaubensdingen konnte es nicht geben, denn zwischen Himmel und Hölle, zwischen Gott und Teufel durfte man nicht unentschieden bleiben. Da die Kriege im 16. und 17. Jahrhundert primär Religionskriege waren, es also um das Seelenheil ging, war stets ein klares «entweder – oder» formuliert. Auch wer, wie die Eidgenossen, im Krieg nicht mitmachte, war nicht «neutral»: Die Reformierten fieberten unverhohlen mit den evangelischen Reichsständen im Dreissigjährigen Krieg, die Katholiken mit dem Kaiser und der katholischen Liga. «Laulicher Neutralist» blieb in der Eidgenossenschaft wie anderswo ein Schimpfwort und dies nicht nur aus religiösen Gründen, sondern auch mit weltlicher Begründung: Auf Dauer nütze Neutralität nichts, sondern schwäche bloss den Widerstand gegen die Bösen; hatten diese ihre anderen Feinde erst einmal besiegt, dann würden sie danach auch die Neutralen erobern.

Erst im Gefolge des Westfälischen Friedens von 1648 wurde die Neutralität zu einer legitimen aussenpolitischen Haltung. Seitdem die Exemtion als Souveränität gelten konnte, hatte die Schweiz keine Loyalitätsverpflichtungen mehr gegenüber Kaiser und Reich. Vor allem aber kam nach dem Dreissigjährigen Krieg das Zeitalter der Glaubenskriege allmählich an sein Ende. Das von Hugo Grotius begründete moderne Völkerrecht setzte sich zusehends durch. Ob ein Krieg gerecht war, hing nicht mehr davon ab, ob der Anlass – also die Verteidigung des richtigen Glaubens – gerecht war, sondern ob sein Urheber legitim war. Nur noch Souveräne hatten das Recht auf Krieg, schuldeten aber über ihre Motive niemandem Rechenschaft. Wenn der Krieg ein legitimes Mittel der Aussenpolitik wurde, dann war auch der Verzicht auf das Kriegführen legitim. Im 17. und 18. Jahrhundert erklärten sich immer wieder Staaten für neutral, manchmal auf Dauer, manchmal nur für einen Krieg. Die Eidgenossenschaft verkündete dies erstmals 1674 im «Holländischen Krieg» Ludwigs XIV. gegen die Niederlande, das Reich und

Spanien: Sie sei ein «Neutral Standt», wobei statt «Standt» schon wenig später auch im Deutschen unser heutiges «Staat» gebraucht worden wäre.[77] Diese Neutralität war ein Eingeständnis der militärischen Schwäche, ebenso wie bei anderen früheren Mittelmächten, die im folgenden Jahrhundert Zuflucht bei ihr suchten, so Venedig, Schweden und die Niederlande. Denn die Neutralitätserklärung bedeutete 1674, dass die Eidgenossen ihrer erwähnten vertraglichen Verpflichtung nicht nachkommen würden, die Unversehrtheit der ihrerseits neutralisierten, zu Spanien gehörenden Freigrafschaft Burgund gegen das aggressive Frankreich zu garantieren, notfalls mit militärischer Gewalt. Tatsächlich sahen sie 1674 uneinig und tatenlos zu, wie Ludwig XIV. die Freigrafschaft besetzte. 1678 trat Spanien sie im Frieden von Nimwegen an Frankreich ab.

Unter diesen Umständen überrascht es nicht, dass Zeitgenossen die schweizerische Neutralität, wie sie nun proklamiert wurde, als «die denkbar grösste Partialität» bezeichneten.[78] In den folgenden Jahren setzten folgerichtig die Debatten ein, was die Neutralität für Rechte und Pflichten mit sich bringe: Galt für die Zahl der schweizerischen Söldner der Status quo bei Kriegsbeginn, oder durfte eine Kriegspartei neue Truppen in der Eidgenossenschaft ausheben, um gleich viele zu haben wie der Gegenspieler? Die jeweils Kriegführenden brachten ihre Definitionen ebenfalls ein, um eine für sie günstige Auslegung der Neutralität zu erlangen. Die Eidgenossen begannen ihrerseits um 1700 die Neutralität als «Maxime» und «Staatsregel» zu bezeichnen, als eine «veste Grundseule» der Eidgenossenschaft seit ihrer Gründung – oder doch seit Marignano. Der erste Schweizer, der sich wenn auch erst indirekt darauf bezog, war 1691 der Tagsatzungsschreiber Franz Michael Büeler aus Schwyz: «Hat nit eine lobliche Eydtgnossschafft durch die Neutralitet von 176 Jahren hero, da die aussere Potentzen in Krieg gewesen, sich in Fried und Ruhstand mit Gottes Gnaden

Hilff erhalten?»[79] Wenige Jahre später brachte ein anonymes *Politisches Gespräch [...] über das wahre Interesse der Eydgnossschafft* in diesem Zusammenhang erstmals Niklaus von Flüe ein. Seine Warnung «Machend den zun nit zuo wit» hatte bis dahin nichts mit der Neutralität zu tun, ganz abgesehen davon, dass der Eremit sie nie ausgesprochen hatte. Der Luzerner Chronist Hans Salat legte ihm die Worte 1537 in den Mund und meinte damit seine eigene Gegenwart: Salat lehnte die Expansion des reformierten und innerhalb der Eidgenossenschaft übermächtigen Bern nach Westen ab, das im Vorjahr die Waadt erobert hatte.[80]

Die Schweizer erfanden also um 1700 eine eigene Neutralitätsgeschichte, weil sie etwas positiv deuten mussten, was ihnen lange Zeit allenfalls negativ bewusst gewesen war. Denn die konfessionelle Spaltung war für die frommen Eid-Genossen ein Trauma gewesen. Ausgerechnet ein Theologieprofessor, der Zürcher Johann Heinrich Hottinger, erkannte jedoch 1653, dass der religiöse Hader heilbringende Unparteilichkeit erzwungen hatte. Allein deshalb war die Eidgenossenschaft insbesondere vom Dreissigjährigen Krieg verschont geblieben, der unmittelbar angrenzende Gebiete in Süddeutschland oder auch Graubünden verwüstet und entvölkert hatte. Diese Gnade thematisierten auch die ersten Bilder der eidgenössischen Neutralität, die ebenfalls um 1700 auftauchten. Sie zeigten ein friedliches Land im Sonnenlicht, während jenseits der Grenzen unter Gewitterwolken die Dörfer brennen. Ein Schiff segelt in der sicheren Mitte zwischen Skylla und Charybdis hindurch, und ein Fuchs schaut mit Sicherheitsabstand zu, wie zwei Wildkatzen sich bekriegen. Um 1600 hatte der Fuchs in reformierten Flugschriften die Verschlagenheit der Jesuiten symbolisiert, die ihre gegenreformatorischen Pläne mit Verstellung und Tricks verfolgten. Um 1700 deuteten ebenfalls Reformierte den Fuchs als schlaues Tier, weil es sich in die Kriege fremder Potentaten nicht einmische.[81]

Emer de Vattel, der Neuenburger Völkerrechtler in sächsischen Diensten, erörterte 1758 in seinem *Droit des gens* erstmals systematisch die Neutralität als Teil eines Völkerrechts. Es regelte das Zusammenleben von souveränen Staaten auf der Basis der Gleichrangigkeit und schrieb den Neutralen klare Rechte und Pflichten zu. De Vattel argumentierte allgemein, brachte aber oft das Beispiel der Eidgenossenschaft ein: «In allen Kriegswirren Europas wahrt die Schweiz in ihrem Territorium strenge Neutralität.»[82] Auch die anderen Staaten sahen die schweizerische Neutralität nun als Konstante des europäischen Gleichgewichts an. Es nützte auch ihnen, wenn die beiden Vormächte auf dem Kontinent, Frankreich und Österreich, durch ein Gebiet getrennt waren, das nicht Schauplatz der häufigen Kriege wurde.

Deshalb waren die Mächte nach den napoleonischen Kriegen auch bereit, die Neutralität der Schweiz wieder herzustellen, obwohl diese zuvor auf französischer Seite mitgekämpft hatte. Nicht auf schweizerischen Wunsch, sondern möglicherweise auf Anregung Wilhelm von Humboldts wurde nun erstmals über eine «ewige» Neutralität verhandelt – die aber nach der Rückkehr Napoleons aus Elba gleich schon gebrochen zu werden drohte, als sich die Schweiz mit den Alliierten gegen den Korsen stellte. Nach dessen Niederlage bei Waterloo anerkannten die fünf Grossmächte Österreich, Frankreich, Preussen, Grossbritannien und Russland dann am 20. November 1815 im Frieden von Paris endgültig die immerwährende Neutralität und garantierten zugleich die Unversehrtheit der Schweiz in ihren neuen Grenzen. Neu waren diese aber allein im Westen, um den schwachen republikanischen Staatenbund im Jurabogen gegenüber dem jahrelangen Aggressor Frankreich zu stärken – nicht weniger, aber auch nicht mehr. Dass die führenden Staaten eine Region neutralisierten, die in ihrer Einflusssphäre lag, hatte Tradition und noch viele Nachahmer, von der frühneuzeitlichen Freigrafschaft Burgund über Belgien bis zur «Finnlandisierung». Die Signatarmächte hielten 1815 entsprechend fest, dass diese Massnahmen im wahren Interesse von ganz Europa lägen, zu dessen politischem Gleichgewicht die Neutralität des Pufferstaats gehörte. Tatsächlich sprach sich auch Frankreich dafür aus.

In der Schweiz wurde seither oft und etwas spitzfindig der Unterschied betont, dass die fünf Grossmächte zwar das Territorium garantierten, die Neutralität dagegen nur anerkannten. Das hatten bereits damals die eidgenössischen Unterhändler und namentlich Pictet de Rochemont im Auge, damit die Neutralität als selbstgewählter Status eines souveränen Staates erscheine und nicht als fremdes Zugeständnis, das wieder rückgängig gemacht werden konnte. Ohne die scharfe politische Analyse des Genfers Pictet de Rochemont hätten die zerstrittenen und gegeneinander intrigierenden Vertreter der Kantone in Paris und Wien überhaupt nichts erreicht. Gleichwohl machte der offizielle Titel der Urkunde deutlich, dass sie Anerkennung und Garantie ebenso wie Neutralität und Territorium alle miteinander verknüpfte: *Acte portant reconnaissance et garantie de la neutralité perpétuelle de la Suisse et de l'inviolabilité de son territoire*.

Zudem forderten die Grossmächte zwei Gegenleistungen. Zum einen musste die Schweiz eine nationale Armee aufbauen, damit nicht – wie 1798 – der unkoordinierte und schlecht vorbereitete Widerstand von kantonalen Detachementen gegen ein modernes Massenheer in wenigen Tagen zusammenbreche. Die Einsicht, dass dauerhafte Neutralität bewaffnet sein müsse, war eine Auflage der Monarchien, die in geostrategischen Dimensionen dachten und nicht die rückwärtsgewandte Kirchturmperspektive eifersüchtiger Kantone übernahmen. Deshalb knüpften sie, zum anderen, ihre Anerkennung der traditionellen, aber in den vorangegangenen zwei Jahrzehnten vielfach entwerteten Neutralität an eine klare Bedingung: Die Eidgenossen mussten ihre Binnenstreitigkeiten endlich beenden und die Kantonsgrenzen akzeptieren, die ihnen Napoleon und in dessen Gefolge die Siegermächte von 1814/15 auferlegt hatten. Die Neutralität war also Teil eines Befriedungsprojekts, das die Eidgenossenschaft stabilisieren sollte, weil die reaktionären Kantone um Bern und die Waldstätte den Verlust der früheren Untertanengebiete nicht akzeptieren wollten.[83] Der Hinweis von 1815 auf das «wahre Interesse» Europas macht deutlich, dass die schweizerische Neutralität in eine (Friedens-)Ordnung auf dem Kontinent integriert war und bis heute ist. Sie hängt nicht allein vom Willen und der Verteidigungsbereitschaft der Schweiz ab. Diese Einsicht stimmte um 1900 einige Staatsdenker skeptisch gegen die Neutralität, die für Carl Hilty die Abhängigkeit vom Ausland institutionalisierte und mit der Souveränität letztlich nicht vereinbar war. Bundesrat Emil Frey sah in ihr eine lästige Fessel, Gonzague de Reynold die «Entmannung einer lebenskräftigen Nation».[84] Der militärisch-politische Kleinstaat muss mit der Tatsache leben, dass die Neutralität so lange Bestand hat, wie die europäischen Grossmächte sie respektieren. In den Weltkriegen hat Deutschland die Neutralität anderer Kleinstaaten, Belgiens, der Niederlande und Norwegens, zuerst zugesichert und dann missachtet. Hätte die Schweiz diese Erfahrung geteilt, wäre sie heute ebenfalls Mitglied der NATO.

7

Ein Volk in Waffen

«Rom und Sparta sind schon lange untergegangen. Die Schweiz hat überlebt. Was würde ein Machiavelli der Gegenwart über die heutige Schweiz sagen? Würde er sie noch rühmen als die ‹allerbewaffnetste›? Die allerfreiste? Wissen wir Schweizerinnen und Schweizer eigentlich noch, was uns die Freiheit bedeuten könnte?»[85]

Beeindruckt vor allem vom Schlachtensieg bei Novara sprach Niccolò Machiavelli, der Begründer der modernen politischen Theorie, im 12. Kapitel seines *Principe* (1513) von den «Svizzeri armatissimi e liberissimi». Im 20. Jahrhundert haben viele Schweizer Historiker und Politiker dieses Zitat bemüht. Interessanterweise taten sie dies aber nicht in der Vormoderne. Machiavelli galt als unmoralischer Atheist, darin waren sich Katholiken und Reformierte für einmal einig. Erst Aufklärer wie Jean-Jacques Rousseau, Johannes von Müller oder Victor von Bonstetten begannen, den Florentiner zu würdigen, allerdings noch nicht wegen seines Schweizerlobs. Die «allerbewaffnetsten Schweizer», welche diese Aufklärer in ihrer Gegenwart vor Augen hatten, waren Söldner im Dienste expansiver und ruhmbegieriger Monarchen und damit ein Krisensymptom in der Alten Eidgenossenschaft. Diese Abhängigkeit der Söldner und ihre Geldgier liefen der Tugend und Freiheit zuwider, wie sie die Aufklärer etwa im Rahmen der Helvetischen Gesellschaft propagierten. Ihr Lob galt, einem alten Topos folgend, den Vätern der Freiheit, den unverdorbenen und patriotischen Streitern in den mittelalterlichen Schlachten. Dass die zeitgenössischen Nachfahren aus einem anderen Holz geschnitzt waren, erwies sich schon bald, 1798: Beim Einmarsch der französischen Truppen fielen der militärische Widerstand und mit ihm die Eidgenossenschaft schon bald in sich zusammen.

Tatsächlich hat die Eidgenossenschaft seit bald 500 Jahren alle Schlachten verloren, die sie gegen äussere Mächte führte. Ihr Glück war bloss, dass es nicht viele waren: Wenn man von der praktisch widerstandslosen Besetzung der Waadt 1536 absieht, folgten auf Marignano die Niederlagen von 1798, für die Berner am Grauholz und für die Schwyzer am Etzel. Im Kappeler Krieg 1531 und im Ersten Villmerger Krieg 1653 unterlagen die beiden mächtigsten Kantone Zürich und Bern zudem im Inneren eher kläglich den katholischen Innerschweizern. Erst am Ende des Dreissigjährigen Kriegs rangen sich die Kantone im Defensionale von Wil (1647) zu einer gemeinsamen Wehrordnung mit klar definierten Kontingenten durch. Diese in der Nationalgeschichte stark überschätzte eidgenössische Wehrverfassung musste den Ernstfall ebenso wenig bestehen wie das 1673 nachfolgende Defensionale von Baden, aus dem die katholischen Orte schon bald wieder austraten. Als Ludwig XIV. gleichzeitig, 1674/1678, die Freigrafschaft Burgund eroberte, nahm die Eidgenossenschaft ihre völkerrechtliche Verpflichtung zur Verteidigung des Territoriums nicht wahr. Beim Tuileriensturm 1792 verloren rund 500 Schweizergardisten ihr Leben für König Ludwig XVI., und an der Beresina starben 1812 die in der Grossen Armee integrierten, regulären Schweizer Soldaten für den Kaiser Napoleon. Ihr Anteil an der Abwehrschlacht lebt in übersteigerter Erinnerung fort, denn die Schweizer stellten mit 9000 der insgesamt rund 600 000 Soldaten prozentual zur Bevölkerung weniger Truppen für die *Grande Armée* als etwa die Polen und viele deutsche Staaten wie Bayern, Westfalen oder Sachsen. Beim Burgunderfeldzug von 1815 gegen das geschwächte Frankreich mussten sich die schlecht organisierten Schweizer Truppen nach Meutereien schmählich wieder zurückziehen. 1871 überforderte bereits die Internierung der entkräfteten Bourbaki-Armee das eidgenössische Aufgebot im Jura derart, dass die Armeereform zu einem Haupttraktandum der folgenden Jahre wurde. Im Ersten Weltkrieg waren die Truppen erst 1916 vollständig mit Uniformen ausgestattet, mit einem Stahlhelm erst 1918; Armeespitze wie Landesregierung waren wegen der unterschiedlichen Sympathien für Deutschland oder Frankreich gespalten, viele Soldaten aus der Arbeiterschaft hassten ihre abgehobenen und schikanösen bürgerlichen Offiziere. Bei Ausbruch des Zweiten Weltkriegs stellte die Schweiz 24 Aufklärungspanzer und 40 kriegstaugliche Jagdflugzeuge (sowie 60 000 Pferde) gegen das Dritte Reich, das seine anderen Nachbarn in Blitzkriegen unterwarf und im Westfeldzug gegen Frankreich 2445 Panzer und 3578 Flugzeuge einsetzte. Dessen ungeachtet erzählten nach 1945 viele Angehörige der Aktivdienstgeneration sich und den Nachgeborenen, dass Hitler die Schweiz aus Respekt vor ihrer Armee nicht angegriffen habe.

Vielleicht ist es bezeichnend, dass es den grössten schweizerischen Kriegshelden, Arnold von Winkelried, gar nie gegeben hat.[86] Das verrät sich schon in der frühen Luzerner Chronistik, denn weder Melchior Russ (1482) noch Petermann Etterlin (1507) nannten ihn bei der Beschreibung der Schlacht vor ihren Stadttoren; ebenso fehlte er in den Bilderchroniken der Zeit. 1476, also neunzig Jahre nachdem sein Opfertod die Schlacht bei Sempach entschieden haben soll, tauchte in einer Zürcher Chronik erstmals ein «erber from man» und «getrüwer» Eidgenosse auf, der die Lanzen der Ritter niedergedrückt habe. Gar erst 1533 erhielt er im *Halbsuterlied* einen Namen: «Winkelriet», der jetzt auch bat, dass man nach seinem Opfertod für seine Frau und Kinder sorge. Erst Aegidius Tschudi schenkte ihm um 1569 den Vornamen «Arnolt». Er entnahm ihn der Liste der Gefallenen, welche die Nidwaldner auf seine Anfrage hin zusammengestellt hatten. Sie wollten, fast zweihundert Jahre nach der Schlacht, wohl einen berühmten Zeitgenossen ehren: den tollkühnen Söldnerführer Arnold von Winkelried, der bei Marignano mitgekämpft hatte und 1522 in französischen

Diensten bei Bicocca fiel. Die Erfindung von Winkelried war gleichsam ein Nachruf auf die Zeit, da die Eidgenossen noch Schlachten gewonnen hatten.
Die vorangegangenen Feststellungen erfolgen nicht mit Häme, schon gar nicht gegenüber denen, die in den erwähnten Krisenzeiten und Kriegen ihr Leben opferten oder dazu bereit waren. Doch wundern darf man sich mit vielen ausländischen Besuchern der Schweiz: Weshalb übt sich ein neutrales Land in martialischer Rhetorik, Folklore und Symbolik, weshalb lässt es uniformierte Jünglinge jedes Wochenende mit Sturmgewehren durch die Bahnhofshallen ziehen, weshalb belässt es den Dienstpflichtigen auch in der Freizeit diese Waffe, mit der ein Querulant die halbe Regierung von Zug erschoss und immer wieder Männer das begehen, was dann als «Familiendrama» kurze Schlagzeilen macht? Wenn die demonstrierte Kriegsbereitschaft des Bundesstaats nicht auf eine glorreiche Serie gewonnener Schlachten zurückgeführt werden kann, dann vielleicht darauf, dass seine Armee gar keine zu führen hatte – und deshalb demütigende Niederlagen, traumatisierende Verluste, entehrende Schuld und gemeinen Verrat nie erfahren konnte?
Diese These muss allerdings erklären, weshalb denn die Schweiz so lange von äusseren Kriegen verschont und doch territorial intakt geblieben ist – ein einzigartiges Phänomen inmitten der immer wieder durch Kriege zerrissenen europäischen Staatenwelt. Die martialische Antwort führt dies historisch auf die notorische Kriegstüchtigkeit der Schweizer Söldner zurück, die in allen europäischen Ländern demonstriert hätten, dass auch ihr Heimatland ein unüberwindbarer Gegner war, falls sich ein Angreifer in das unwirtliche Gelände vorwagen sollte – obwohl die Eidgenossenschaft mit ihren unterschiedlichen kantonalen Aufgeboten militärisch ungenügend organisiert und mit teuren Schusswaffen schlecht ausgestattet war. Zudem waren in der vormodernen Eidgenossenschaft selbst die Untertanen Waffenträger, was

im übrigen Europa nicht üblich war. Das waren gute Grundlagen für die allgemeine Wehrpflicht und eine Bürgerarmee, wie sie im 19. Jahrhundert festgeschrieben wurden. Als sich in der Armeespitze Ulrich Willes «Neue Richtung» um 1900 gegen die «Nationale Richtung» durchsetzte, wurden die Soldaten nach preussischem Muster von einem ständisch distanzierten Offizierskorps zu strengem Gehorsam und zur Diensttauglichkeit für den modernen Massenkrieg gedrillt. Die hohe Motivation, die Nutzung des Geländes etwa durch Alpenfestungen und eine, im Verhältnis zur Bevölkerungszahl, für europäische Verhältnisse weit überdurchschnittliche Zahl von aktiven Armeeangehörigen waren im 20. Jahrhundert Kernelemente der Dissuasionsstrategie. Durch die demonstrierte Wehrbereitschaft sollte der überlegene Feind von einem Angriff abgehalten werden, weil der Preis der Eroberung nicht in einem sinnvollen Verhältnis zum Ertrag stehen würde.

Solche Berechnungen haben benachbarte Herrscher und ihre Armeestäbe zweifellos angestellt. Ihre Nutzenerwägungen galten aber bestimmt auch anderen Faktoren. Frankreich sah im Ancien Régime in der Eidgenossenschaft den kostenlosen Flankenschutz gegen Österreich und ein billiges, beinahe unerschöpfliches Reservoir an Söldnern. Die Eidgenossen hatten ihren Preis («pas d'argent, pas de Suisses»), waren aber ihrerseits abhängig von den Zahlungen Frankreichs, sodass dessen Einfluss über Pensionenwesen, Bestechung und Manipulationen vom 16. bis zum 18. Jahrhundert dominant blieb. Die Könige und ihre Ambassadoren in Solothurn waren ein wichtiger stabilisierender Faktor, da sie zumeist mit Katholiken wie mit Reformierten verbunden waren und in Krisensituationen als unentbehrliche Vermittler ausgleichend wirkten. Das änderte sich schnell, als die revolutionäre Ideologie der Volkssouveränität die Staatsräson der Könige ablöste und die Schweizergarden 1792 ihr Leben opferten, um Ludwig XVI. vor den Pariser

Sansculotten zu beschützen. Truppen des republikanischen Frankreich besetzten 1798 die Schweiz, die mehrheitlich für die antirevolutionäre Koalition fieberte, und fügten sie ungefragt in die Reihe ihrer Schwesterrepubliken ein.
Im jungen Bundesstaat entbrannte wiederholt patriotische Kampfrhetorik gegen benachbarte Monarchien, was nicht zuletzt den eben erst erlangten Zusammenhalt der Nation bestärken sollte: 1848/49 für die norditalienische liberale Aufstandsbewegung gegen die Österreicher, 1856/57 im Neuenburgerhandel gegen Preussen, 1860 im Savoyerhandel gegen Frankreich. Das Zusammenspiel der Grossmächte, die den territorialen Status quo aufrechterhalten wollten und mit unterschiedlichen Rollen vermittelten, verhinderte aber die Eskalation. Der territoriale Bestand der Schweiz wurde garantiert, die Expansion verweigert und das revolutionäre Potential neutralisiert – unter Mitwirkung der Mehrheit in den eidgenössischen Räten, die einer abenteuerlichen Aussenpolitik wenig abgewannen.
Dass die Schweiz weder in den Ersten noch in den Zweiten Weltkrieg hineingezogen wurde, war keineswegs selbstverständlich und lässt sich, wie unten ausgeführt wird, nicht monokausal erklären, etwa durch die militärische Abwehrbereitschaft. Im Ersten Weltkrieg nützte sie ohnehin dem Aggressor. Wilhelm II. bekam bei den berühmten «Kaisermanövern» von 1912 vorgeführt, dass die Eidgenossenschaft bereit war, seine Südflanke zu schützen. Die führenden Offiziere und Bundesräte sympathisierten mit den monarchischen Mittelmächten Deutschland und Österreich. General Wille erwog sogar den Kriegseintritt der Schweiz auf deren Seite. Weshalb sollte der Kaiser mit einem Angriff unnötigerweise aus einem Freund einen Feind machen? Viel näher lag es, die französischen Stellungen über das ebenfalls neutrale Belgien zu umgehen, wie das 1914 auch geschah.
Diese Geschichte wiederholte sich 1940, ergab dann aber eine ganz andere Auslegeordnung. Von 1914 bis 1918 grenzte

die Schweiz im Norden und Osten an die Mittelmächte, im Süden und Westen an die Entente; seit Sommer 1940 war die Schweiz dagegen fast vollständig und ab Herbst 1942 ganz von den Achsenmächten umgeben. So war im Ersten Weltkrieg eine Schaukelpolitik möglich. Sie gestand den beiden Lagern weitgehende Einblicke in den schweizerischen Aussenhandel zu und beschränkte über die ausländischen Überwachungsämter, die auf Schweizer Territorium ihrer Aufgabe nachgingen, die eigene Souveränität. Denn allein dank der Gewissheit, dass ihre Lieferungen nicht über neutrales Gelände dem Feind zukamen, duldeten die Kriegführenden, dass die notwendigen Importe in die Schweiz gelangten. In der noch viel schwierigeren Lage während des Zweiten Weltkriegs waren die Wirtschaftsabkommen von 1940/41 mit Deutschland und Italien unumgänglich, um die Landesversorgung zu garantieren. Das geschah unter anderem durch Kredite von gut 1,1 Milliarden Franken («Clearing-Milliarde»), mit denen der Bund den schweizerischen Warenexport, vor allem von Rüstungsgütern, in das Dritte Reich subventionierte, obwohl das gegen das Neutralitätsrecht verstiess. Später folgten Wirtschaftsabkommen mit den Westmächten, die allerdings nicht für sich völkerrechtswidrige Begünstigungen erpressten, sondern die einseitige Schweizer Wirtschaftshilfe für die Achsenmächte beschränken sollten. Was die Schweiz in diesen Verhandlungspokern einbringen konnte und einbrachte, war stets ihr ökonomisches Potenzial – nicht die Truppenstärke oder Kampfbereitschaft. Dass letztlich eine Vielzahl von Faktoren dazu führte, dass das schweizerische «Stachelschwein» als einziges Nachbarland des Dritten Reiches auch den Zweiten Weltkrieg territorial unversehrt überstand, wird unten in Kapitel 13 dargelegt.

8

Die schreckliche Franzosenzeit

«Lernen wir am Beispiel der Helvetik, wie gefährlich lebensfremde politische Experimente für unsere vielsprachige, föderalistische Schweiz sind. Die am grünen Tisch entworfenen Staatsplanungen, die uns durch Fremde aufgezwungen werden, die unsere politischen Zustände, unsere Geschichte nicht kennen und unser Land nicht gern haben, sind für die Schweiz gefährlich!»[87]

Die Helvetische Republik hob 1798 die ständische Gesellschaft auf und machte aus Untertanen und minderberechtigten Niedergelassenen (Hintersassen) gleichwertige Bürger mit garantierten Grundrechten. Französisch und Italienisch wurden mit dem Deutschen gleichberechtigte Amtssprachen, und gleiche Rechte erhielten auch die Angehörigen dieser Minderheiten. Die letzten Feudallasten und der Zehnt wurden abgeschafft. Das souveräne Volk wählte das erste nationale Parlament. Mit ihm entstanden weitere gesamtschweizerische Institutionen: ein Direktorium als Kollektivregierung und ein Oberster Gerichtshof, womit die moderne Gewaltenteilung eingeführt wurde. Was kann man an diesen Errungenschaften auszusetzen haben?
Der schlechte Ruf als «Franzosenzeit» hat das Andenken an die Helvetik bis weit ins 20. Jahrhundert völlig dominiert und hält sich bis in die Gegenwart. Das hat seine objektiven Gründe. Am Anfang stand unter anderem der Einmarsch französischer Revolutionstruppen: Die Eidgenossenschaft wurde, zum ersten und einzigen Mal in ihrer Geschichte, erobert. Ohne die ruhmlosen Niederlagen hätten sich die reaktionären, gottesfürchtigen Regime vor allem in den Patrizierstädten und in der Innerschweiz nie den Weg frei-

gemacht für neue Verfassungsprinzipien. Der Widerstand gipfelte im September 1798 in den «Nidwaldner Schreckenstagen» mit ihren über vierhundert einheimischen Todesopfern. Nicht zuletzt Heinrich Pestalozzis Wirken für die Waisenkinder in Stans und Historienbilder, namentlich von Karl Grob und Albert Anker, haben dieses Ereignis in das nationale Gedächtnis eingeprägt. Die Helvetische Republik wurde zudem umgehend ein wichtiger Schauplatz auch von äusseren Konflikten: Im Zweiten Koalitionskrieg standen sich französische und österreichische, später auch russische Truppen (unter General Suworow) gegenüber, verwüsteten weite Teile des Landes und zehrten es aus. Kämpfe, Seuchen und Zwangsrekrutierungen, Konfiskationen und Hunger führten zu einem demografischen Einbruch.
Die Franzosen hatten die sagenumwobenen Staatsschätze der alten Orte, vor allem von Bern, bereits kurz nach dem Einmarsch nach Paris entführt; sie finanzierten einen Teil der Kosten für Napoleons ägyptisches Abenteuer. Die einheitsstaatliche Verfassung nahm keine Rücksicht auf die historisch gewachsenen Strukturen und Eigentümlichkeiten der Alten Eidgenossenschaft. Der abrupte Bruch mit dem Gewohnten und Vertrauten erstreckte sich auf weite Teile nicht nur des politischen Alltags. Die neuen Behörden versuchten, ein aufklärerisches Programm etwa im Bildungsbereich umzusetzen, das die religiösen Empfindlichkeiten verletzte und viel Geld kostete in einem Land, in dem man bis dahin kaum Steuern bezahlen musste. Die Reformen provozierten umgehend Putsche, fünf Verfassungsrevisionen und Bürgerkriege. Die Auseinandersetzungen tobten innerhalb der neuen aufgeklärten Regierungselite ebenso wie zwischen ihr und den konservativen Föderalisten, welche die alten Verhältnisse wiederherstellen wollten. Nach nur fünf Jahren endete das Experiment 1803 mit einer weiteren französischen Intervention, diesmal durch den Ersten Konsul Napoleon persönlich.

Die Abneigung gegen die Helvetische Republik liegt nicht nur in ihrem Scheitern begründet. Dieses hat sie etwa mit den Mailänderkriegen und Marignano gemein, und doch erscheinen jene Kriegsniederlagen selbst in jüngeren Handbüchern unter dem stolzen Titel «Auf der Höhe der Macht». Der Makel ist im Wort «Franzosenzeit» greifbar, das auch in Deutschland und den Beneluxstaaten mit negativen Konnotationen gebräuchlich ist. Es sind Jahre der Fremdbestimmung, und entsprechend wurden die zahlreichen Beiträge von Schweizern zur Helvetik gemeinhin als «Verrat» qualifiziert. Beispielhaft ist der Fall von Peter Ochs, des aufgeklärten Basler Oberzunftmeisters, dessen rationalen Verfassungsentwurf schon seine zeitgenössischen Gegenspieler als «Ochsenbüchlein» abtaten. Ebenso negativ erscheint sein Mitstreiter und Konkurrent Frédéric-César de La Harpe in der deutschsprachigen Nationalgeschichtsschreibung, wobei sich allerdings eine Differenz zeigt zur französischsprachigen Historiografie insbesondere im Waadtland.
Die Ablehnung der «Franzosenzeit» geht von einer friedlichen und zufriedenen Schweiz im 18. Jahrhundert aus und blendet die zahlreichen innerkantonalen Konflikte aus, in denen ausgegrenzte Bürger und andere Einwohner erfolglos versuchten, an der Macht zu partizipieren, die in den Händen weniger lag. Impliziert wird damit, dass die Schweizer, hätte man sie in Ruhe gelassen, selbständig und auf friedlichem Weg aus ihren eigenen Traditionen heraus einen modernen, liberalen Verfassungsstaat hätten schaffen können. War das realistisch? Noch 1795 wiesen die Zürcher die sehr ehrfürchtig und respektvoll vorgebrachten Wünsche im Memorial von Stäfa brüsk zurück, in dem die gebildete und wirtschaftlich erfolgreiche dörfliche Oberschicht eine Verfassung, dieselben Rechte und Steuern wie die Stadtbürger, die Abschaffung des Zehnten sowie Gewerbefreiheit erbat. Die Truppen der Stadt besetzten die Seegemeinde, und nur der Fürsprache aufgeklärter Stadtzürcher wie Heinrich Pestalozzi war es

zu verdanken, dass die Todesurteile an den Stäfner Wortführern nicht vollzogen wurden. Ihr einziges Vergehen bestand darin, dass sie ihre alten Rechte mit den neuen, aufklärerischen Gedanken der naturgegebenen Freiheit zu einer kohärenten Argumentation verbanden.
Wem verdankt die Schweiz ihre heutige kantonale Struktur und ihr Modell des modernen Föderalismus, der autonome Kantone mit aussenpolitisch funktionsfähigen zentralen Organen kombiniert? Beides entsprang nicht der Suche von Einheimischen nach einer zeitgemässen politischen Ordnung, sondern Napoleons politischem Genie. Mit seiner Mediationsverfassung vermittelte er 1803 einen Frieden zwischen konservativen Föderalisten und aufklärerischen Zentralisten, die sich im Bürgerkrieg übten. St. Gallen, Aargau, Thurgau, das Tessin und die Waadt entstanden nun als selbständige Kantone in den heutigen, zum Teil auch schon 1798 als Verwaltungseinheiten vorgezeichneten Grenzen; Graubünden kam als neuer Kanton endgültig zur Schweiz. Nie hätte ein innereidgenössischer Reformprozess solche Veränderungen auch nur formulieren, geschweige denn durchsetzen können gegen das historische Recht der republikanischen Herrscher, die von ihren gemeinen oder einzelörtischen Herrschaften nicht lassen konnten. In den Strukturen der Alten Eidgenossenschaft, mit einer Tagsatzung als Gesandtenkongress souveräner Staaten, wären Aargauer, Tessiner und Waadtländer bis heute Untertanen geblieben, oder sie hätten sich ihre Befreiung in blutigen «Bürgerkriegen» erstreiten müssen und hätten sich dabei wahrscheinlich den gleichsprachigen Nachbarstaaten angeschlossen.
Als Napoleons Macht 1813 bröckelte, forderten jedenfalls Bern, die Innerschweizer Orte, Freiburg und Solothurn sowie Graubünden umgehend ihre 1798 verlorenen Untertanengebiete zurück. Stadtberner Truppen schlugen den Widerstand der Berner Oberländer nieder, die auf ihrer Rechtsgleichheit beharrten. Aargau und die Waadt waren zum Krieg bereit,

damit ihnen nicht dasselbe widerfahre. Nur eine Interventionsdrohung der europäischen Mächte verhinderte 1814 den Bürgerkrieg zwischen den Restauratoren der alten, Dreizehnörtigen Eidgenossenschaft und denen, die für eine erneuerte Schweiz mit 19 und dann, dank Wallis, Neuenburg und Genf, 22 gleichwertigen Kantonen eintraten. Das monarchische Europa mit Zar Alexander an der Spitze bestätigte die sechs neuen Kantone, die der Alleinherrscher Napoleon geschaffen hatte und die seither gleichberechtigte eidgenössische Stände sind. Vom grünen Tisch des Wiener Kongresses aus mussten die fremden Mächte zudem mit Zwangsvermittlung, einer Aufteilung des Landes oder einer Königsherrschaft drohen, damit die Schweizer sich auf den lockeren Bundesvertrag von 1815 einigten, der erstmals überhaupt alle Kantone in einem einzigen gemeinsamen Bündnis zusammenbrachte. Sie erhielten ihre Souveränität zurück, sodass der Bundesvertrag eigentlich ein völkerrechtlicher Vertrag war, der nur mit Einstimmigkeit revidiert werden konnte. Selbst diesem lockeren Bündnis mochten sich Schwyz und Appenzell Innerrhoden erst anschliessen, als Napoleon vorübergehend von Elba zurückkehrte und seine Prinzipien wieder durchzusetzen drohte. Nidwalden musste gar durch den Einmarsch von Bundestruppen in den Bundesvertrag gezwungen werden. Geprägt von den «Schreckenstagen» von 1798, suchte es sein Heil nicht in der um Genfer «Ketzer» erweiterten Eidgenossenschaft, sondern in einem erneuerten Dreiländerbund mit Uri und Schwyz. Die Engelberger hingegen hatten genug vom Nidwaldner Eigensinn: Sie nutzten diese Gelegenheit und wechselten von ihrem jahrhundertealten doppelten Abhängigkeitsverhältnis unter Kloster und Waldstätten zur Gleichrangigkeit im Halbkanton Obwalden, der wie sie eidgenössisch gesinnt war und den Bundesvertrag widerstandslos annahm.

Der Bundesvertrag von 1815 schuf die moderne Schweiz insofern, als er 22 gleichgestellte Kantone in einem einzigen

Vertrag zusammenfasste. Die Kompetenzen der Tagsatzung als – wie vor 1798 – einziger nationaler Behörde lagen fast ausschliesslich im militärischen Bereich. Das entsprach den Forderungen der Grossmächte, dass der neutrale Pufferstaat seine Westgrenze gegen Frankreich selbständig verteidigen solle. Allein zu diesem Zweck erhielt er auch die neuen Kantone in der Romandie, welche zusammen mit dem neutralisierten Hochsavoyen ein zusammenhängendes Abwehrdispositiv vom Jura bis zum Simplon erlaubten. Die alten und napoleonischen Kantone, die sich in der «Langen Tagsatzung» während gut 16 Monaten mit der Neugestaltung des Landes schwertaten, nahmen Wallis, Neuenburg und Genf am 12. September 1814 dagegen nur widerwillig auf. Namentlich Genf war den Konservativen zu liberal und revolutionär, mit doppelt so vielen Einwohnern wie Basel den kleineren und neidischen Schweizer Städten zu gross und insbesondere den Altgläubigen zu calvinistisch – trotz seiner Erweiterung um «communes réunies» mit vormals savoyischer und französischer, also katholischer Bevölkerung.

Wenn die Schweiz dank Napoleon und seinen Besiegern ihre modernen, heutigen Binnen- und Aussengrenzen erhielt, so war das für die Anhänger des Ancien Régime allein deswegen erträglich, weil sie innerhalb ihrer Kantonsgrenzen ungefähr so walten konnten wie zuvor. Fast überall wurden die alten Trennungen etwa zwischen Stadt- und Landbewohnern oder Ortsbürgern und Hintersassen wieder so hergestellt, wie sie vor 1798 gegolten hatten. Der misslungene Aufbruch als Nationalstaat legitimierte die Restauration der ständisch differenzierten Gesellschaft in eifersüchtigen republikanischen Kleinstaaten. In manchen europäischen Reformmonarchien dagegen erschien das wiederhergestellte Ancien Régime schon bald als fragwürdig, so in denjenigen deutschen Territorien, die vom napoleonischen *Code civil*, dem «Rheinischen Recht», geprägt waren. Diesen Einfluss kannten allerdings auch einige «napoleonische», neue

Kantone, deren Verfassungen von 1815 Rechtsgleichheit und religiöse Freiheiten verfügen konnten. Genf gewährte sogar die Pressefreiheit und die Möglichkeit, die Verfassung zu revidieren – lauter Postulate und Errungenschaften der fremden, französischen und zugleich helvetisch angeeigneten Aufklärungs- und Revolutionszeit.

9

Die verleugnete Revolution

«Unser Land hatte 1848 mehr als genug von den Zumutungen, den Einmischungen und den Erpressungsversuchen fremder Regierungen.»[88]

Die fünfzig Jahre zwischen 1798 und 1848 waren von dauernden Konflikten und wiederholten Waffengängen in und zwischen den Kantonen geprägt, ehe nach einem letzten Bürgerkrieg die Bundesverfassung von 1848 entstand. Tatsächlich wurde die Schweiz damit aussenpolitisch voll handlungsfähig, und dies war auch ein erklärtes Ziel der Verfassungsväter. Mit nationalen Institutionen und einer Revisionsklausel schufen sie aber vor allem die Instrumente, um die inneren politischen Rahmenbedingungen kontinuierlich und doch auf friedlichem Weg dem beschleunigten wirtschaftlichen und gesellschaftlichen Wandel im Industriezeitalter anzupassen. Dieser Schritt war staatsrechtlich eine Revolution. Das stiess bei den Fürsten im Europa Metternichs auf wenig Begeisterung; doch auf aktiven, langanhaltenden, bewaffneten Widerstand nicht bei ihnen, sondern in der Schweiz selbst.

Nur zu oft wird der Sonderbundskrieg von 1847 als (letzter) konfessioneller Bürgerkrieg dargestellt. Das trifft nicht den Kern des Konflikts. In den 1840er-Jahren standen sich eine liberale und eine konservative Vision der Schweiz gegenüber, und weil institutionelle Wege der Lösung fehlten, entschieden die Waffen. Gewiss bestand die 1845 gegründete «Schutzvereinigung», die nur in den Augen ihrer siegreichen Gegner ein separatistischer «Sonderbund» war, ausschliesslich aus katholischen Kantonen: Luzern, Uri, Schwyz, Unterwalden, Zug, Freiburg und Wallis. Aber der militärische Oberbefehl lag bei einem Reformierten, dem konservativen Bündner Ulrich von Salis-Soglio. Regierungsrat Augustin Keller war wiederum ein (liberaler)

Katholik, der mit der Aargauer Klösteraufhebung von 1841 den latenten, aber bis dahin erst in den Kantonen ausgetragenen Konflikt zwischen Freisinnigen und Konservativen auf eine nationale Ebene hob. Denn der Zwölfte Paragraf des Bundesvertrags von 1815 garantierte den Bestand der Klöster – eine der wenigen Regelungen, in denen die Tagsatzung die kantonale Souveränität beschnitt und dank der sie nun zur Schaubühne epischer Debatten wurde. Keller heizte sie mit seiner Polemik gegen die Jesuiten weiter auf, die der konservative Kanton Luzern 1844 völlig rechtmässig in die Leuchtenstadt berief. Zum gegnerischen Lager der liberalen Tagsatzungsmehrheit, die sich in diesen Auseinandersetzungen allmählich herausbildete, gehörten die rein katholischen Kantone Solothurn und Tessin. Mit ihnen kämpften im Sonderbundskrieg auch Truppen aus den gemischtkonfessionellen Kantonen Aargau, Thurgau, Glarus, Bern, Genf, Graubünden sowie St. Gallen. In diesem «Schicksalskanton» gab bei den kantonalen Wahlen von 1847 das katholische Dorf Amden den Ausschlag beim hauchdünnen Sieg der Radikalen. Er machte eine liberale Tagsatzungsmehrheit und damit den Beschluss erst möglich, dass der Sonderbund aufzulösen sei, notfalls durch Gewalt. Der kriegerischen Exekution dieses Mehrheitswillens verweigerten sich wiederum zwei reformierte Kantone: Basel-Stadt und Neuenburg. Sie hatten stattdessen 1832/33 mit den Waldstätten zusammen den konservativen «Sarner Bund» gebildet, um den liberalen Bewegungen entgegenzutreten, die nach der Pariser Julirevolution von 1830 in den Mittellandkantonen neue, freiheitliche Verfassungen durchgesetzt hatten. Im Fall von Basel führte der konservative Widerstand dagegen zu einer endgültigen Kantonstrennung, in Schwyz zu einer vorübergehenden.

Ideell ging der Streit nicht um Zwingli, Calvin und die Päpste, sondern um das Erbe der Französischen Revolution: politische und wirtschaftliche Freiheit und Gleichheit aller

Einwohner oder jedenfalls derer, die dank Eigentum und Bildung selbständig waren, egal, ob sie Bürger der Hauptstadt, einer Landgemeinde oder von abhängigen Landstädten waren. In diesen, von Burgdorf über Balsthal und Uster bis Weinfelden, fanden 1830 die Volkstage statt, welche liberale Verfassungen erzwangen. Das war insofern symptomatisch, als sich in diesen ländlichen, vom Zunftzwang befreiten Regionen dank arbeitsteiliger Heimarbeit und den Anfängen der Mechanisierung vor allem im Textilgewerbe eine neue, liberale Unternehmerschicht ausgebildet hatte. Sie forderte unter Berufung auf das aufklärerische Ideal natürlicher Freiheit uneingeschränkte politische Mitsprache, nachdem sie schon ihre ökonomischen Freiräume gewinnbringend genutzt hatte. Die Patrizier und Zunftmeister der Kantonshauptstädte, die 1815 die ständische Ordnung des Ancien Régime wiederhergestellt hatten, kapitulierten ohne Gewaltanwendung. Die blutigen Scharmützel von 1832/33 zwischen Stadtbaslern und Baselbietern blieben die Ausnahme.

Die Vorherrschaft des liberalen Bürgertums in den 1830er-Jahren provozierte eine neue, oft übersehene Frontstellung. Sie spiegelt sich gleichsam im Gegensatz zwischen dem liberalen Staatsschreiber Gottfried Keller und dem konservativen Bauernprediger Jeremias Gotthelf. Das elitäre Regiment gebildeter Notabeln, ihr gewinnorientierter Materialismus, die Hürden der parlamentarischen Demokratie, die bevormundende Erziehung des Volkes zu individualistischen Werten statt «pfäffischem Aberglauben», die Vernachlässigung der sozialen Not, welche die Mechanisierung in der Textilindustrie den Heimarbeitern bescherte – all dies formte konservative Volksbewegungen gerade auch in reformierten Regionen. Ihre Opposition wollte nicht zur vormodernen Ständegesellschaft zurück, sondern verlangte vielmehr demokratische Mitsprache auch für den gemeinen Mann, nicht zuletzt, um den Bedrohungen der Moderne zu begegnen: Atheismus und Kapitalismus. Ländliche Protestbewegungen stürzten die taktgebenden liberalen Regierungen, im Namen der katholischen Religion 1841 in Luzern, zum Schutz des reformierten Bekenntnisses 1839 in Zürich. Der international aufsehenerregende «Züriputsch» mit seinen 14 Todesopfern schlug sich im einzigen Beitrag des Schweizerdeutschen zur modernen politischen Sprache nieder: Im Englischen, Französischen, Italienischen und selbst im Russischen heisst der gewaltsame Umsturz seither «Putsch».

Die liberalen Beamten, Freiberufler und Unternehmer kamen damit unter den Druck einer doppelten Demokratisierungsbewegung: *hier* die konservative Forderung, die volkstümlichen Traditionen in Religion, Wirtschaft und Gesellschaft zu bewahren, etwa über direktdemokratische Einflüsse wie das Vetorecht; *dort* der radikale Rekurs auf Rousseau, wonach das souveräne Volk jederzeit frei von religiösen, wirtschaftlichen und sozialen Zwängen seine Zukunft selbst gestalten dürfe. Beide Argumentationen legitimierten die Revolution als politisches Gestaltungsinstrument. So folgte auf die innerkantonalen Putsche die Auseinandersetzung auf Bundesebene, mit den Freischarenzügen von 1844/45 und dem Bürgerkrieg von 1847. Konfessionelle Bedrohungsängste waren nicht ihr Auslöser, wohl aber ihr parteienbildender Katalysator: Vor die unmögliche Wahl gestellt zwischen Jesuiten und Ultramontanismus einerseits, dem radikalen Nationalismus und Zentralismus andererseits, zogen die reformierten Konservativen sich zurück. So mussten die katholischen Konservativen allein ihren aussichtslosen Kampf gegen die in diesem Kampf geeinte radikal-liberale Mehrheit führen.

Die Sieger des Sonderbundskriegs nutzten umgehend ihre innenpolitische Dynamik und die aussenpolitische Schonfrist, als 1848 in allen Nachbarländern ebenfalls national-liberale Revolutionen ausbrachen und zumindest vorübergehend die Monarchen völlig in die Defensive drängten. In wenigen Monaten wurde 1848 die Bundesverfassung geschrieben, die den Gegensatz zwischen liberalkonservativen Föderalisten und radikalen Zentralisten mit einem Ständerat für Erstere und einem Nationalrat für Letztere löste. Unleugbar und auch publizistisch längst anerkannt war hierfür das Modell der USA. Tunlichst verschwiegen wurden hingegen die Anklänge an die französischen Revolutionsverfassungen, nicht zuletzt die jakobinisch-demokratische von 1793, weil die Konservativen die schlechten Erinnerungen an die Helvetik pausenlos gegen die Radikalen instrumentalisiert hatten. Die naturrechtlich begründete Idee des Nationalstaats selbst, die Gewaltenteilung und die Individualrechte, die mit den zahlreichen traditionellen kollektiven Privilegien brachen, der Wohlfahrtsgedanke und ein nationales Hochschulwesen – all diese Ideale waren im Ausland oder von Ausländern in der Schweiz formuliert worden, etwa den hessischen Brüdern Ludwig und Wilhelm Snell. Die Kantonsverfassungen hatten die liberalen Prinzipien oft schon umgesetzt, die nun in die Bundesverfassung Einzug hielten. Eigenständige, kreative Lösungen genuin schweizerischer Herkunft finden sich dort dagegen kaum.

Doch die Verfassung von 1848 durfte nicht, wie jene von 1798, als Importprodukt erscheinen, sondern sollte aus einheimischem Geist erwachsen sein. Schliesslich hatten nicht nur die Verlierer, sondern auch die Sieger des Sonderbundskriegs sich auf die alten Eidgenossen berufen, deren freiheitlichen Ideale beide zu vertreten vorgaben. Daraus ging der zweite Gründungsmythos hervor: Die altehrwürdige schweizerische Nation habe sich aus freiem Willen eine neue Verfassung gegeben. Das konnte sie aber gar nicht, denn alle bisherigen Eidgenossenschaften waren Bünde von kantonalen Kleinstaaten gewesen, nicht von individuellen Bürgern. Die Bundesverfassung von 1848 war kein evolutionärer Schritt, sondern ein revolutionärer Akt. Der nationale

Souverän, der sich eine Verfassung gab, existierte noch gar nicht – er war das Resultat dieses Verfassungsprozesses, musste aber zugleich als dessen Quelle und Schöpfer erscheinen. Der Bundesvertrag von 1815 war ein völkerrechtlicher Vertrag zwischen souveränen Kleinstaaten, ein Teil der vom Wiener Kongress beschlossenen Nachkriegsordnung. Ändern konnte man ihn nur mit dem Einverständnis aller 22 Unterzeichner. Die Tagsatzung hatte aber im August 1847 die Revision mit einem Mehrheitsbeschluss eingeleitet und damit das Vetorecht der souveränen katholisch-konservativen Kantone widerrechtlich beiseite gewischt. Zu den zwölf Ständen, die praktisch gleichzeitig für die – notfalls militärische – Auflösung des Sonderbunds gestimmt hatten, gesellte sich in der Verfassungsfrage Basel-Stadt. Das zeigte, dass neben den politischen auch wirtschaftliche Gründe für einen Bundesstaat sprachen: Basler Fachleute waren nach 1848 federführend bei der Vereinheitlichung von Währungen, Zöllen, Post und Eisenbahnen.

Dass die Bundesverfassung als einheimisches Resultat einer kontinuierlichen Evolution aufgefasst werden sollte, schlug sich darin nieder, dass die Kantone als souverän bezeichnet wurden. Sie delegierten Kompetenzen an den Bund, nicht umgekehrt. Aber es war und ist die Bundesversammlung, die bei Kompetenzstreitigkeiten entscheidet, ob ein Gegenstand in den Bereich des Bundes oder der Kantonalsouveränität gehört (Art. 74). Diese «Kompetenzkompetenz» macht letztlich den Souverän aus, und sie liegt trotz der föderalistischen Augenwischerei beim Bund. Die Bezeichnung als «Bund» verrät ebenfalls das Bemühen um historische Kontinuität: Die Eidgenossenschaft war als «Liga Confoederatorum», als Bündnis von gleichgestellten Orten entstanden und nicht als Verfassung einer souveränen Nation. Diese kommt nur als Namensgeberin des Nationalrats vor, in dem alle Schweizerbürger gleichrangig vertreten waren. Bern wurde Ende 1848 folgerichtig nicht zur Hauptstadt gewählt, was zentralistisch geklungen hätte, sondern zur «Bundesstadt». Dort erhielten der «Bundesrat», die «Bundesämter» und andere – aber nicht alle – Organe dieses Bundes ihren Sitz. Dazu gehörte seit 1895 auch die «Landesbibliothek»: Sie, die auf Französisch seit jeher «Bibliothèque nationale» hiess, wurde erst 2007 zur «Nationalbibliothek», weil «Land» im Verkehr mit Deutschland verfänglich wurde. In der dortigen Bundesrepublik bezeichnet das Wort die unselbständigen Bundesländer, nicht den Gesamtstaat, und eine «Landi» wäre entsprechend allenfalls eine bayerische Veranstaltung.

Die terminologische Rücksichtnahme auf föderalistische Empfindlichkeiten fruchtete 1848 allerdings bei den verbissenen Streitern für die uneingeschränkte Kantonssouveränität wenig. Bei der Volksabstimmung über die Bundesverfassung stimmten die zwei wichtigsten Sonderbundskantone Luzern und Freiburg zwar zu, aber nur dank Verfahrenstricks der Liberalen. In den übrigen fünf Sonderbundskantonen war die Vorlage chancenlos: Die Obwaldner Landsgemeinde lehnte mit 97 Prozent Nein ab, nachdem sie den Bundesvertrag von 1815 noch bereitwillig angenommen hatte! An der Ablehnung des liberalen Bundesstaats hat sich in den Urkantonen, in denen die Wurzeln der heutigen Schweiz liegen sollen, auch später wenig geändert: Sie verwarfen mit sehr deutlichen Mehrheiten die Vorlagen von 1872 und 1874 für eine revidierte Bundesverfassung. Und 1999 verweigerten sich immer noch zwei Drittel der Schwyzer und in ihrem Gefolge die anderen Innerschweizer der neuen Bundesverfassung, obwohl sie wenig mehr als eine aktualisierte und redigierte Nachführung der Fassung von 1874 darstellte. Bei solchen Vorbehalten gegenüber der modernen Schweiz überrascht es wenig, dass die Waldstätte bisher erst einmal einen Bundesrat gestellt haben, den Katholisch-Konservativen Ludwig von Moos. Als junger Redaktor des «Obwaldner Volksfreunds» verantwortete er in den 1930er-Jahren Polemiken gegen «Warenhausjudentum» und «Weltfreimaurerei». Der «Volksfreund» rechtfertigte die Verfolgung von Juden mit deren «unheilvollen Einfluss» und konnte auch die faschistischen «Frontenprogramme zumeist fast Satz für Satz» unterschreiben.[89] In diese Zeit fiel die einzige Zustimmung der Obwaldner zu einem Verfassungsprojekt für den schweizerischen Nationalstaat: 1934 unterstützten sie die (gescheiterte) Initiative für eine ständestaatliche Totalrevision der Bundesverfassung, die von den nationalsozialistischen Fronten und den katholischen Jungkonservativen eingebracht worden war.

10

Willens-nation

«Die Schweizerinnen und Schweizer wollten so ihre Unabhängigkeit und Selbständigkeit sichern und für ihr eigenes Wohlergehen sorgen! Sie schufen eine Alternative zu den anderen europäischen Nationalstaaten – die meisten waren bei der Gründung des schweizerischen Bundesstaates noch Monarchien –, die auf einem starken Zentrum, einer gemeinsamen Sprache und einer gemeinsamen Kultur beruhten und beruhen. Anders die Schweiz: In dieser Willensnation Schweiz ist der Föderalismus – schon aus historischen Gründen – der einzige Weg, in Einheit zu leben.»[90]

Die Eidgenossenschaft bildete sich im Spätmittelalter als der «grosse Pund obertütscher Landen». Der Titel signalisiert, dass es auch andere Bünde gab, vor allem zwischen Städten; und dass der Zusammenschluss im Rahmen dessen erfolgt war, was man damals sprachlich und geografisch als «Teutschland» bezeichnen konnte. Deutsch war die Sprache, nicht nur an der Tagsatzung, sondern auch in den Dreizehn Orten: Freiburg allein war an sich zweisprachig, doch seine Eliten stellten in dem Moment auf die Amtssprache Deutsch um, als sie 1481 dem Bund beitraten. Französisch war die Sprache der Untertanen, die Freiburg in seinen gemeinen Herrschaften mit Bern besass, das sich zudem die Waadt unterworfen hatte. Die deutschsprachigen Oberwalliser herrschten über die frankofonen Unterwalliser; die Innerschweizer über einige Tessiner Täler; und die Zwölf Orte (ohne Appenzell) über die restlichen, die Ennetbirgischen Vogteien. Chiavenna, Veltlin und Bormio waren den mehrsprachigen Bündnern ebenso unterworfen wie der französischsprachige Jura dem Fürstbischof von Basel, einem Zugewandten der Eidgenossen. Bis 1798 war nicht daran zu denken, dass die «Welschen» im Westen und Süden gleichberechtigt gewesen wären, selbst wenn – vor allem in der Waadt – altehrwürdige Adelsfamilien dazu zählten und die regionale Verwaltung in der Sprache der Beherrschten erfolgte. Wenig überraschend provozierte diese Situation einige der bekanntesten vormodernen Aufstände: den «Veltlinermord» an den (reformierten) Bündnern (1620), Major Davels Putschversuch (1723), die Erhebungen der Leventina gegen Uri (1713 und 1755).

Zu gleichgestellten Bürgern wurden die Angehörigen der sprachlichen Minderheiten erst im Einheitsstaat von 1798. Da die Bündner Gerichtsgemeinden die von Napoleon 1797 verfügte Aufnahme von Chiavenna, Veltlin und Bormio als gleichrangigen, vierten Bund knapp ablehnten, schlossen sich diese Täler bereitwillig der Cisalpinischen Republik und letztlich Italien an. Die Untertanen im künftigen Tessin konnten dagegen eigenständige politische Strukturen errichten und zogen die Einbindung in den Staat vor, dessen Zentren weiter weg lagen als Mailand. Steuern, Rekrutierungen und andere Leistungen versprachen deshalb geringer auszufallen und die herkömmlichen lokalen Autonomierechte eher gewahrt zu bleiben. Napoleons Mediationsverfassung emanzipierte 1803 die Verwaltungseinheiten der Helvetik zu selbständigen Kantonen, darunter die Waadt und das Tessin. Sie konnten 1815 dank den europäischen Mächten und vor allem dank dem russischen Zaren dem Restaurationsversuch der früheren Herrscher um Bern und Uri trotzen. Gleichzeitig stärkten die neuen Kantone Wallis, Neuenburg und Genf die lateinische Schweiz. Doch erst mit der Verfassung von 1848 (Art. 109) wurde die Eidgenossenschaft in politischer Hinsicht mehrsprachig: Deutsch, Französisch und Italienisch dienen seither als «Nationalsprachen», die etwa im Amtsverkehr zugelassen sind. Seit 1938 gilt das auch für das Rätoromanische oder vielmehr für die fünf Varianten des Rätoromanischen. Damit setzte die Schweiz im Sinn der Geistigen Landesverteidigung ein Signal, dass sie sich als politische Einheit verstand, die mehrere Sprachen und mehrere Kulturen zusammenbrachte – und nicht als ein Volk, das sich über Rasse, Blut und Boden exklusiv definierte.

Die Gefahren des Sprachennationalismus begannen nicht erst 1933 oder mit dem (faschistischen) Irredentismus nach dem Ersten Weltkrieg, der die italienisch- und romanischsprachigen Südtäler für Italien reklamierte. Der Nationalstaatsgedanke war in sprachlicher Hinsicht schon im 19. Jahrhundert eine allerdings eher intellektuelle denn politische Herausforderung. Um die Schweiz herum entstanden nach dem Vorbild Frankreichs homogene Nationalstaaten und entfremdeten sich ihr dadurch. Sardinien-Piemont war ein altehrwürdiger Alpenkammstaat mit französischen und italienischen Untertanen gewesen. Doch 1860 trat Viktor Emanuel II. seine französischsprachigen Stammlande in Savoyen sowie Nizza an Frankreich ab. Die Franzosen hatten ihm – unter anderem in der Schlacht bei Solferino – geholfen, die Österreicher aus Oberitalien zu vertreiben. 1870 kam das italienische Risorgimento zu seinem Abschluss, als die italienischen Truppen im Kirchenstaat einmarschierten und Viktor Emanuel II. König von ganz Italien wurde. Gleichzeitig einigte Bismarck Deutschland und liess er Wilhelm I. 1871 im Versailler Spiegelsaal zum Kaiser proklamieren. Bis dahin hatte es in Deutschland und Italien viele selbständige Klein- und Mittelstaaten gegeben. Nun waren diese in Italien ganz aufgehoben, in Deutschland bundesstaatlich integriert unter einer Dynastie mit ihrer Regierung, mit einer Hauptstadt und einer Nationalsprache.

Die Schweiz war historisch einer der vielen deutschsprachigen Klein- und Mittelstaaten, allerdings mit nennenswerten sprachlichen Minderheiten. Das war nicht einzigartig, wenn man an die Polen und Sorben etwa in Preussen denkt oder gar an das österreichisch-ungarische Vielvölkerreich. Doch beide Staaten erlebten zusehends heftigere Debatten und Widerstände der Slawen gegen Germanisierungsbestrebungen, was die gewaltsame Loslösung der entsprechenden Territorien nach dem Ersten Weltkrieg ankündigte. Auch im schweizerischen Bundesstaat machte man sich gelegentlich Gedanken, ob sich nicht eine einzige Nationalsprache durchsetzen müsse, die auch das Französische hätte sein können. Das war nicht einfach radikales Pochen auf den Einheitsstaat, sondern widerspiegelte ein echtes demokratietheoretisches Problem: Wenn ein souveränes Volk seine politischen Meinungen im öffentlichen Austausch frei bilden durfte, dann mussten alle Mitbürger mit ihren Argumenten verstanden werden; war dies nicht gewährleistet, wurden (sprachliche) Minderheiten von Anfang an ausgegrenzt.

Die Schweiz löste das Problem, indem sie mit dem Föderalismus vom Prinzip einer Nation gleicher Bürger abrückte. Die politische Meinungsbildung findet, dank Gemeindeautonomie, auf kommunaler Ebene statt, wo nach dem Territorialprinzip fast überall nur eine offizielle Sprache für Schule und Verwaltung existiert. Das gilt auch für die meisten Kantone. In den drei zweisprachigen Kantonen und im dreisprachigen Graubünden und erst recht im Bundesstaat werden politische Entscheidungsfindung und Verwaltung an (mindestens passiv) mehrsprachige Spezialisten übergeben. Durch die Wahlkreise bleiben die Politiker ihrem Kanton und ihrem Sprachraum verbunden. Da der Bundesrat vom Parlament gewählt wird, tritt die Nation gleicher Bürger als Souverän nicht auf. Das gilt auch für Volksabstimmungen: Das Ständemehr, ebenso wie der Ständerat als Institution, sorgt für eine Stärkung derjenigen Minoritäten, die sich im Lauf der Geschichte als Kantonalvolk mit eigener Sprache und Territorium etablieren konnten, also vor allem in den bevölkerungsarmen alpinen Regionen. 35 000 Urner zählen im Ständerat und beim Ständemehr gleich viel wie die 1,4 Millionen Einwohner des Kantons Zürich (und viel mehr als die über 200 000 Portugiesen oder die 180 000 Kosovaren im Land). Theoretisch gesehen verfügen die zwanzig Prozent der Schweizer Bürger in den elfeinhalb kleineren Kantonen über eine Sperrminorität. Tatsächlich hat in bisher acht Volksabstimmungen die Mehrheit der Nation, darunter immer die Zürcher, gegen eine Mehrheit der kleinen und zumeist katholischen, ländlichen und konservativen Stände verloren. Zuletzt geschah dies 2013 in der Abstimmung über den Familienartikel, den 54,3 Prozent der Stimmbürger befürworteten, aber ein Mehr von 13:10 der ablehnenden Kantone verhinderte.

Die ungleiche Repräsentation der Bürger auf nationaler Ebene ist allen Bundesstaaten eigen; aussergewöhnlich ist sie in ihrer schweizerischen Verbindung mit der direkten Demokratie. Dass dies nicht als problematisch empfunden wird, hat auch damit zu tun, dass Ungleichheit in der «ältesten Demokratie der Welt», wie jedenfalls sie selbst sich versteht, von alters her dazu gehört. Teilnahme an der Landsgemeinde schloss Unterordnung unter einen Patron oder «grossen Hansen» nicht aus, ebenso wenig ein entsprechend folgsames Abstimmungsverhalten. Politische Partizipation wurde nicht im modernen Sinn als Sache des Individuums verstanden, sondern als Vorrecht eines Kollektivs, das im politischen Prozess wiederum die Rechte und Interessen dieser Gruppe verteidigen musste. Dem hatte sich der Einzelne unterzuordnen und für seine Grossfamilie, seinen Klientelverband, seine Gemeinde, seine Konfession, seinen sozialen Stand, seinen Kanton einzutreten. Die Eidgenossenschaft war für diese naheliegenden Verpflichtungen und Loyalitäten ein praktisches Schutzdach, aber kaum mehr. Nicht Bürger konstituierten sie, sondern Stände, und ihr Schutz galt wiederum nicht Individuen, sondern Kantonen mit ihren Besonderheiten.

Diese Tradition prägt auch noch die moderne Schweiz. Schweizer sind Staatsbürger über ihr Gemeindebürgerrecht. Der Eintrag eines «Bürgerorts», den ausländische Behörden gar nicht verstehen können, ist Voraussetzung für den roten Pass mit Schweizerkreuz, sofern und weil dieser Bürgerort auf Schweizer Territorium liegt. Die Rede von der Willensnation geht ebenfalls von Kollektiven aus, von «ungleichartigen Volksstämmen» (Carl Hilty), die sich ethnisch, sprachlich, religiös und kulturell unterscheiden, aber zum gegenseitigen Schutz ihrer kleinen, autonomen Gestaltungsräume in Gemeinde und Kanton zusammenfinden.[91] Das ist etwas anderes als die Willensnation, wie sie Ernest Renan 1882 in seiner berühmten Rede als «plébiscite de tous les jours» definierte – das alltägliche Bekenntnis der Bürger zur politischen Gemeinschaft, ohne das keine Nation existieren kann.[92] Renan wusste sehr wohl, dass die vermeintlichen Essenzialismen der Nationalisten – vor allem die Sprache, aber auch Glaube, Kultur, Volkstum, Rasse – nicht ausreichten, um eine Nation und ihren Nationalstaat dauerhaft zu begründen. Die Franzosen hatten seit der Revolution, seit Sieyès und seiner folgenreichen Begründung legitimer Herrschaft in der Nation produktiver und politisch aktiver Bürger die Zugehörigkeit zu dieser Nation vom individuellen Bekenntnis abhängig gemacht – und nicht von ererbten Qualitäten. Die Revolutionäre machten George Washington, Benjamin Franklin und weitere Persönlichkeiten für ihre Verdienste um die Freiheit zu französischen Ehrenbürgern. Das Geburtsortsprinzip *(ius soli)* ermöglicht es allen, die auf dem Boden Frankreichs geboren worden sind, dessen Bürger zu werden, wenn sie bei Volljährigkeit diesen Willen bekunden.

Die Schweiz hält mit ihren umständlichen Einbürgerungsprozeduren am Abstammungsprinzip *(ius sanguinis)* fest, wonach man die Bürgerschaft durch das Blut, also über Vorfahren vererbt, erlangt. Bei Einbürgerungen reicht das

Bekenntnis des Individuums zur Nation nicht aus. Das aufnehmende Kollektiv, die Gemeinde der Bürger, behält sich die Entscheidung vor, ob sie den Bewerber für geeignet hält, bei der Verteidigung ihrer kollektiven Interessen und Werte mitzuwirken. Noch heute kann ein individueller Einbürgerungsantrag in vielen Gemeinden an einer Abstimmung scheitern, wenn die Bürger den Kandidaten aufgrund etwa des Namens als «unschweizerisch» empfinden. Die schweizerische Willensnation wurzelt in weit zurückreichenden und selten erschütterten lokalen Identitätsgefühlen. Sie ist ein alltägliches Plebiszit der Bürger zu ihren Gemeinden, der Gemeinden zu ihrem Kanton, der Kantone zum Bund – und nicht der Schweizerbürger zu ihrem Nationalstaat.

11

Direkte Demokratie

«Die drei ‹Länder› der Urschweiz entschieden sich für Eigenverantwortung, für Handlungsfreiheit und Selbstbestimmung. Der Rütlischwur und die Landsgemeinden bilden darüber hinaus den Ursprung einer ausgeprägten Volksherrschaft, unserer heute weltweit einzigartigen, viel beneideten direkten Demokratie. Diese ersten eidgenössischen Staatsmaximen haben unser Land im Laufe der 714 Jahre bis heute geprägt.»[93]

Wie muss man sich Herrschaft und Politik in der vormodernen Schweiz vorstellen? Es handelte sich um eine Gesellschaft oder vielmehr dreizehn Gesellschaften, für die politische und soziale Ungleichheit völlig selbstverständlich und natürlich waren. Löwen sind etwas anderes als Antilopen, Gott etwas anderes als Heilige, und diese unterscheiden sich essentiell von Menschen, Frauen wiederum von Männern, Hochadlige von Niederadligen und Bauern von Bürgern, Bürger von Nichtbürgern. Eine lange Leiter führte vom Kaiser hinunter zur minderjährigen Tochter eines Landjuden. Die Eidgenossen waren in dieser ständischen Gesellschaft keine Ausnahme: Sie schauten auf Untertanen hinab und wussten, dass Könige und Adlige einen höheren Rang beanspruchen durften. Der Bund von 1291 hielt entsprechend fest, dass «jedermann nach dem Stande seines Geschlechtes gehalten sein soll, seinem Herrn nach Gebühr untertan zu sein und zu dienen».[94]

Bürger, die Herrschaft ausübten, gab es anderswo auch, so in den deutschen Reichsstädten oder in den niederländischen Provinzen. Auch die Verfassungen waren dort ähnlich wie in den schweizerischen Städten. Die herrschende Gruppe bestand entweder – wie in Bern, Luzern, Freiburg und Solothurn – aus Patriziern, die Auskommen und Status als Grundherren und als Soldunternehmer erwarben oder – in Zürich, Basel, Schaffhausen – aus Zunftmeistern und Kaufleuten, die von Gewerbe und Handel lebten. Im 15. und 16. Jahrhundert war die soziale Mobilität relativ hoch: Viele hochrangige Bürger starben an Seuchen oder im Krieg, andere wanderten wegen der Reformation ein oder aus. Seit dem späten 16. Jahrhundert, bei stagnierender Wirtschaft, knappen Ressourcen und steigenden Bevölkerungszahlen, nahmen die Gemeinden generell keine Neubürger mehr auf. Auch die Herrschaftskreise wurden exklusiv und professionalisiert, sodass normale Handwerker keinen Zugang mehr zu den wichtigen Ämtern erhielten. Bern war seit 1643 eine Erbaristokratie, in der nur 420 namentlich genannte Familien aus der Stadt «regimentsfähig» waren, also theoretisch mit einem Vertreter im Grossen Rat Einsitz nehmen konnten. Tatsächlich stellten in den folgenden Jahrzehnten sogar nur noch 98 Familien Grossräte, und bei den Exekutivämtern der Kleinräte, Venner und Schultheissen war die Zahl noch viel kleiner. 1782/83 verfügten Bern wie Freiburg dann sogar, dass die regimentsfähigen Geschlechter sich durch ein «von» vor dem Familiennamen schmücken und damit als adlig gelten durften.

Solche stadtbürgerliche Herrschaft war für Europa nicht aussergewöhnlich. Hingegen war dies die politische Verfassung in den alpinen Länderorten: Waldstätte, Glarus, Appenzell und im Prinzip auch Zug, ähnlich Graubünden und Wallis, die wiederum zwei eigene grosse Bündnisnetze bildeten. Überall dort konnten nichtadlige landsässige Familien dauerhaft und exklusiv Herrschaft ausüben. Nachdem der Adel im 14. Jahrhundert weitgehend ausgestorben war oder sich mit aufsteigenden Grossbauern, Viehhändlern und Soldunternehmern vermischt hatte, übernahm diese neue Elite das Szepter. Diese «Häupter» bildeten allmählich kleine Dynastien aus, allerdings ohne dass dies – wie in den Städten – schriftlich fixiert wurde. Zu nennen wären die Urner Beroldingen, die Schwyzer Reding, die Zuger Zurlauben, die Walliser Kalbermatten und die Bündner Salis und Planta, die ihren Namen nach Kriegsdiensten für Monarchen zumeist auch mit einem adligen «von» schmückten. Sie reservierten für sich die wichtigen Ämter, etwa die Stellung des Landammanns, und vor allem die finanziell interessanten Verwaltungsämter in den (Gemeinen) Herrschaftsgebieten. In Uri stellten im 18. Jahrhundert ganze sieben Familien drei Viertel aller wichtigen Amtsträger!

Obwohl der gewöhnliche Landmann den Häuptern ehrfürchtig begegnete, waren die ständischen und sozialen Unterschiede viel weniger ausgeprägt als in Patrizierstädten wie Bern. Die Viehzucht als Existenzgrundlage war nicht nur vielen Alpenbewohnern gemeinsam, sie erforderte auch oft genossenschaftliches Wirtschaften und Absprachen etwa bei der Alpnutzung. Auch daraus entwickelte sich die politische Mitbestimmung der Vollbürger bei der Landsgemeinde. Sie besetzte die Ämter durch Wahlen und entschied über aussenpolitische Fragen oder Abgaben. Der «gemeine Mann» könne, so jedenfalls ein Zuger Pamphlet von 1729, die «höchst- und grösste Gewalt gleich einem Lands-Fürsten und absolute gefreyten Herrn» ausüben.[95] Ausgeschlossen von dieser politischen Herrschaft blieben aber auch hier Hintersassen und Untertanen, von Frauen nicht zu reden. Zudem kontrollierten die führenden Familien das Abstimmungsverhalten – geheime Wahlen existierten nicht. Die Bürger waren langfristig in Klientelverbände eingebunden, meist Sippen oder Dorfgemeinschaften. Über diese hatten sie Anteil an den Erträgen, die ihr Haupt aus seinen Ämtern zog: Geldzahlungen oder Einladungen zum Essen und Trinken gehörten gerade im Umfeld von Abstimmungen dazu.

Schon Zeitgenossen kritisierten deswegen die Demokratie der Landsgemeinden und insbesondere in den Drei Bünden als korrupt, ja als reine Anarchie.[96] Ein bäuerischer Pöbel beanspruche Herrschaft und die damit zusammenhängenden wirtschaftlichen Vorteile, egoistisch, wankelmütig und ehrlos, ohne Gemeinsinn, getrieben durch Leidenschaften, Unwissen, Hochmut, Grausamkeit und Gier, sodass Tugenden ohne Lohn blieben und Vergehen ohne Strafe. Ein einzelner Tyrann sei weniger schlimm als viele: Vor allem die gemeinsamen Untertanen litten darunter, dass möglichst viele ihrer armen Herrscher materiellen Gewinn aus dem abhängigen Gebiet ziehen wollten. Die Führer der verfeindeten Parteien zählten auf die dumpfe Gefolgschaft ihrer Klientel, für die bloss materielle Vorteile wichtig seien, weshalb sie sich als Söldner jeweils der meistbietenden auswärtigen Macht verkauften. Auf ausländische Diplomaten wirkten die Bündner unersättlich gerade wegen ihres demokratischen Bedürfnisses, Einnahmen zu maximieren und untereinander zu verteilen; das sei nicht Freiheit, sondern Zügellosigkeit. Solche Urteile waren nicht unparteiisch. Sie stammten manchmal von Ausländern, die mit ihren eigenen Bestechungsgeldern nicht erfolgreich gewesen waren. Aber das Bild blieb stets ambivalent. Auf der einen Seite stehen die berühmten Worte, mit denen Jean-Jacques Rousseau als vehementer Befürworter der direkten Demokratie im *Contrat social* von 1762 die Landsgemeinde verklärte, die er selbst nie erlebt hatte: «Wenn man sieht, wie bei dem glücklichsten Volke auf Erden Scharen von Landleuten die Staatsangelegenheiten unter einer Eiche entscheiden und dabei stets mit grosser Weisheit zu Werke gehen, kann man sich dann wohl erwehren, die Spitzfindigkeiten anderer Völker zu verachten, die sich mit einer solchen Fülle von Kunst und Geheimnistuerei berühmt und elend machen?»[97] Rousseau selbst wurde bei diesem Volk aber nicht glücklich: Sein *Contrat social* wurde in seiner Vaterstadt Genf verbrannt, die Berner verwiesen ihn von der Petersinsel. Entsprechend unfreundlich waren Rousseaus spätere Kommentare über Geiz, Luxus und Rohheit der Schweizer.

Kurz darauf sprachen sich die amerikanischen Verfassungsväter in den *Federalist Papers* dezidiert gegen Rousseaus direktdemokratischen Egalitarismus aus und für eine eher elitäre, repräsentative und gewaltenteilige Republik, wie sie Montesquieu vorgedacht hatte. Folgerichtig lehnten die *Federalists* es auch ab, die Eidgenossenschaft als Modell zu nehmen. Zusammengehalten werde dieses Volk mit einfachen und einheitlichen Sitten durch das gemeinsame Interesse an den Gemeinen Herrschaften und an gegenseitiger Hilfe, um die häufigen Aufstände und Rebellionen in den Kantonen zu unterdrücken.[98] Die amerikanischen Aufklärer um Thomas Jefferson hatten 1776 in der Präambel der Unabhängigkeitserklärung verkündet, es sei eine offensichtliche Wahrheit, dass alle Menschen gleich erschaffen und von ihrem Schöpfer mit gewissen unveräusserlichen Rechten versehen worden seien, darunter Leben, Freiheit und das Streben nach Glückseligkeit. Anders als Rousseau übersahen die Amerikaner nicht, dass solche Individualrechte in der Eidgenossenschaft wenig galten. Die Schweizer fügten sich problemlos ein in die vom Adel geprägte ständische Gesellschaft des Ancien Régime: Darin galten nicht Individuen von Natur aus als frei und gleich, sondern Kollektive leiteten ihre eigene Freiheit aus der Unfreiheit oder eingeschränkten Freiheit anderer Gruppen her. Vormoderne *Demo-Kratie* war deshalb im Sinn des Wortes Herrschaft, eine Herrschaft des Demos, des Volkes oder vielmehr allein seiner vollberechtigten Bürger über Minderberechtigte: Untertanen und Hintersassen, Gesellen und Knechte, Frauen und Kinder.
Von der alteidgenössischen Landsgemeinde führt also kein gerader Weg zur modernen, zuerst parlamentarisch-repräsentativen und dann halbdirekten Demokratie im Nationalstaat Schweiz. Es ist kein Zufall, dass die Landsgemeindekantone 1798, 1814/15, 1830–1833 und 1847/48 immer die verbissensten Gegner von neuen Verfassungen waren, die auf dem Prinzip allgemeiner Freiheit und Gleichheit beruh-

ten. Sie lehnten auch die Bundesverfassung von 1874 ab, welche die Grundlagen für die direkte Demokratie schuf. Das war insofern folgerichtig, als deren Wurzeln gerade nicht in der Urschweiz lagen, sondern im revolutionären Frankreich. Die jakobinische Verfassung von 1793 war stark von Rousseaus Verständnis der Volkssouveränität geprägt, die nicht an Repräsentanten delegiert werden dürfe. Diese «Montagne-Verfassung» führte die Bestimmung ein, dass ein Zehntel der Bürger in der Hälfte der Departemente binnen vierzig Tagen nach dem Erlass eines Gesetzes oder einer Entscheidung über Steuern oder Krieg und Frieden verlangen konnte, dass dieses den ursprünglichen Wählerversammlungen zur endgültigen Entscheidung vorzulegen sei (Art. 59/60: «droit de réclamation»).[99] Mit einer ähnlichen Prozedur konnte eine Revision der Verfassung oder einzelner Bestimmungen vorgeschlagen werden (Art 115). Hierbei zählte die Stimme eines jeden Bürgers gleich viel – anders als bei den Gemeindereferenden, denen die Drei Bünde Beschlüsse ihres gemeinsamen Bundstags unterwarfen und bei denen die Stimme einer jeden Gerichtsgemeinde gleich viel wog, unbesehen der unterschiedlich hohen Bevölkerungszahlen. In Graubünden waren die einzelnen Gerichtsgemeinden oder Talschaften souverän. In Frankreich war dies 1793, zumindest formal, das Volk.
In der Schweiz nahmen die neuen, liberalen Verfassungen von St. Gallen und Basel-Land die französische Anregung 1831 und 1833 in der Form des «Veto» auf. Besonders die Baselbieter hatten in den vorangehenden Jahrzehnten unter der städtischen Herrschaft gelitten und führten dieses Instrument ein, um der Regierungstätigkeit Grenzen zu setzen. Die direkte Demokratie war insofern von Anfang an ambivalent. Sie war «progressiv», indem sie dem Volk von gleichrangigen Bürgern bei der Gesetzgebung, also dem vornehmsten Souveränitätsrecht, das letzte Wort überliess. Zugleich war sie «konservativ», da sie sich negativ gegen

den Veränderungswillen der Regierung richtete. Das bekamen die liberalen Kantonsregierungen vor allem in konfessionellen Fragen zu spüren. Bereits in St. Gallen, in minderem Mass auch in Basel-Land war das Veto eine Forderung der katholischen (und wirtschaftlich schwachen) Gebiete gewesen. Sie fürchteten, von den liberalen Honoratioren in der Kantonshauptstadt bevormundet zu werden. 1841 führten die siegreichen Luzerner Konservativen ebenfalls das Vetorecht gegen Gesetze, Bündnisse, Verträge oder Konkordate in die neue Kantonsverfassung ein. Das sollte nicht zuletzt künftig Beschlüsse wie die Badener Artikel verhindern, welche die liberale Vorgängerregierung 1834 mit anderen Kantonen abgeschlossen hatte, um die konservative katholische Geistlichkeit der staatlichen Kontrolle zu unterstellen. Auf der anderen Seite des politischen Spektrums befürworteten auch die radikalen Freisinnigen, in Anlehnung an Rousseau, den Ausbau der Volksrechte: In der Waadtländer Verfassung von 1845, die selbst das Resultat einer revolutionären Volksbewegung war, erschien die sachlich nicht begrenzte Volksinitiative, worin die Radikalen anders als beim Veto ein progressives, kreatives Instrument sahen.
Die Bundesverfassung von 1848 war, wie die meisten liberalen Kantonalverfassungen, rein repräsentativ und ermöglichte die zusehends abgehobene Herrschaft der «Bundesbarone» vom Schlag des Zürcher Freisinnigen Alfred Escher, des Gründers der Nordostbahn und der Kreditanstalt (heute CS). Gegen das «System Escher» richtete sich, zumindest in Zürich, die «Demokratische Bewegung», die nicht zufällig von Winterthur ausging – auch ein Widerstand der Peripherie gegen das immer mächtiger werdende Zentrum. «Alles für das Volk, alles durch das Volk» war der Leitspruch Abraham Lincolns und der Demokraten, die in den 1860er-Jahren wenig koordiniert in verschiedenen deutschschweizerischen Kantonen wichtige Verfassungsänderungen durchsetzten. Die Errungenschaften des Nationalstaats sollten nicht allein

denjenigen nützen, die im freien Spiel der wirtschaftlichen Kräfte die besten politischen Karten besassen. Die revidierten Kantonsverfassungen enthielten Verfassungs- und Gesetzesinitiative sowie das Referendum, die Volkswahl von Exekutive, Richtern, Lehrern und Verwaltungsspitzen, ferner das Abberufungsrecht und Amtszeitbeschränkungen von Beamten sowie Geschworenengerichte. Die Demokraten fanden einen breiten, aber heterogenen Rückhalt bei Bauern, Gewerbetreibenden, Heim- und Fabrikarbeitern und Akademikern vor allem ausserhalb der Kantonshauptstadt. Entsprechend uneinheitlich waren die Neuerungen, welche die Demokratische Bewegung einführte. Teils gingen sie auf staatsgläubige Erwartungshaltung zurück, teils auf antimoderne Besitzstandswahrung: Kantonalbanken, Subvention von Genossenschaften, Arbeiterschutz, Sozialversicherung und Fabrikgesetze oder Steuerprogression in einem «billigen Staat».

Es war kein Zufall, dass ein Ausgangspunkt der demokratischen Bewegung der «Mannlisturm» von 1862 war, als der Aargauer Grosse Rat die Juden rechtlich gleichstellen wollte. Durch die in der schweizerischen Geschichte einmalige Abberufung des Grossen Rats verhinderten dies dieselben Leute, die das Veto und die Gesetzesinitiative im Kanton durchsetzten. Auf eidgenössischer Ebene folgte die Einführung des Referendums 1874, die Volksinitiative 1891. Die erste Abstimmung überhaupt über eine Volksinitiative führte 1893 zum illiberalen Schächtverbot, das mit antisemitischen wie tierschützerischen Argumenten verfochten wurde – eine der nur 19 Volksinitiativen, die seither bei insgesamt 293 Abstimmungen eine befürwortende Mehrheit gefunden haben. Die direkte Demokratie war also unter anderem ein Instrument, um ein historisch definiertes «Volk», den Demos, gegen das naturrechtliche Postulat der allgemeinen Gleichheit abzuschotten. Das richtete sich nicht nur gegen die Juden. Spätestens an derselben direkt-

demokratischen Hürde scheiterten bis 1971 alle Versuche, die Frauen zu einem Teil des souveränen Demos zu emanzipieren.
Die lähmende Macht vor allem des Referendums provozierte indirekt den Ausbau nationaler Institutionen. Seit 1874 diente es konservativen und föderalistischen Gruppierungen, die sich damit gegen die Zentralisierungsbemühungen der freisinnigen Staatspartei wehrten und die nationale Gesetzgebung erfolgreich blockierten. Referenden oder die Drohung damit lehrten, dass Gesetzesvorlagen gut vorbereitet werden mussten, und zwar mit allen Betroffenen zusammen. Zu diesem Zweck entstanden seit den 1870er-Jahren der «Vorort» (heute Economiesuisse), ferner der Gewerbe- und der Bauernverband sowie der Gewerkschaftsbund als nationale Organisationen. Sie übernahmen parastaatliche Aufgaben und wurden etwa in Vernehmlassungen oder Beratungen über den Aussenhandel eingebunden. Auch die modernen Parteien bildeten sich erst jetzt, nämlich als weltanschaulich klar fassbare Gruppierungen auf nationaler Ebene. Diese überkantonalen Zusammenschlüsse erfolgten nicht zuletzt, um landesweit Unterschriftensammlungen vorzunehmen, die wegen der direkten Demokratie nötig wurden. 1888 entstand die Sozialdemokratische Partei der Schweiz (SP), 1894 die Freisinnig-Demokratische Partei (FDP), wogegen die hartnäckigen Föderalisten aus den katholischen Stammlanden erst 1912 mit der Konservativen Volkspartei die Vorgängerin der heutigen CVP aus der Taufe hoben. In gewisser Hinsicht als Pendant entstand nach dem Ersten Weltkrieg und dem Landesstreik in der reformierten Deutschschweiz die Bauern-, Gewerbe- und Bürgerpartei (BGB), die sich 1937 national konstituierte und den Kern der späteren Schweizerischen Volkspartei (SVP) bilden sollte.
Die BGB trug mit den anderen Bundesratsparteien, zu denen seit 1944 auch die Sozialdemokraten zählten, das Vollmachtenregime mit. Schon während der Weltwirtschaftskrise

und erst recht in den Kriegsjahren schränkte es die direkte Demokratie per Notrecht stark ein und beschnitt die parlamentarische Kontrolle der Exekutive. Bundesrat und Parlament gewöhnten sich an ihre weitreichenden Vollmachten, die es ihnen unter anderem erlaubten, mit der «Wehrsteuer» die Grundlage für die direkte Bundessteuer zu legen. Bis dahin war sie am föderalistischen und bürgerlichen Widerstand gescheitert und konnte erst 1958 endgültig in der Verfassung verankert werden. Insofern war es kein Zufall, dass ausgerechnet die erzföderalistische *Ligue Vaudoise* gegen das Vollmachtenregime antrat, obwohl sie ständestaatliche Ideen mit Antikommunismus und Antisemitismus kombinierte und die autoritären rechten Regimes in Europa unterstützte. Sie führte die Volksinitiative für die «Rückkehr zur direkten Demokratie» gegen den Widerstand aller etablierten (Bundesrats-)Parteien 1949 zu einem knappen Erfolg. Da jede grössere Partei nun mit der Referendumsdrohung gleichsam über eine Sperrminorität verfügte, war damit der Weg zur Zauberformel gebahnt. Sie vereinte 1959 die vier grössten Parteien im Land in einer Konsensehe, welche die Erträge des Wirtschaftswunders sozialverträglich verteilen durfte. Die direkte Demokratie bewahrte nach ihrer Wiederherstellung durch die ebenso radikale wie marginale *Ligue Vaudoise* die ihr eigene Ambivalenz: einerseits bestmögliche Umsetzung der Vorstellung eines souveränen Volks, andererseits konservatives, wenn nicht reaktionäres Kampfinstrument gegen den Ausbau und die Zentralisierung des Nationalstaats. Insofern ist sie ein wichtiges Element in einer gewaltenteiligen und föderalistischen Verfassung. Die Vorstellung, «das Volk» habe immer Recht, macht daraus jedoch das Herrschaftsmittel von uneingeschränkten, absolutistischen Mehrheiten. Auch das souveräne Volk braucht sein rechtsstaatliches Korrektiv: eine starke, durch die Gewaltenteilung in ihrer Eigenständigkeit legitimierte Gerichtsbarkeit.

12

Die humanitäre Tradition

«Ein Kleinstaat muss nicht tun, was alle machen, sondern seine Besonderheiten anbieten – ohne je für eine Seite Partei zu nehmen. Das ermöglicht es der Schweiz, sich in grossem Masse humanitär zu betätigen. Ich erinnere an das Internationale Rote Kreuz. Aber auch die Guten Dienste etc.»[100]

Der berühmte britische Historiker Eric Hobsbawm hat die Formel «Invention of Tradition» geprägt: Als im 19. Jahrhundert Industrialisierung und Binnenmigration viele Menschen entwurzelten und der Nationalstaat neue, überregionale Loyalitäten forderte und förderte, entstanden Bräuche, die diese Entfremdung übertünchten. Schon bald empfand man sie als weit zurückreichend oder gar ursprünglich – und als eigentümlich für die jeweilige Nation.[101] Im schweizerischen Kontext kann man an die Schlachtfeiern denken, bei denen in Anlehnung an die alteidgenössischen «Jahrzeiten» die Jubiläen der mittelalterlichen Kriegserfolge begangen wurden; oder an das 1805 erstmals durchgeführte Unspunnenfest, von dem ausgehend Schwingen und Steinstossen als angebliche «Nationalspiele» der Alphirten das Mittelland eroberten.
Etwa ein Jahrhundert jünger dürfte die Rede von der «humanitären Tradition der Schweiz» sein. Das bedeutet nicht, dass Schweizer, seit es sie gibt, Notleidenden keine Hilfe leisteten. Wenn heute diese Tradition historisch begründet wird, dann kommt zumeist die Aufnahme oder Unterstützung von Flüchtlingen in den Sinn, die vor Krieg und Verfolgung in die häufig vergleichsweise friedliche Eidgenossenschaft flohen. Im 16. Jahrhundert kamen Reformierte aus Italien, den Niederlanden und Frankreich vor allem in das calvinistische Genf, aber auch in zwinglianische Gebiete. Diese nahmen ab 1685 auch Hugenotten und Waldenser auf, die von Lud-

wig XIV. aus Frankreich und Viktor Amadeus II. aus Savoyen vertrieben worden waren; die meisten wurden allerdings nur mit Wegzehrung versehen und zur Weiterreise bewogen. Auf die ab 1789 aus Frankreich geflohenen Adligen folgten 1830 und 1848 die Liberalen und Nationalisten aus Polen, aus den italienischen und den deutschen Staaten, sodann 1878 nach Bismarcks Sozialistengesetzen Vertreter der Arbeiterbewegung. Sie stammten nicht nur aus Deutschland: Trotzki und Lenin sollten die berühmtesten werden.

Die Beispiele zeigen, dass die Asylpraxis nicht auf politischer Sympathie beruhen musste, sondern durchaus prinzipiellen Charakter hatte für den liberalen Bundesstaat, der in einem feindlichen europäischen Umfeld entstanden war. Die Flüchtlinge waren gehalten, ihre politische Tätigkeit gegen die heimatliche Regierung einzustellen, um das Gastland nicht zu kompromittieren. «Humanitär» im engen Sinn war diese Haltung nicht. Die Flüchtlinge erhielten zwar Asyl, doch mussten sie selbst oder wohlgesinnte Schweizer Private oder nahestehende Institutionen, etwa die Gewerkschaften, für ihren Unterhalt aufkommen. Ähnlich sah es bei den Internierungen von Truppen und bei der medizinischen Hilfe für Kriegsversehrte aus, wie sie 1871 im Deutsch-Französischen Krieg mit der Bourbaki-Armee und im Ersten und Zweiten Weltkrieg für beide Parteien erfolgten. Die Kosten hierfür wurden gemäss den internationalen Genfer Konventionen nachträglich von den Heimatländern der Soldaten übernommen.

Humanitäre Hilfe für Notleidende war nicht Sache des Staates, sondern von Privaten und erfolgte auf deren eigene Kosten. Das war anderswo ähnlich. In der Schweiz gab es aber seit 1863 das von Henry Dunant inspirierte Internationale Komitee vom Roten Kreuz (IKRK), unter dessen Auspizien sich ein Jahr später Gesandte der Grossmächte auf die Erste Genfer Konvention einigten. Die Mitglieder des Komitees mussten Genfer beziehungsweise, seit 1914, Schweizer sein, und der Kontakt zur nationalen Politik reichte zeitweise so weit, dass amtierende Bundesräte wie Gustave Ador oder Philipp Etter Einsitz hatten. Gleichwohl handelt es sich um einen privaten Verein nach Schweizer Recht und zugleich um ein nichtstaatliches Völkerrechtssubjekt, das mit souveränen Regierungen verhandeln kann. So wuchs der Schweiz aus der privaten Genfer Initiative über den Status des Gastgeberlands und als Depositarstaat der Genfer Abkommen eine internationale Rolle zu. Man verstand sie zusehends als komplementär zur Neutralität, die für das Wirken des IKRK unabdingbare Voraussetzung war. In einer Welt, die von immer weiter reichenden Kriegen der europäischen Grossmächte geprägt war, erfüllte die im Herzen des Kontinents gelegene, viersprachige Schweiz eine Aufgabe, die allen nützen konnte und niemandem schadete. Das Land selbst gewann dadurch äussere Anerkennung, die sich nach dem Ersten Weltkrieg in der Wahl Genfs zum Völkerbundsitz niederschlug. Die humanitäre Mission prägte und stärkte auch ein Selbstwertgefühl, das die Zürcher «Landi» von 1939 offiziell in noble Worte fasste: «Die Schweiz als Zufluchtsort Vertriebener, das ist unsere edle Tradition. [...] Das ist nicht nur der Dank an die Welt für Jahrhunderte langen Frieden, sondern auch besonderes Anerkennen der grossen Werte, die uns der heimatlose Flüchtling von jeher gebracht hat.»[102] Dieser Selbstverpflichtung, im Tausch für den geschenkten Frieden den Verfolgten ein Hort zu sein, war die Schweiz in den unmittelbar folgenden Kriegsjahren nicht gewachsen. Bundespräsident Etter verhinderte persönlich im Oktober 1942 einen Appell, den das IKRK an «die kriegsführenden Mächte» richten wollte, damit sie «für Zivilpersonen, gegen die sie gewisse Zwangsmassnahmen ergreifen zu müssen glauben, zumindest ebenso grosszügige Bestimmungen» vorsahen wie für Kriegsgefangene und Zivilinternierte. Die gewundene Formulierung zielte auf die nach der Wannseekonferenz im selben Jahr begonnene Judendeportation, nannte die Vernichtungsaktionen aber nicht ausdrücklich, obgleich der Bundesrat durch Berichte des Geheimdiensts und von Diplomaten davon wusste. Selbst eine so zurückhaltende Formulierung ging Etter zu weit, der sich mit seiner Warnung durchsetzte: «Mit der Dauer des Krieges wächst die Empfindlichkeit der kriegführenden Mächte. Deshalb werden diese den Appell als Urteil interpretieren, und wenn sie sich darüber verstimmt zeigen, ist die Wirkung des Appells bereits verfehlt.»[103]

Bereits am 13. August 1942 hatte die Schweiz mit einer berüchtigten Formulierung ihre Hilfe derjenigen Opfergruppe verweigert, die am dringendsten darauf angewiesen war: «Flüchtlinge nur aus Rassegründen, z. B. Juden, gelten nicht als politische Flüchtlinge.»[104] Die antisemitische Massnahme wurzelte in der Einwanderungspolitik von Bund und Kantonen, die seit dem Landesstreik Juden als schwer assimilierbare «Artfremde» fernzuhalten suchte, zumal sie oft für Bolschewismus und Landesstreik verantwortlich gemacht wurden. Über 20 000 jüdische Hilfesuchende wurden im Zweiten Weltkrieg an der Grenze zurückgewiesen, einige aus dem Landesinneren wieder ausgeschafft, einzelne gar den deutschen Behörden direkt übergeben. Rund 10 000 Visumsanträge wurden abgelehnt. Die Abschreckungsstrategie funktionierte auch insofern, als viele Verfolgte den fruchtlosen Weg zum erhofften «Zufluchtsort» Schweiz unter diesen Umständen gar nicht erst auf sich nahmen. Wegen Ausnahmebestimmungen und, je nach Zeitpunkt und Ort, unterschiedlicher Umsetzung der Massnahmen gelangten gleichwohl rund 21 000 Juden während der Kriegsjahre in die Schweiz. Dass die Situation in dem von der Achse umkreisten Land denkbar unbequem war, ist unbestreitbar. Die Begründung des Bundesrats, dass die schlechte Versorgung mit knappen und rationierten Nahrungsmitteln eine unerbittliche Flüchtlingspolitik erzwinge, überzeugte allerdings bereits damals kritische Zeitgenossen nicht. Albert Oeri, der

liberale Nationalrat und Chefredaktor der «Basler Nachrichten», interpretierte die humanitäre Tradition des Landes 1942 dahingehend, dass man nicht «auf Vorrat hin grausam» sein dürfe, sondern so lange wie möglich zu helfen versuchen müsse: «Unser Rettungsboot ist noch nicht überfüllt, nicht einmal gefüllt, und solange es nicht gefüllt ist, nehmen wir noch auf, was Platz hat, sonst versündigen wir uns.»[105]
Die Flüchtlingshilfe im Krieg lag wie gewohnt bei Privaten und damit bei denen, die sich den Fliehenden verbunden fühlten: Die Linke unterstützte die verfolgten Sozialdemokraten und Kommunisten, katholische oder reformierte Hilfswerke oppositionelle Geistliche oder ihnen nahestehende Politiker – und die kleine jüdische Gemeinde, ein halbes Prozent der Bevölkerung, die vielen jüdischen Flüchtlinge. Nicht zuletzt ihre Überforderung führte dazu, dass der Bund bei der humanitären Hilfe aktiver wurde. Doch erst im Dezember 1944, als und weil sich der Krieg dem Ende näherte, wollte der Bundesrat den «altruistischen Geist» der Bevölkerung mobilisieren und regte die formal selbständige *Schweizer Spende an die Kriegsgeschädigten* an. Sie erhielt allerdings ihre Mittel zu drei Vierteln vom Bund und liess sie aus Gründen der «Nachbarschaft, der ethnischen Verwandtschaft und althergebrachter Traditionen» in erster Linie den Nachbarländern zugutekommen.[106] Vor dem antikommunistischen Grundkonsens des Kalten Kriegs fanden Flüchtlinge aus Ungarn (1956), Tibet (1959), der Tschechoslowakei (1968) und Polen (1981) herzliche Aufnahme und behördliche Unterstützung. Weniger grosszügig zeigte sich das Land 1973 nach dem Militärputsch gegen die sozialistische Regierung Allende in Chile: Der Bundesrat erhöhte erst nach heftigen Protesten das Kontingent für chilenische Flüchtlinge von 200 auf letztlich insgesamt 1600 Asylberechtigte. Ganz andere Dimensionen erreichten die Flüchtlingszahlen in den 1990er-Jahren, als im Lauf der jugoslawischen Bürgerkriege rund 30 000 Bosnier und 50 000 Kosovaren in

die Schweiz gelangten, die unter diesen Volksgruppen schon länger ihre Fremdarbeiter rekrutiert hatte. Die verschiedenen Flüchtlingswellen, gerade auch aus aussereuropäischen Ländern, führten dazu, dass die Schweiz ihr nach dem Weltkrieg vorübergehend sehr liberales Asylrecht etappenweise verschärfte und die Aufnahmepraxis zusehends strenger handhabte.

Auch die humanitäre Hilfe im engeren Sinn, in Krisen- und Katastrophengebieten, wurde mit dem 1973 gegründeten Schweizerischen Katastrophenhilfekorps eine vom Bund mitfinanzierte öffentliche Aufgabe und damit wie die Entwicklungshilfe ein Bestandteil der Aussenpolitik. Wie das Asylrecht, die Flüchtlingshilfe und das IKRK fügen sich solche Massnahmen in ein «realistisches» Verständnis der Weltpolitik, wie es in der Schweiz verbreitet ist. Kriege werde es immer geben. Denn die anderen Völker könnten nicht zu einer politischen und wirtschaftlichen Ordnung finden, die wie in der Schweiz ein friedliches und freiheitliches Zusammenleben in Wohlstand erlauben würde, jenseits von aggressivem Grössenwahn, Staatsgläubigkeit und Ideologien. Daran könne niemand etwas ändern, und schon gar nicht könne dies der Kleinstaat Schweiz. Undenkbar ist für die pessimistischen «Realisten» ein Verfassungsauftrag wie in den Niederlanden: «Die Regierung fördert die Entwicklung der internationalen Rechtsordnung», was seit dem Jahr 2000 auch eine der Zweckbestimmungen der holländischen Streitkräfte darstellt.[107] Die schweizerische Armee dagegen wahrt illusionslos die bewaffnete Neutralität und lässt die äusseren Bedrohungen nicht herankommen, während die humanitäre Schweiz den Opfern der ebenso unverbesserlichen wie unvermeidlichen ewigen Kriegstreiber humanitäre Pflaster auflegt.

Im Zeitalter der Weltkriege hat Karl Meyer während der Sudetenkrise entsprechende Überlegungen von Carl Spitteler aus dem Jahr 1914 auf die Formel des «hochgemuten

Pessimismus» gebracht, mit dem die Schweizer den Fehlentwicklungen der Umwelt entgegentreten sollten. Im Zeitalter des Terrorismus hat Herfried Münklers ähnliches Postulat der «heroischen Gelassenheit» 2006 beim damaligen schweizerischen Justizminister Blocher Anklang gefunden: Im Vertrauen auf die subsidiäre Kraft von Gemeindeautonomie und selbständigen Kantonen brauche einen auch die Vorstellung einer Terrorattacke auf das Bundeshaus nicht zu schrecken.[108] Ohnehin drohe sie dem neutralen Kleinstaat kaum, wenn er sich von den Auseinandersetzungen zwischen grossen Machtgebilden fernhalte – wie derjenigen zwischen islamistischem Terrorismus und dem «Westen», zu dem er die Schweiz offenbar nicht dazuzählt.[109] Ähnlich gewunden hatte die Informationsstelle der Armee, «Heer und Haus», im Frühjahr 1944 die Neutralität im Weltkrieg gerechtfertigt: «Es besteht oft keine Einigkeit darüber, welche Partei die ungerechte und machtgierige ist. Fast immer kämpfen beide Parteien um Macht, wenn auch nicht immer von Anfang an und nicht im gleichen Masse und Grad. Aber wenn wir auch in manchen Fällen gar nicht leugnen könnten und wollten, dass auf der einen Seite sich vielleicht mehr Recht findet oder wenigstens zu finden scheint, als auf der anderen, so müssten wir doch grundsätzlich neutral bleiben, und zwar auch dann, wenn wir unserer privaten Gesinnung nach mehr zu der einen Seite neigen sollten als zu der anderen.»[110] Mit solcher Orientierungslosigkeit in einem rassistischen Vernichtungskrieg, dessen Verantwortlicher sich so eindeutig wie selten in der Weltgeschichte mit einem Namen benennen liess, kontrastierte das Urteil des damals jungen Historikers Herbert Lüthy, als er Ende 1944 rückblickend das humanitäre Wirken der Schweiz charakterisierte: «Wir erwarten den Dank für die Caritas, die wir übten, und werden tödlich erschrecken, wenn wir vielerorts statt dessen Undank finden, der bis zu Hass gehen kann. Die Schweiz hat viel getan, gewiss, aber allzuoft tat sie es kalten Herzens, ohne Güte, als notwendig empfundene Rechtfertigung unseres Ausnahmeschicksals, als Rolle, die zu spielen wir verpflichtet waren, und allzuoft sah diese Caritas einer Reklameabteilung des Grossunternehmens Schweiz ähnlich, das die dabei ausgelegten Spesen mit Zins und Zinseszins wieder einzubringen hofft.»[111]

13

Stachel-schwein im Réduit

«Die Schweiz zeigte unter gewaltigen Opfern einen Widerstandswillen, der seinesgleichen sucht.»[112]

Die Geschichte des Zweiten Weltkriegs kann geschrieben werden, ohne die Schweiz zu erwähnen. Die heutige Schweiz wird aber niemand verstehen, der die Jahre 1933 bis 1945 nicht gründlich berücksichtigt. So unbedeutend die Schweiz, insgesamt betrachtet, für die Weltpolitik dieser Jahre war, so zentral ist diese Zeit im kollektiven Gedächtnis des Landes. Das Selbstverständnis von Schweizern enthüllt sich in ihrer Antwort auf die Frage, weshalb die Schweiz als einziges Nachbarland Deutschlands, als einzige kontinentaleuropäische Demokratie ausser Schweden, als eines von wenigen Ländern weltweit vom Krieg verschont blieb: war es (ökonomische) Anpassung oder Bereitschaft zum militärischen Widerstand? Äussere Gnade oder eigene Leistung? Geringe strategische Bedeutung des Landes oder gute Nutzung der wenigen Trümpfe?

Die Rede von den «gewaltigen Opfern» und einem «Widerstandswillen, der seinesgleichen sucht», ist eine Beleidigung der vielen Völker, die ab 1939 tatsächlich kämpften, enorme Opferzahlen zu beklagen hatten und den Willen zum Widerstand nicht nur bekundeten, sondern auch bewiesen – im Unterschied zu den Schweizern, denen die Nagelprobe erspart blieb. Diese Realität geriet in den Nachkriegsjahrzehnten zusehends aus dem Blickfeld. Die Schweizer heroisierten ihren Widerstand, die Ausländer kümmerte das nicht. Bei Kriegsende war dies noch anders. Die «Neue Zürcher Zeitung» zitierte im Januar 1945 die amerikanische Zeitung «Christian Science Monitor», welche die alliierte Forderung unterstützte, dass die Schweiz ihre Wirtschaftskontakte mit dem Dritten Reich endlich abbreche. Das könne zwar zu ökonomischen Schwierigkeiten im Land führen, «doch würden die ausgehungerten Völker Europas, die so viel zum Sieg beigetragen haben, nicht besonders stark beeindruckt sein durch das geringe Opfer, das die Schweizer bringen müssten, um der deutschen Kriegsmaschine keine weitere Unterstützung zu gewähren. Auch dürfte es schwierig sein, einen Kriegführenden davon zu überzeugen, dass die Nutzniesser – neutrale und freiheitsliebende Länder –, denen der alliierte Sieg zugute komme, nicht einen Teil der Opfer auf sich nehmen müssten.»[113]

Von «gewaltigen Opfern» sprachen die zeitgenössischen Schweizer allerdings in erster Linie nicht mit aussen-, sondern mit innenpolitischen Motiven. Gemeint waren die erzwungenen Verzichtleistungen der Männer, dic den militärischen Aktivdienst von durchschnittlich 600 Tagen leisteten, und der Frauen, die während der Abwesenheit der Männer in den entbehrungsreichen Zeiten ihre Familien durchbrachten. Im Vergleich zu den übrigen Europäern waren das idyllische Zustände, im Vergleich zu den nachgeborenen Schweizern dagegen nicht. An sie richtete sich folgerichtig der Appell, für die Opfer der Eltern dankbar zu bleiben und in einem ähnlichen Geist den nächsten Herausforderungen zu trotzen – also der Sowjetunion im nunmehr Kalten Krieg.

Die Aufrufe zur inneren Eintracht und zur Kampfbereitschaft gegen aussen hatten schon in den Vorkriegsjahren mit Bezügen zur eidgenössischen Geschichte nicht gespart, die ein zentraler Bestandteil der Geistigen Landesverteidigung wurden. Nachdem der traumatische Landesstreik das Vertrauen zwischen Bauern und Bürgern hier, der Arbeiterschaft dort zerstört hatte, wurden der geistige Abwehrkampf und der gemeinsame Militärdienst im Zweiten Weltkrieg ein Jungbrunnen für das nationale Zusammengehörigkeitsgefühl jenseits der Klassengrenzen. Dasselbe geschah über die Grenzen zwischen deutscher und lateinischer Schweiz hinweg, die im Ersten Weltkrieg so zerstörerisch gewirkt

hatten. Sympathien für die Achsenmächte existierten, nicht zuletzt unter hohen Offizieren wie Ulrich Wille junior, dem Sohn des Oberbefehlshabers im Ersten Weltkrieg. Aber die Anhänger der Achsenmächte waren auch in der Deutschschweiz überschaubar, nachdem es in den 1930er-Jahren wiederholt zu aussenpolitischen, rechtlichen und propagandistischen Auseinandersetzungen zwischen dem Dritten Reich und der Schweiz gekommen war. Dass der völkische Gedanke letztlich die deutschsprachige Schweiz ebenso wenig aussparen würde wie der italienische Irredentismus die Südtäler, brauchte wenig Vorstellungsvermögen. Ebenso offensichtlich war, dass das Führerprinzip der Nationalsozialisten mit ihren jungen, gewaltbereiten Aufsteigern nicht nur der (direkten) Demokratie und der politischen Linken den Garaus machen würde. Geringe Einflussmöglichkeiten verhiess, trotz antibolschewistischen Gemeinsamkeiten, die NS-Ideologie den bürgerlichen Honoratioren eines Milizsystems, das nicht auf einem verbindenden Parteibuch beruhte, sondern auf kantonalen und nationalen Netzwerken in Wirtschaft, Armee und Politik.
Symbolfigur des nationalen Zusammenschlusses war bezeichnenderweise ein Waadtländer Landwirt: General Guisan wurde trotz seinem scharfen Antikommunismus, seinen Vorbehalten gegen die parlamentarische Parteiendemokratie und seiner Bewunderung für Mussolini und Pétain auch in der Arbeiterschaft sehr populär. Er betrieb geschickte, nachwirkende Selbstinszenierung, etwa an der «Wiege der Freiheit» beim berühmten Rütli-Rapport vom 25. Juli 1940, dessen Redetext nicht im Original überliefert ist. So gelang es Guisan, einerseits Zuversicht in der weithin verunsicherten Bevölkerung zu säen und andererseits die Armee und vor allem ihren Oberbefehlshaber als Garanten des Widerstandsgeists erscheinen zu lassen. Der Rückzug in den alpinen Zentralraum, das erst Ende 1942 fertiggestellte «Réduit», galt ebenfalls als sein Werk, obwohl die Grundkonzeption

von deutschfreundlichen Offizieren entworfen worden war. Sie taten dies aber bereits 1939, vor dem Kriegsausbruch im Westen. Damals sollte ein Rückzug in den Alpenraum signalisieren, dass die Schweiz zu Frankreich dieselbe Distanz bewahrte wie zu Deutschland, während Guisan sein Abwehrdispositiv gegen den nördlichen Nachbarn ausrichtete. Nachdem diese «Limmatlinie» fast ein Jahr lang von Basel bis Sargans ausgebaut worden war, konnten manche den Rückzug auch als kleinmütige Kapitulation verstehen: Das Réduit gab im Kriegsfall drei Viertel des Landes, den Grossteil der Bevölkerung, die grossen Städte, die Industrie und die 1939/40 bereits errichteten Armeestellungen dem Angreifer fast kampflos preis. Die Logik hinter dieser Entscheidung bestand darin, dass für die Achsenmächte der Alpentransit von grosser Bedeutung war und so lange zuvorkommend gewährleistet wurde, wie diese die Schweizer Grenzen respektierten. Die Réduit-Strategie wäre 1939 kaum durchzusetzen gewesen, hätten die Wehrmänner doch das preisgeben müssen, wofür sie zu sterben bereit waren. Unter den gewandelten Bedingungen des Sommers 1940 folgten sie ihrem General, der auch die Zivilisten hinter sich wusste, obwohl Bedenken nicht fehlten. Und im Rückblick wurde die Notlösung zu einem Geniestreich stilisiert, der die Schweizer Kerngebiete uneinnehmbar gemacht und so dem Land den Einmarsch erspart habe.

Der Mythos des Réduit reicht bis in die Gegenwart und war 1940 auch schon gut vorbereitet durch die bis zu Zwingli, Johannes Stumpf und weiteren Zeitgenossen zurückreichende Vorstellung, dass das schweizerische Alpenvolk in einem von Gott gefertigten Alpenwall seine Freiheit verteidige.[114] Prominent war dabei seit Johann Jacob Scheuchzers *Natur-Geschichten des Schweizerlandes* (1706) der Gotthard, wofür die Nähe zum Rütli und damit zur Befreiungslegende ihn empfahl – so explizit der Zuger Bundesrat Philipp Etter, als er 1938 die Geistige Landesverteidigung begründete.

Zudem schien dank den Wasserscheiden das Zentrum Europas in der Schweiz zu liegen, die der Tessiner Bundesrat Giuseppe Motta deshalb 1937 als «Mutter der Ströme» bezeichnete. Diese symbolische Bedeutung hatte aber in dem peripheren, unwegsamen und schwach bevölkerten Massiv nie eine politische Basis. Auch die überregionale wirtschaftliche Bedeutung stellte erst seit 1882, dem Eröffnungsjahr des Eisenbahntunnels, die anderen Alpenpässe in den Schatten. Nun erhielt der Gotthard auch erhebliche militärstrategische Bedeutung als schnellste Verbindung zwischen den jungen Nationalstaaten Deutschland und Italien, und schon bald erschienen die frisch errichteten Festungen als Symbol der bewaffneten Neutralität.
Der Gotthard, wo rastlose Eisenbahnschienen auf urwüchsige Kuhhirten trafen, wurde zugleich zur Projektionsfläche des schweizerischen Leidens an der Moderne, bei reaktionären Denkern wie Gonzague de Reynold ebenso wie beim religiösen Sozialisten Leonhard Ragaz. Bundesrat Etter sah den Gotthard als Pass der Scheidung und der Verbindung, der «die Idee einer geistigen Gemeinschaft der Völker und der abendländischen Kulturen» geboren habe. Diese gegen die faschistischen Rassenlehren gerichtete Position träumte allerdings nicht von einer europäischen Einigung, sondern meinte allein den einzigartigen schweizerischen Staat, der dieses unzeitgemässe Programm verwirklicht habe und verteidigen wolle. Seine Bestimmung bestand nicht in der Ausbreitung dieses Ideals, wohl aber in der Bewahrung der um den Gotthard gelagerten Eidgenossenschaft.[115] Ein ähnlicher Geist prägte den «Gotthardbund», eine 1940 nach der Niederlage Frankreichs gegründete Widerstandsaktion. Seine Satzungen schlossen Juden und Freimaurer aus, da er neben dem aussenpolitischen Programm, dem unbedingten Widerstand gegen Hitler, innenpolitisch das Land in seiner christlichen Tradition erneuern und dazu eine autoritäre Demokratie und korporative Wirtschaftsordnung errichten wollte.

Trotz Etters Pathos und nicht ohne eigenes Verschulden erhielt die Landesregierung in der Gegenüberstellung mit dem von Guisan repräsentierten «Widerstand» die Etikette «Anpassung». Alice Meyer, die Witwe von Karl Meyer, dem Mediävisten und Protagonisten der Geistigen Landesverteidigung, formulierte aufgrund seines Nachlasses diese Alternative 1965 im Buch *Anpassung oder Widerstand* und schloss, dass das «Schweizer Volk» trotz Anfechtungen insgesamt die zweite Option gewählt habe. Edgar Bonjours ebenso wirkmächtige *Geschichte der schweizerischen Neutralität* folgte sechs Jahre danach einem ähnlichen Narrativ. In dieser Deutung der Kriegsjahre, die auf die politischen und militärischen Entscheidungen des Sommers 1940 fokussiert war, personifizierte Aussenminister Marcel Pilet-Golaz die «Anpassung». Das lag vor allem an seiner Rede vom 25. Juni 1940, die der Innenminister Philipp Etter auf Deutsch übersetzte und verlas. Der vom gesamten Bundesrat erst nachträglich abgesegnete Text forderte, dass die Eidgenossen nach dem Fall Frankreichs «Anpassung an die neuen Verhältnisse [...] ausserhalb veralteter Formen» vornähmen und der Regierung folgten «als einem sicheren und hingebenden Führer, der seine Entscheidungen nicht immer wird erklären, erläutern und begründen können».[116] Pilet-Golaz diskreditierte sich zusätzlich durch den Empfang von Vertretern einer Nazi-Splittergruppe im September 1940. Aber auch Guisan trat für Gesten ein, um – wie er es selbst nannte – «apaisement et collaboration» zu demonstrieren, so für die Entsendung eines Sonderbotschafters nach Berlin oder für eine strenge Vorzensur, damit die Presse keine deutschen Interventionen provoziere.[117] In beiden Angelegenheiten folgte der Bundesrat dem hartnäckig argumentierenden General nicht.

Die Alternative «Anpassung oder Widerstand» stellte sich individuell und mit möglicherweise drastischen Folgen durchaus für viele Schweizer zumal im bürgerlichen

Lager – die Vertreter der Linken hatten bei einem Anschluss oder einer Eroberung ohnehin nichts Gutes zu gewärtigen. Für die Schweiz als Ganzes blieb seit dem Sommer 1940 realistischerweise nur die oft zufällige Kombination von Anpassung *und* Widerstand: notrechtliches Vollmachtenregime und zugleich Festhalten an der liberal-demokratischen Verfassung mit Parlamentswahlen (1943) und insgesamt sieben Volksabstimmungen; pressepolitische Vorsicht durch eine weitreichende Selbstzensur, aber inoffizielle Freiräume und nur behutsame Sanktionen bei Zuwiderhandlungen; enge ökonomische Zusammenarbeit im Hinblick auf Vollbeschäftigung, Landesversorgung und Preisstabilität (nicht zuletzt, um die sozialen Probleme des Ersten Weltkriegs zu vermeiden); umfangreiche Exporte kriegsrelevanter Waren ins Dritte Reich (Rüstungsgüter, Maschinen, Motoren, Uhren); grosszügiges Entgegenkommen bei Infrastrukturen (Eisenbahntransit) und finanziellen Dienstleistungen (neutralitätswidriger Clearingkredit, Devisenlieferungen, Ankauf von Raubgold durch die Nationalbank); aussenpolitische Duckmäuserei, auch was humanitäre Aufgaben und die Not der NS-Verfolgten betraf; gute Dienste des Neutralen (Schutzmacht, Drehscheibe für Diplomatie und Spionage, auch der Alliierten); Ausbau der Stellungen im alpinen Réduit und kontinuierlicher Aktivdienst von anfangs 150 000, nach dem Kriegsbeginn im Osten noch 70 000 Soldaten. Zur Irritation Deutschlands demobilisierte also die Schweiz nur teilweise, auf ein Drittel des Maximums, womit die Armee gegenüber der Wehrmacht in Bereitschaft blieb, aber dennoch eine Mehrheit der Werktätigen an die Produktionsstätten zurückkehrte, um vor allem für deutsche Bedürfnisse zu arbeiten.

Die aufgezählten Elemente waren nicht Teil eines bundesrätlichen Masterplans, sondern Folge vieler, oft unkoordinierter Einzelentscheidungen. Ihnen lagen unterschiedliche und unterschiedlich egoistisch oder patriotisch motivierte

Erwägungen zugrunde, von der Neutralitätsdoktrin über die Sozial- und Beschäftigungspolitik bis zu privatwirtschaftlichem Profitdenken. Es geht deshalb an der Sache vorbei, das gnädige Schicksal der Schweiz monokausal zu erklären, als Folge etwa von dienstfertiger Wirtschaftskollaboration oder eines heroischen Abwehrkampfs. Beides wäre auch eine Überschätzung der schweizerischen Einflussmöglichkeiten. Keine Strategie konnte damit rechnen, dass der letztlich allein entscheidende Adolf Hitler sie so nüchtern und rational beurteilen würde, wie Schweizer Akteure sie sich erdachten. Hitlers ideologischer Wahn gehorchte nicht der «Beengtheit dieses Kantönli-Geistes», wo der eine «Milch-Interessen, der andere Getreide-Preise, der dritte Uhrengeschäfte und so weiter» verfolgte.[118] Aus Sicht der Nazis waren die Eidgenossen nicht Widerstandskämpfer, die für ihre freiheitlichen Werte zum Äussersten bereit waren, sondern begriffsstutzige Stammesverwandte, die durch jahrhundertelangen Frieden und verinnerlichte Friedfertigkeit verweichlicht waren, aber bald auf den wahren Weg des rassischen Überlebenskampfes zurückfinden würden. Hitler verachtete, nicht nur bei den Schweizern, was dem noch entgegenstand: den unmilitärischen Krämergeist. Das machte ihn unzugänglich für viele logische Argumente. Die aufwendige Vernichtung der jüdischen Arbeitskraft war ökonomisch völlig irrational; und militärisch irrational war der Angriff auf die verbündete Sowjetunion. Selbst wenn subalterne deutsche Stellen beschwichtigten, dass der ruhig arbeitenden Schweiz keine Gefahr drohe, so war darauf dauerhaft ebenso wenig Verlass wie auf Hitlers Zusicherung, dass er die Neutralität der Schweiz respektieren werde – eine Zusage, die er auch den anderen Kleinstaaten gegeben hatte und brach. Mochte der seinerseits deutschfreundliche Ulrich Wille junior glauben, Hitler und besonders Rudolf Hess hegten ein grosses Wohlwollen gegenüber der Schweiz:[119] Der Führer blieb stets unberechenbar, und so mussten die Schweizer Verantwortlichen auch stets mit allem rechnen. Weder Willfährigkeit noch Mut war ein Rezept mit Erfolgsgarantie.

Wenn man jedoch in den nationalsozialistischen Rassenkategorien denkt, so zogen diese zu den (Deutsch-)Schweizern zwar politische und mentale Grenzen, aber nicht die tödlichen von Blut und Boden. Selbstverständlich war es verächtlich gemeint, wenn die Schweizer für Hitler eine «Eiterbeule an Europa» und «nichts als ein missratener Zweig unseres Volkes» waren. Für einen Propheten der Volksgemeinschaft blieb dies aber immer noch ein Bekenntnis zu einem schwarzen Schaf innerhalb der grossgermanischen Familie.[120] «Gegen die ungezählten Millionen der östlichen Welt können wir nur bestehen, wenn die Germanen in Europa sich zu einer Einheit zusammenfinden.»[121] In dieser Logik durfte (deutsch-)schweizerisches Blut im Kampf gegen jüdische, romanische oder slawische Gegner nicht vergossen werden, solange die Eidgenossen bereit waren, unauffällig ihren strategisch unbedeutenden Nischenplatz im deutschen Europa einzunehmen. War es ein Zufall, dass Hitler persönlich verbot, dass die Panzertruppen der Wehrmacht im Juni 1940, als die französischen Stellungen schlagartig zusammenbrachen, von Westen her über den Jura ins Mittelland vorstiessen und so die immobilen Abwehrstellungen an Rhein und Limmat umgingen? Ein solcher Angriff wäre zu einem Zeitpunkt erfolgt, als die weit verbreiteten Selbstzweifel und Angst bis in die Landesregierung und Armeeführung hinein spürbar waren. Die Eroberung der Schweiz hätte aber komplizierte und konfliktträchtige Verhandlungen mit Mussolini zur Folge gehabt, den Hitler als Verbündeten brauchte, nicht als Nachbar. Der Duce hatte sich schon gegen den Anschluss Österreichs gewehrt, und 1940 war es willkommen, dass das unbesetzte Frankreich die beiden Achsenmächte trennte. Es fällt ebenfalls auf, dass sie die umzingelte Schweiz nie richtig unter Druck setzten, zum Beispiel indem sie vorübergehend die Kohlelieferungen aussetzten. In den drei Jahren der deutschen Vorherrschaft in Europa wäre eine mittelfristige Zermürbungstaktik mit Zuckerbrot und Peitsche, aber ohne direkten militärischen Angriff aussichtsreich gewesen.

Auch so, als Ernte einer reifen Frucht, lassen sich die angeblichen Landser-Verse «Die Schweiz, das kleine *Stachelschwein*, das nehmen wir auf dem *Rückweg* ein» interpretieren – wenn sie überhaupt gesungen wurden. Zitiert findet man sie jedenfalls nur bei Schweizern, titelgebend etwa beim Diplomaten und späteren UNO-Hochkommissar für Flüchtlinge August R. Lindt.[122] Seiner Generation von Offizieren, die 1940 den Defätisten unter anderem in der Aktion nationaler Widerstand entgegentrat, war das Bild vom kleinen Stachelschwein insofern teuer, als die im Lied angekündigte Einnahme letztlich nicht erfolgte. Belegt, allerdings in der Schweiz, ist jedenfalls eine ähnliche Metapher: «Der Diktator frisst keinen Igel.» Georg Thürer motivierte damit nicht nur seine Zeitgenossen im Weltkrieg, sondern im Kalten Krieg den Armeepavillon als «Wehrigel» oder «Betonigel» bei der Expo 1964 in Lausanne.[123]

Dass die Deutschen die Schweiz entgegen den Erwartungen von 1940 nicht besetzten, wurde in den Nachkriegsjahrzehnten anfänglich als Geschenk Gottes, in einer sich säkularisierenden Gesellschaft dann aber zusehends als eigene, schweizerische Leistung dargestellt. Damit rückte unter den genannten Faktoren die militärische Kampfbereitschaft fast exklusiv in den Vordergrund. Die problematischen Bereiche wurden auf den Witz reduziert, man habe sechs Tage in der Woche für die Deutschen gearbeitet und am siebten für die Alliierten gebetet.[124] Diese Verdrängung hatte nicht zuletzt biografische Gründe: Die Opfer, welche die Aktivdienstgeneration an Lebenszeit und Perspektiven erbracht hatte, wurden durch den «militärischen» Erfolg geadelt. Die Schweizer Soldaten waren siegreich gewesen, ohne zu kämpfen, während die übrigen Armeen Europas Niederlagen, Demütigungen, Kriegsverbrechen und vielfachen Tod erlebt hatten. Deshalb rückten auch keine Schweizerinnen dauerhaft in verantwortungsvolle Aufgaben und Funktionen nach: Während die Frauen in den anderen europäischen Staaten in zwei Wellen nach 1918 und nach 1945 und nicht zuletzt wegen ihrer Verdienste in den Weltkriegen das Wahlrecht erhielten, mussten sie in der Schweiz noch bis 1971 warten. Das gesellschaftliche Ideal blieb der Mann als fleissiger Ernährer und edler Beschützer seiner Familie, ein Ideal, das anderswo an den Realitäten des Graben- und Vernichtungskriegs zerbrochen war.

In der Schweiz wurden die jungen Offiziere des Weltkriegs die Funktionseliten des Wirtschaftswunders und beherrschten die öffentlichen Debatten bis zu ihrer Pensionierung in den 1980er-Jahren. Selten ermüdeten sie, wenn sie sich und anderen stolz ihre Diensterlebnisse schilderten, und kein Jüngerer, von ähnlichen Prüfungen verschont, mochte ihnen dabei widersprechen. «Die Schweiz hat keine Armee, sie ist eine Armee», war noch 1989 ein Leitspruch des Bundesrats gegen die Armeeabschaffungsinitiative. Als durchsichtige Begleitveranstaltung organisierte die Landesregierung damals die «Übung Diamant», zum Gedenken und als Dank an die Aktivdienstgeneration. Es war für die Befürworter der Initiative ein Leichtes, diesen Anlass als Kriegsausbruchsfeiern zu diskreditieren. Tatsächlich war im übrigen Europa, wo man – wiederum anders als in der Schweiz – dankbar 1985 und 1995 feierte, dieses martialische Selbstverständnis fremd geworden. Es ergab nur in einem Land Sinn, das vom Krieg verschont geblieben war und dieses Glück auf die Abschreckungskraft seiner Armee zurückführte.

Das langfristige Problem der Schweiz bestand letztlich nicht darin, dass «auch sie Schuld auf sich geladen hatte». So formulierte es 1995 Bundespräsident Kaspar Villiger, um sich – auch er eher gewunden – für den J-Stempel zu entschuldigen, den die deutschen Behörden auf Drängen der schweizerischen Behörden 1938 einführten und in die Pässe ausreisender deutscher Juden drückten.[125] Diese Stigmatisierung lag nicht im Interesse des Dritten Reichs, das zu diesem Zeitpunkt, nach dem Anschluss Österreichs, die jüdische Bevölkerung entrechten und vertreiben, also loswerden wollte. Gerade das wurde durch den Stempel erschwert, den die Schweizer wünschten, um unerwünschte Immigranten rascher zu erkennen. Dafür nahmen sie sogar die in völkerrechtlichen Verträgen übliche Reziprozitätsklausel in Kauf, die es den Deutschen erlaubt hätte, auch einen J-Stempel in den Pässen von Schweizer Juden zu verlangen. So sehr solche Handlungen gegen die Prinzipien von Rechtsstaatlichkeit und Humanität verstiessen, so wenig war die Schweiz damit eine Ausnahme in den 1930er- und 40er-Jahren, in denen es kaum möglich war, keine Schuld auf sich zu laden. Das langfristige Problem lag vielmehr darin, dass aus den vermeidbaren und unvermeidlichen Fehlern und Verfehlungen eine Heldengeschichte gebastelt wurde. Diese Gefahr erkannte Herbert Lüthy bereits 1944: «Die Schweizer glaubten in diesen Jahren die Hand Gottes so sichtbarlich über ihr Land gebreitet zu sehen, dass sie in ungetrübtester Selbstzufriedenheit sich als auserwählt zu betrachten begannen. [...] Wir haben uns schlecht und recht durchgewurstelt, und die Kosten dieses Daseins *extra humanitatem* blieben dank der hochgeheimen Vertraulichkeit, in der unsere Aussenpolitik vor sich ging, unbekannt, sodass unser verblüffendes Sonderschicksal als unzweideutiges Verdienst erscheinen musste; es gab eine schweizerische Innenpolitik, und es gab eine Weltpolitik, aber zwischen beiden gab es im schweizerischen Bewusstsein keine Verbindung.»[126] Aus dem Durchwursteln wurde durch selektive wie verweigerte Erinnerungen ein Verdienst, das sich dieser Ferne zur übrigen Menschheit verdankte. Schweden zog nach 1945 aus seinen vielfachen Kompromissen und Zugeständnissen an Nazideutschland die Lektion, dass es sich gerade als neutraler

Staat international, namentlich in der UNO, dafür engagieren müsse, dass ähnliche Katastrophen sich nicht wiederholten. Dagegen pflegte die Schweiz die Erinnerung an den Weltkrieg als heroisch bestandene Bewährungsprobe des neutralen Kleinstaats, der auch weiterhin unversehrt bleiben werde, sofern er in erhabener Einsamkeit an den Prinzipien und am Geist jener Jahre festhalte.

Wie oft musste nicht Winston Churchill als Kronzeuge der Rechtfertigung herhalten? «Unter allen Neutralen hat die Schweiz den grössten Anspruch auf Anerkennung. [...] Sie war ein demokratischer Staat, auf der Seite der Freiheit, inmitten seiner Berge zur Selbstverteidigung entschlossen, der in seiner Gesinnung, ohne Rücksicht auf Sprachzugehörigkeit, im ganzen auf unserer Seite stand.»[127] Wer aber, der Churchill anführte, mochte das Zitat der «NZZ» aus einem Leitartikel der «Times» vom 12. Februar 1945 wiederholen, die durchaus massvoll bat, die «Schweiz möge angesichts der veränderten Lage nicht länger Deutschland den Krieg verlängern helfen»?[128] Schon 1943 konnten die Briten nicht verstehen, weshalb die Schweiz in der Weltkatastrophe, in der alle Völker viel aufgeben müssten, vorwiegend auf ihre Exportinteressen bedacht bleibe. Churchills Aussenminister Anthony Eden bat die Schweizer damals, ihre Ausfuhren an die Achsenmächte einzuschränken, weil jede Lieferung von Rüstungsgütern den Krieg verlängere: «Every franc's worth of war material sent by Switzerland to Germany prolongs the war.»[129]

Der amerikanische Unterstaatssekretär Stuart Eizenstat wiederholte 1997 diese Aussage sinngemäss in einem offiziellen amerikanischen Bericht über schweizerische Finanztransaktionen im Krieg. Durch sie und andere intensive Wirtschaftskontakte zu einem Zeitpunkt, da die Schweizer keinen deutschen Überfall mehr zu befürchten hatten, habe das neutrale Land das Nazi-Regime unterstützt und damit einen der blutigsten Kriege der Weltgeschichte verlängert, während Hunderttausende von alliierten Soldaten und Millionen unschuldiger Zivilisten ihr Leben verloren.[130] Die Schweiz stand Kopf nach diesem Vorwurf einer vermeintlich befreundeten Regierung. Tatsächlich überschätzte die Kriegsverlängerungsthese die wirtschaftliche Rolle der Schweiz für das Dritte Reich: Rüstungslieferungen und die «Clearing-Milliarde», die neutralitätswidrigen Bundeskredite zur Exportfinanzierung, trugen nur im Promillebereich zu den gigantischen deutschen Kriegsaufwendungen bei, die zu einem grossen Teil im ausgeplünderten Europa aufgebracht wurden. Wenn man sich auf solche Rechnungen einlassen will, dann finanzierte die Schweiz etwa zehn Tage des Kriegs; diese forderten durchschnittlich allerdings auch etwa 200 000 Todesopfer in Europa. Eizenstats Vorwurf traf jedoch weniger auf der quantitativen als auf der sprachlich-symbolischen Ebene. Das, was die Schweizer aus der Binnensicht als überlebenssichernde Konzessionen an den Bedroher ansahen, war eben in der Aussensicht eine aktive Unterstützung für eine Kriegs- und Vernichtungsmaschinerie, die in der Weltgeschichte ihresgleichen sucht. Insgesamt unterstützte die Schweiz die Achsenmächte während des Kriegs viel stärker, als sie den Alliierten half, und dies noch bis in die letzten Kriegswochen. Gleichwohl behaupteten die Schweizer damals und danach, dass sie sich stets an die Regeln der Neutralität gehalten hätten; ja gerade ihretwegen mit derjenigen Macht hätten verkehren müssen, die sie als Hauptfeind ihrer Unabhängigkeit und ihrer Staatsidee erkannt hatten.

Eizenstats Kritik rührte, wie die gesamte Debatte der 1990er-Jahre über die Schweiz im Zweiten Weltkrieg, an das Kernelement des eidgenössischen Selbstverständnisses. War es möglich, dass der Neutrale – obwohl oder gar weil er sich aus den fatalen Kriegen der Grossmächte heraushielt – Schuld auf sich lud? Es war kein Zufall, dass diese Debatten nach dem Fall der Mauer begannen, nach dem Ende des Sys-

temgegensatzes, mit neuen Kriegen in Europa beim Zerfall Jugoslawiens und der UdSSR und mit einem neuartigen, europaweiten Anlauf, um Opfern des Holocaust Entschädigungen für individualrechtliche Ansprüche zu gewähren. Dabei ging es vor allem um verletzte Eigentumsrechte, die ihren Ursprung hatten in Arisierungen, Verstaatlichungen oder, wie im Schweizer Fall, weil Erbberechtigte keinen Zugang zu Bankguthaben von Verwandten erhielten, die im Holocaust umgekommen waren. Die Abklärung dieser alten, aber nicht erloschenen Rechte gehörte nach 1989 zur Suche nach einer neuen, kapitalistisch-marktwirtschaftlichen und demokratisch-rechtsstaatlichen Weltordnung. Sie nahm ihren Anfang in den Ländern, die dem real existierenden Sozialismus entronnen waren, und betraf dann ganz Europa. Kein Land war von der Nachfrage befreit, wie es in der Zeit des Nationalsozialismus mit einheimischen und fliehenden Juden umgegangen war.
Ganz Europa unterwarf sich, manchmal durchaus ritualisiert, dieser Selbstprüfung, die in offiziellen Entschuldigungen und finanzieller Wiedergutmachung endeten. Nur die Schweiz verweigerte sich diesen befreienden Gesten und strengte stattdessen teure und pedantische Abklärungen von juristischen und historischen Verantwortungen an. Deshalb blieb sie über zwei Jahre lang im Brennpunkt des internationalen Interesses, ehe die Grossbanken die Nation mit einer Globallösung freikauften, die viel mehr kostete, als ein rechtzeitiges Entgegenkommen es getan hätte. Für die Schweiz stand aber mehr auf dem Spiel als Geld. Es ging um die nationale Ehre, um die eigene Heldengeschichte und um die Neutralität, die unbestrittene Richtlinie im Weltkrieg, aber auch im Kalten Krieg. Sie galt es nun, in einer multipolaren Weltordnung und in einem befriedeten Europa, neu zu definieren. War es denkbar, dass die Neutralität als Maxime nicht nur ausgedient hatte, sondern schon angesichts des Völkermords falsch gewesen war? Hatte der Holocaust-Überle-

bende und Nobelpreisträger Elie Wiesel recht, der 1995 verkündete, Neutralität sei eine Sünde, wenn es um die Menschenwürde gehe und man sich auf die Seite der unschuldigen und wehrlosen Opfer schlagen müsse? «When human dignity is at stake, neutrality is a sin, not a virtue; [...] neutrality, which used to be, at one time, a high ideal or ideal of nations is wrong. Reject it! You must side with the victim, even if you both lose.»[131] War also die schweizerische Perspektive, die das Überleben nicht des einzelnen Menschen, sondern des staatlichen Kollektivs in den Mittelpunkt stellte, nicht mehr zeitgemäss? Steht im 21. Jahrhundert das Individuum als Inhaber von Freiheits- und Eigentumsrechten im Zentrum eines globalisierten politischen Planens und Handelns? Die Schweizer hatten solche Menschheitsverbrechen nie erfahren und führten dies auf ihre zeitlosen Qualitäten und historischen Leistungen zurück. Mussten sie als kleines Volk nun lernen, sich selbst als mögliche Opfer zu verstehen und deshalb mit den historischen Opfern mitzuempfinden?

14

Schweize-
rische
Freiheit

«Anpassung oder Widerstand? Das ist die Dauerfrage in der Geschichte unseres Landes. [...] Die Geschichte der Schweiz ist eine fortwährende Geschichte des Freiheitskampfs gegen Anfeindungen von aussen. Aber auch gegen Anfeindungen von Verblendeten und Bequemen im Innern.»[132]

Freiheit ist ein vieldeutiges Wort. Es weckt heute kaum negative Assoziationen, aber das ist historisch nicht immer so gewesen. Freiheit konnte in der Vormoderne bedeuten, dass jemand einsam, seiner Umwelt schutzlos ausgeliefert war wie der bettelnde Vagant – in einer Zeit ohne Sozialstaat schon beinahe ein Todesurteil. Man durfte sich auch keine Freiheiten nehmen, die andere als Freizügigkeit und Zügellosigkeit deuten konnten. Denn das waren gefährliche Laster in Gemeinschaften, die erwarten durften, dass sich jeder den gemeinsamen Werten gewissenhaft unterordnete, wenn er dazugehören und damit auf Schutz und Solidarität zählen wollte.

Aber auch wer Freiheit als hohen Wert ansieht, kann ganz unterschiedliche Phänomene darunter verstehen. Die Freiheit eines Kollektivs, etwa des Vaterlands, ist oft um den Preis der Unfreiheit seiner Angehörigen erkauft worden, nämlich der Bürger, die Gefangenschaft oder den Tod riskierten, um sie zu verteidigen. Die vormodernen Freiheiten, im Plural, waren «iura ac libertates», Vorrechte und Privilegien, die eine Gruppe von einer übergeordneten Macht erwarb, idealerweise vom Kaiser, sodass die Angehörigen des Kollektivs diese (aus-)nutzen konnten, Angehörige anderer Kollektive aber eben nicht. Diese Freiheiten waren relativ, bezogen sich auf eine Stufenleiter von Gruppen, die mehr oder weniger privilegiert und der eigenen Gruppe entsprechend über- oder untergeordnet waren. Deshalb drückte sich vormoderne

Freiheit als Teilhabe an der Herrschaft über andere aus. Sie beruhte auf Gleichheit nur innerhalb des Kollektivs, in das man hineingeboren wurde und in dem man im Prinzip ein Leben lang verblieb. Der Freie war gefordert, sein Eigeninteresse tugendhaft den Gruppeninteressen, dem Gemeinwohl unterzuordnen, damit diese einträchtig gegen äussere Gefahren verteidigt werden konnten.

Die moderne Freiheit dagegen ist individuell und absolut, einem jeden Menschen von Natur aus und in gleichem Mass gegeben und entwicklungsoffen. Das bedeutet nicht, dass es an Ungleichheiten und Abhängigkeiten mangelte, selbst an solchen, die man bei der Geburt ererbt. Aber sie sind illegitim, während sie in der Vormoderne weitgehend unhinterfragt legitim waren. Das änderte sich erst im 18. Jahrhundert, als in den Niederlanden und Grossbritannien in theoretischen Werken und in der politischen Praxis Freiheit zusehends vom Individuum her konzipiert wurde. Ein Ergebnis des Umdenkens waren die Menschen- und Bürgerrechte, die 1776 und 1789 in der Amerikanischen und Französischen Revolution formuliert wurden. Zentral war dabei der Bereich der Religion: Glaubens-, Gewissens- und Kultusfreiheit, dazu die Freiheit beim Eheschluss; sodann die wirtschaftlichen Freiheiten: Niederlassungsfreiheit, Handels- und Gewerbefreiheit; und politisch unmittelbar relevant: Rechtsgleichheit, Pressefreiheit und Vereinsfreiheit. Als Rechte für alle Schweizer verbrieft wurde dieser Katalog erst 1848 im Bundesstaat und umfassend gar erst 1874, als Niedergelassene (Hintersassen) und Nicht-Christen eingeschlossen wurden.

Wer im Zeitalter der Aufklärung solche individuellen Freiheitsrechte thematisierte, der sprach nicht von der Eidgenossenschaft, sondern von England. Weil in Demokratien das Volk mache, was es wolle, so Montesquieu, würden diese als frei gelten; doch dabei verwechsle man die Macht des Volkes mit seiner Freiheit.[133] Er stellte der republikanischen Freiheit als Herrschaft von vielen die liberale Freiheit des Einzelnen gegenüber, der im Schutz der Gesetze nach seinem Willen leben kann. Diese bürgerliche Freiheit ergebe sich in und aus einer gewaltenteiligen Verfassung; und nicht aus der unbegrenzten Macht, die ein Volk beziehungsweise seine vollberechtigten Bürger in tendenziell stets despotischer Willkür ausüben könnten. Deshalb gebe es freie, selbstbestimmte Staaten, in denen die Bürger doch nicht frei seien. Jede uneingeschränkte Herrschaft, des einen, der wenigen wie auch der vielen, könne missbraucht werden, wenn ihre Mässigung allein von der stets unsicheren Tugend der Herrschenden abhänge. In Grossbritannien sei das nicht der Fall, wo die gesetzliche Ordnung die Bürger bändige, aber auch den König und das Parlament. Denn die Staatsmacht sei zwischen ihnen geteilt nach deren legislativen und exekutiven Aspekten – anders als in absoluten Monarchien und absoluten Republiken der Antike oder der Eidgenossenschaft. Die Gewaltenteilung, wie sie Montesquieu als Erster konzipierte, verhinderte Despotie durch institutionalisierte Gleich- und Gegengewichte. Eine unabhängige Justiz bändigte nicht nur die Untertanen, sondern auch alle Gewaltträger in einem Rechtsstaat. In dessen schützender Ordnung konnte der Bürger frei sein, also seinen wirtschaftlichen und gesellschaftlichen Neigungen ungehindert nachgehen: glauben, was er wollte; den Beruf ausüben, der ihm lag; die Frau heiraten, die er liebte.

In der Eidgenossenschaft war das nicht möglich, auch wenn oder gerade weil manche Aufklärer deren republikanischen Verfassungen als Hort der Freiheit ansahen. Die staatliche Unabhängigkeit der Schweizer von anderen Mächten war doppelt erkauft: einerseits durch die Armut, die Rousseau und Seinesgleichen als Voraussetzung der sittlichen Tugend verklärten, und andererseits durch die Homogenität und die Konvention, welche die kantonalen Gesellschaften zusammenhalten und lenken mussten, weil kein Fürst oder starker Staat das tat. Religiöse Toleranz war ein Fremdwort. Eltern regelten die Ehen, Geistliche die Glaubenspraxis, Zünfte die Produktion. Der Einzelne konnte vielleicht als Bürger politisch mitbestimmen, doch in seinem Alltag, in der «liberté civile», war er stark eingeschränkt. Das galt für bestimmte Formen der Freiheit bis in die jüngste Zeit. Schweizer Freiheit war nie die Freiheit der Vagabunden und Fahrenden, Jenischen, Sinti und Roma, die sich frei durch die Lande bewegen wollten. Hatten sie einen Schweizer Pass, so nahm ihnen Pro Juventute von 1926 bis 1973 die Kinder weg und übergab sie Anstalten oder sesshaften Familien zur Adoption. Waren sie Ausländer, so wurden sie an der Grenze zurückgewiesen, auch während der deutschen Vernichtungsaktionen. Ihnen lag die «Internationale Zigeunerkartei» zugrunde, der die schweizerischen Behörden im Weltkrieg weiter Daten lieferten.

Es ist kein Zufall, dass die Schweiz bei der Judenemanzipation oder bei der Gleichberechtigung von Frauen im internationalen Vergleich sehr spät handelte – also bei der Gewährung von Freiheitsrechten an Gruppen, die sie nicht schon lange besassen. Solche Freiheiten und Rechte wurden und werden manchenorts noch heute als kollektive Privilegien (der Christen, der Männer, der Schweizer) angesehen, nicht als individuelles Recht von Menschen. Deshalb erfolgten die Emanzipationen erst auf äusseren Druck. Frankreich und Russland waren verantwortlich dafür, dass die Unfreien des Ancien Régime, von den Hintersassen bis zu den Untertanen, nach 1798 Gleichstellung erlangten und diese 1815 trotz heftiger Gegenwehr vieler Schweizer wenigstens zum Teil behielten. Die Emanzipation der schweizerischen Juden erfolgte erst 1866, nach Interventionen der USA, der Niederlande, von Grossbritannien und vor allem von Frankreich. Das Frauenstimmrecht wurde 1971 eingeführt, als die Schweiz die Europäische Menschenrechtskonvention unterzeichnen wollte. Diese untersagte Diskriminierungen wegen des Geschlechts, sodass der Bundesrat die Menschenrechtskonvention zuerst nur unter Vorbehalt ratifizieren wollte. Dagegen protestierten Frauenrechtsorganisationen, worauf die Abstimmungsvorlage vor das Volk kam und angenommen wurde. In letzter Zeit ist der schweizerische Souverän zunehmend auf Kollisionskurs mit dem Europäischen Gerichtshof für Menschenrechte gegangen, weil Volksabstimmungen internationale und völkerrechtliche Normen in absolutistischem Selbstverständnis missachtet haben. Die 2004 angenommene Verwahrungsinitiative übergeht das rechtsstaatliche Gebot der Verhältnismässigkeit ebenso wie die 2014 befürwortete Pädophilie-Initiative; das 2009 angenommene Verbot, Minarette zu bauen, gefährdet die freie Religionsausübung; die 2010 angenommene Ausschaffungsinitiative nimmt Angehörige von kriminellen Ausländern in Sippenhaft.

Die moderne Schweiz ist das Resultat der liberalen Revolutionsbewegung von 1848, die ihr nach ausländischen Vorbildern eine bundesstaatliche Verfassung und die Menschen- und Bürgerrechte als Garanten individueller Freiheit beschert hat. Wenn Armengenössige, Hintersassen, Fahrende, Juden, Frauen viel länger darauf warten mussten, dann lag das daran, dass implizit und oft auch explizit lange Zeit nur der männliche autarke christliche Familienvorstand und Militärdienst leistende Vollbürger in seiner Gemeinde als freies Individuum galt. Darin bleiben die republikanischen Spuren der vormodernen, kollektiven Freiheitsvorstellungen noch stark spürbar, die in einen identitätsstiftenden nationalistischen Diskurs eingegangen sind. Mit drastischen Gegensatzpaaren verlangt dieser von Gruppenangehörigen ein eindeutiges Bekenntnis zur (nationalen) Gemeinschaft und verspricht dafür Teilhabe an den gemeinsamen Freiheiten und Privilegien. Verweigert wird die Freiheit dagegen denen, die in die entgegengesetzte Kategorie des Fremden fallen. Entsprechend sehr hoch sind, im internationalen Vergleich, auch heute noch die zeitlichen und inhaltlichen Hürden für Einbürgerungen.

Solche Konfrontationen von Eigenem und Fremdem haben Tradition. Im konfessionellen Zeitalter standen sich Recht-gläubige und Ketzer gegenüber, ein neutrales Dazwischen war nicht möglich. Die religiöse Heilsrhetorik lebt, wenn auch stark säkularisiert, in der Betonung einer «christlichen» Schweiz fort, zu der insbesondere Muslime, aber auch Juden und andere Glaubensgemeinschaften nicht gehören sollen. Der Nationalstaat konnte 1848 nur entstehen und 1874 ausgebaut werden, weil er gegen die «ultramontanen» Anhänger der fremden, römischen Kirche militärische und kulturelle Kämpfe führte. Die feindlichen Lager des Sonderbundskriegs fanden sich seit den 1890er-Jahren allmählich in einem «nationalen» Bürgerblock zusammen. Dieser schloss die «vaterlandslose», internationalistische Linke von der politischen Mitsprache aus, erst recht, als sie im Landesstreik von 1918 ein Werkzeug des Bolschewismus zu sein schien. Fortan vernahmen nicht nur Marxisten, sondern auch viele andere «Nestbeschmutzer» und «vaterlandslose Gesellen» die Aufforderung, sie sollten nach Moskau gehen, wenn es ihnen zuhause nicht passe.

«Bist Du für oder gegen die Schweiz?», so wird auch heute eine Suggestivfrage formuliert. Wer den EU-Beitritt befürworte, sei kein Schweizer, denn die Schweiz sei «undenkbar ohne Freiheitsrechte der Bürger, ohne direkte Demokratie, ohne Föderalismus und Neutralität».[134] Es sei dahingestellt, dass die EU Freiheitsrechte garantiert, ihre Verfassungsbildung durch Plebiszite verzögert sieht, die föderalistische Bundesrepublik ebenso umfasst wie das neutrale Finnland. Bestehen die Freiheitsrechte der Bürger nicht darin, in der Schweiz wie in den anderen rechtsstaatlichen Demokratien Europas, sich frei und selbständig eine Vorstellung davon zu bilden, auf welchem Weg ihre Heimat aktuellen und künftigen Herausforderungen begegnen kann und soll? Dürfen sie diese Freiheitsrechte nicht wahrnehmen, ohne deswegen aus einer homogen gedachten (Volks-)Gemeinschaft ausge-

schlossen zu werden, wie sie in der Vormoderne existieren konnte und musste, nicht aber in der individualistischen, liberalen Moderne? Der heutige Rechtsstaat schützt die Freiheiten des Einzelnen über die Gewaltenteilung, mit einer unabhängigen und starken Justiz, und nicht über die ungehemmte direkte Machtausübung des souveränen Volkes beziehungsweise seiner Mehrheit.
Das sind Lektionen, welche Schweizer in der Theorie wie in der Praxis im Ausland erlernten: vor allem bei Locke, Montesquieu und Kant, in Grossbritannien, den USA, Frankreich und den deutschen Staaten. Angesichts dieser Dankesschulden verbietet es sich, von einer Schweizer Freiheit so zu reden, als ob das Bedürfnis nach Freiheit den übrigen Völkern unbekannt sei. Als die Revolutionäre in Frankreich die absolute Monarchie stürzten, wo standen die Schweizer? Sie schützten als Leibgarde Ludwig XVI. Als sich von Spanien bis Russland die Völker in den «Befreiungskriegen» gegen Napoleon erhoben, wo fochten die Schweizer? In den Heeren des französischen Kaisers. Als Amerikaner, Afrikaner, Asiaten und Australier in den Weltkriegen im Kampf gegen den deutschen Militarismus fielen, wie reagierten die Schweizer? General Wille erwog im Ersten Weltkrieg eine Allianz mit den Mittelmächten. General Guisan befahl seinen Piloten im Juni 1940, den Luftkampf gegen die Deutschen einzustellen, die beim Angriff auf Frankreich den Luftraum verletzten. Im November desselben Jahres führte der Bundesrat auf deutschen Druck die Verdunkelung ein, was den alliierten Bombern die Orientierung erschwerte und die Schweizer Städte gefährdete, weil sie sich nicht von den deutschen unterscheiden liessen. Im Oktober 1943 kam es demselben Bundesrat in den Sinn, seinen Luftraum wieder zu verteidigen und alliierte Bomber abschiessen zu lassen, obwohl diese den Krieg gegen das nationalsozialistische Deutschland führten, vor dem die Schweiz oft genug hatte zittern müssen und weiter zitterte. Je nach Zählung verloren 36 oder 48 alliierte Piloten

durch die schweizerische Luftwaffe oder Fliegerabwehr ihr Leben, weil sie nach Einsätzen über Deutschland das neutrale Territorium überflogen.[135] Der letzte der 15 Abschüsse erfolgte im Februar 1945. Die deutschen Verluste mit derselben Ursache betrugen mindestens 18 Tote, grösstenteils im Jahr 1940. Weshalb stellte die – stets neutrale und freiheitliche – Schweiz den Luftkampf gegen die nationalsozialistischen Aggressoren 1940 ein und eröffnete ihn 1943 gegen die angloamerikanischen Befreier?

15

Die Schweiz – ein Sonderfall?

«Die Schweiz hat sich 1848 aus eigener Kraft eine neue, liberale und freiheitliche Gestalt gegeben: Unser Land hatte damals endlich den Mut, einen Sonderfall zu schaffen. Im Gegensatz zu den Verfassungen von Helvetik (1798), der Mediation (1803) und der Restauration (1814) entstand die Bundesverfassung von 1848 ohne Einmischung fremder Mächte, allein aus dem Willen der Mehrheit des Schweizer Volkes.»[136]

Das autobiografische Reden betont unvermeidlich immer die Andersartigkeit. Wie sollen wir unter Milliarden ähnlicher Menschen Identität und Selbstbewusstsein entwickeln, wenn wir nur das sehen, was wir mit anderen gemein haben, immerhin 99,9 Prozent unseres genetischen Materials? Das historische Reden über die eigene Nation funktioniert in ähnlicher Weise. Die Geschichtsforschung nennt das *exceptionalism*. Jede Nationalgeschichte konstruiert den Sonderfall eines Volkes, das (allein) wegen seiner einzigartigen Qualitäten und historischen Erfahrungen dazu legitimiert ist, als politische Nation selbständig zu sein. Die Italiener verstehen sich als Kulturnation, die seit Dante die Welt beglückt. Die Franzosen geben die Staatsnation, welche die Menschen- und Bürgerrechte und die moderne Demokratie erfunden hat. Die Amerikaner sehen dieselbe welthistorische Tat als Leistung ihres Bundesstaats. Die Engländer haben seit der Magna Charta die Freiheit verbrieft und sie auf dem Kontinent immer wieder gegen hegemoniale Diktatoren retten müssen. Den Deutschen gelingt das schwere Kunststück, ein Volk von Dichtern und Denkern mit dem Kulturbruch des Völkermords als «Sonderweg» zusammen zu denken. Die Reihe lässt sich auf die rund zweihundert Staaten erwei-

tern, welche die UNO anerkennt. Welcher von ihnen soll der Normalfall sein?
Wenn sich die Konstruktionsmechanismen der verschiedenen Sonderfälle also ähneln, dann gilt das logischerweise nicht für die Inhalte. Diese sollen jeweils möglichst trennscharfe Differenzen ergeben zwischen einer positiv beschriebenen Heimat und einem mangelhaften, bedrohlichen Ausland. Während Frankreich oder die USA ihre Besonderheiten in der Vorreiterrolle für universelle Menschenrechte begründeten, betonte die Schweiz partikularistische Eigentümlichkeiten: Nur sie kenne Gemeindeautonomie und nur sie könne und müsse sie bewahren, ebenso wie den Föderalismus, die direkte Demokratie und die Neutralität. Mit solchen Errungenschaften zu missionieren, wie dies die genannten Grossmächte tun, zieme sich aber nicht. Die Eigentümlichkeiten der Schweiz sind Voraussetzungen einer staatlichen Existenz *extra humanitatem,* um Herbert Lüthy erneut zu zitieren.[137] Wenn das nicht eine Existenz ausserhalb der nichteidgenössischen Menschheit und ihrer Geschichte sein kann, dann wenigstens jenseits der Verstrickungen und Verfehlungen, die jener Welt eigen sind. Ihnen kann entkommen, wer als Neutraler seine aussenpolitische Unschuld bewahrt, also insbesondere keine Kriege führt, und innenpolitisch, durch eine Herrschaft von unten, dem einzelnen Bürger das letzte Wort überlässt.
Dieses Selbstverständnis als Sonderfall, der über den geschichtlichen Wandel erhaben ist, solange er in sich selbst ruht, blendet aus, wem er diese Existenz in politischer Sicherheit und ökonomischer Prosperität verdankt. Es sind fremde, ausländische staatliche und suprastaatliche Organe, die Ordnungsstrukturen für diese Welt schaffen. Diese bleiben zwar stets so unvollkommen, wie das Menschenwerk eben ist, sind aber doch um einiges besser, als man es sich denken kann oder historisch erfahren hat. Es ist dies eine Staatenordnung, die Aggressionen von mächtigen Nach-

barn gegen Kleinstaaten ahndet, sodass es ein unabhängiges Belgien heute ebenso gibt wie Kuwait. Es ist dies eine Weltwirtschaft, in der gemeinsame Rechtsvorstellungen und zunehmend auch gemeinsame Rechtsinstanzen Sicherheiten schaffen, die auch den Bürgern eines bevölkerungsmässig kleinen Staats einen intensiven und einträglichen Aussenhandel erlauben – nicht als isolierte und furchtsame fliegende Händler, sondern als mächtige und machtbewusste globale Unternehmer. Die Kosten für diese Ordnungsaufgaben sind historisch immer wieder angefallen und tun das weiterhin: zähe und oft ertraglose Sitzungen, in denen europäische oder globale Verfassungselemente ausgehandelt wurden; Transferzahlungen, mit denen Reichere die Ärmeren auf ein Niveau zu bringen oder dort zu halten versuchten, das ökonomischen Austausch unter Partnern erst ermöglicht; Kriege, in denen junge Männer aus Nebraska für die Freiheit Europas gefallen sind. Andere Staaten erbringen solche Leistungen *auch* deshalb, weil sie damit Machtstellungen aufbauen oder sichern, aber nicht *nur* deshalb. Es ist unredlich, die Augen davor zu verschliessen, dass der Sonderfall auf aussenpolitischen Säulen ruht, die er selbst nie zu gewährleisten vermöchte.

Innenpolitisch verbaut das Reden vom Sonderfall Handlungsoptionen, was in konservativer Absicht liegt. Was dem unveränderlichen Wesen der Schweiz und ihrer Geschichte widerspreche, soll auch in Zukunft nicht erwogen werden. Eine selektiv zur Kenntnis genommene Geschichte dient in dieser Sichtweise als Reservoir an Belegen dafür, dass alles gut ging, solange man auf einem vermeintlich klaren eigenen und eigentümlichen Weg wandelte. Bruchlandungen waren dagegen unvermeidlich, sobald man davon abwich, insbesondere wenn man fremden, ausländischen Modellen folgte. Als ob die Schweizer nicht von jeher Teil einer abendländischen Wettbewerbsgemeinschaft gewesen wären, in der sie aus den eigenen Fehlern ebenso lernten wie aus denen der anderen und das, was anderswo gelang, zu imitieren suchten. Pragmatisch hat die Eidgenossenschaft so immer wieder auf den Lauf der Zeiten reagiert. Neue Lösungen umgesetzt oder alte bewusst beibehalten hat sie selten in kämpferischer Auseinandersetzung mit der Aussenwelt, aber umso öfter nach innerem Streit und Kampf. Die moderne Schweiz ist gerade durch ihre politisch institutionalisierte Vielfalt ein ausgesprochen sensibles und flexibles Instrument geworden, das sich dem politischen, wirtschaftlichen und sozialen Wandel immer wieder geschickt anzupassen weiss.

Das Reden vom historischen Sonderfall und von Widerstand gegen aussen vergisst die Voraussetzungen der eigenen Erfolge und diskreditiert zeitgemässes Handeln mit vermeintlichen historischen Parallelen als unschweizerische Kapitulation gegenüber antischweizerischem Druck. Wenn eine solche Wagenburgmentalität die Welt auf «us and them» reduziert, übersieht sie die grundlegenden Differenzen zwischen früheren und heutigen aussenpolitischen Konflikten. Diese wurden in den letzten Jahren häufiger, weil die weltweiten Partner das Privileg einer geruhsamen neutralen Nischenexistenz als Trittbrettfahren betrachteten, wenn deren Nutzen für die Staatenwelt nicht mehr einsichtig ist. Eine Sache sind die Demütigungen durch den Gaddafi-Clan im Libyenkonflikt 2009/10, in dem die überforderte Schweiz im Umgang mit einem tatsächlich willkürlichen Herrscher heilfroh war um den Rückhalt der EU und um das oft angefeindete Schengen-Abkommen. Etwas ganz anderes sind die Auseinandersetzungen mit demokratisch legitimierten und rechtsstaatlich operierenden Regierungen. Sie vertreten etwa im Fluglärmstreit mit Baden-Württemberg, in den Steuerkonflikten mit den USA und der EU oder beim Vorgehen gegen schweizerische Banken Anliegen, die bei Volksabstimmungen in den entsprechenden Ländern gewaltige Mehrheiten für sich mobilisieren würden. Das soll die Schweiz nicht davon abhalten, ihre nationalen Interessen

ebenfalls selbstbewusst und hartnäckig zu vertreten. Aber die weinerliche Klage über «Diskriminierung», die Selbststilisierung zum unerschrockenen David im Streit gegen den ruchlosen Goliath oder gar die unvermeidlichen Anspielungen auf «Nazimethoden» im Nachbarland sind nicht nur hilf- und nutzlos, sondern verführen das konfliktträchtige internationale Aushandeln von globalen Ordnungsprinzipien in das überlebte Feld der nationalen Ehre.
Für die innenpolitische Mobilisierung einträglich, aber aussenpolitisch wenig hilfreich ist schliesslich der Appell an die tragenden Elemente des vermeintlichen Sonderfalls. Das Gewicht der Neutralität als Identitätsfaktor entwickelt sich umgekehrt proportional zu ihrer internationalen Bedeutung. Das Hohelied der nationalen Souveränität muss beide Ohren verstopfen vor ihrer alltäglichen massiven Einschränkung, welche die Wendung «autonomer Nachvollzug» bei der Übernahme von EU-Recht kaschiert. Daran und an immer mehr Herausforderungen, die im Alltag relevant sind, kann die überschätzte direkte Demokratie nichts ändern. Vielmehr verhindert ihr Vetocharakter, dass Politiker das tun, wofür sie gemeinhin gewählt werden: Handeln und Gestalten mit einem klaren Programm und der Bereitschaft, die politischen Konsequenzen zu tragen. Der schwache und billige Staat, der die Eidgenossenschaft geblieben ist, hat seinen Preis für die wirtschaftliche Grossmacht, die sie geworden ist: Sie reagiert mehr, als dass sie agiert, und auch dies langsam. Die Schweiz ist im Rahmen der direkten Demokratie durchaus zu Prozessen der Öffnung und zu behutsamen Reformen fähig. Das hat 2002 der Beitritt zur UNO gezeigt, obwohl dieses inzwischen bereits völlig unumstrittene Engagement damals beinahe an einem konservativen Strukturelement des Föderalismus gescheitert wäre, nämlich am Ständemehr.
Auf grössere Herausforderungen, namentlich das Verhältnis zur EU, schaut die Schweiz dagegen gelähmt in der Hoff-

nung, diese in einem Bilateralismus aussitzen zu können, dessen aufwendige Institutionen nur ihr nützen würden. Der Blick in die Geschichte legt nahe, dass grundsätzliche Verfassungsänderungen in der Schweiz nur um den Preis von Bürgerkriegen (1450, 1531, 1798, 1803, 1847) oder zumindest innenpolitische Ausgrenzungen (1874, 1918) zu haben waren. Das scheint dem Land gegenwärtig glücklicherweise nicht zu drohen. Doch wenn es die künftigen Aufgaben nicht als Partner von ähnlich verfassten Staaten und mit ähnlichen Grundanliegen verfolgen will, dann werden die Schweizer noch oft darüber staunen, dass Aussenstehende den Sonderfall nur im absonderlichen Appetit auf Extrawürste und gepickte Rosinen erkennen.

Ausblick

«Nur eingebildete Leute und Wissenschafter haben nicht gemerkt, dass gerade solche Mythen jedes Land kennt und braucht. In Märchen, Sagen, Legenden oder biblischen Gleichnissen liegt oftmals mehr Wahrheit als im trockenen Sachartikel heutiger Schreiberlinge.»[138]

Märchen, Sagen, Legenden und biblische Gleichnisse haben zweifelsohne ihre «Wahrheit», die man in Anlehnung an die Gattung der Fabel als «Moral aus der Geschicht'» bezeichnen kann. Diese populäre Redewendung verdankt ihren Erfolg der Tatsache, dass sie sich auf «nicht» reimt, also Wahrheiten zu dichten erlaubt wie: «einem Fremden traue nicht». Solche Volksweisheiten haben in der Kindererziehung ihren Platz. Reichen sie aber aus, um einer modernen Gesellschaft mehr zu liefern als dumpfe Nestwärme, als das behagliche Zusammengehörigkeitsgefühl derer, die nicht darüber nachdenken wollen, was sie als Gemeinsamkeiten zu spüren glauben? Geschichtswissenschaft, Wissenschaft überhaupt kann solche Gefühle nur selten bedienen; oft muss sie kritisch widersprechen, wo der Volksmund vorschnell zu seinen Wahrheiten gelangt ist. Das braucht nicht unbedingt in trockenen Sachartikeln zu geschehen. Doch die Nüchternheit, die bei Märchen stört, steht der Wissenschaft zumeist gut an. Die historische Wahrheit, die Wahrheit des Historikers ist beileibe nicht die einzige «Wahrheit», aus der Individuen und Kollektive Sinn und Orientierung ziehen können. Es ist aber diejenige Wahrheit, die am nächsten an die vergangenen Ereignisse und Verhältnisse herankommt, die sie beschreibt. Historisches Wissen ordnet nicht zuletzt die Wahrheit von Märchen und Mythen in diese Vergangenheit ein: Sie sind, da wandelbar, eine aufschlussreiche Quelle für das Verständnis derjenigen Zeiten, in der sie erzählt und genutzt werden. Sie sind aber, obwohl universal oder zumindest transnational, nicht eine tiefere oder höhere, zeitlose Wahrheit. Welche heutige Gesellschaft, die sich als historisch gewachsen versteht, möchte bei der Planung ihrer Zukunft von Mythen abhängen statt von historischem Fachwissen?

Die vorangehenden Kapitel haben gezeigt, dass die Quellenbasis für viele Gemeinplätze über die schweizerische Vergangenheit fragwürdig ist. Ebenso wichtig ist der Nachweis, dass viele Verklärungen vor allem der mittelalterlichen Eidgenossenschaft nicht in jener Zeit formuliert wurden, auf die sie sich beziehen wollen, sondern zu einem späteren Zeitpunkt, als sie politisch hilfreich waren. Die schweizergeschichtliche Kreativität kennt zwei Hauptphasen, die bis heute nachwirken: ein langes Jahrhundert von etwa 1460 (Hans Fründ) bis 1570 (Aegidius Tschudi) und ein langes 19. Jahrhundert, das mit Johannes v. Müller einsetzte, sich an ihm rieb und ihn bei Dierauer und Oechsli mit den wissenschaftlichen Methoden des Historismus überwand, dabei aber zentrale Motive seiner Erzählung weitertransportierte. Deshalb war es ein Leichtes, diese Deutungen für die Geistige Landesverteidigung wieder zu mobilisieren. Seither stehen die populären Geschichtsbilder und die wissenschaftliche Forschung in der Schweiz in einem Spannungsverhältnis, in dem beide Seiten sich kaum mehr für die andere interessieren. Die zünftigen Historiker erkennen keinen wissenschaftlichen Reiz darin, gegen längst widerlegte Vorstellungen anzurennen; und ein breites Publikum interessiert sich nicht für die Ergebnisse einer Forschung, die ihre Gesprächspartner im internationalen Gelehrtendiskurs sucht und eine entsprechend voraussetzungsreiche Begrifflichkeit und oft trockene Prosa verwendet.

Kann es sich eine moderne Gesellschaft aber leisten, dass ihr historisches Selbstverständnis so weit entfernt ist vom Forschungsstand, der immer öfter auch in englischer Sprache greifbar ist und damit die Aussenwahrnehmung des Landes prägt? Der Elsässer Humanist Wimpfeling hat einst die eidgenössischen Ursprungssagen als Märchen verspottet, der amerikanische Regierungsvertreter Eizenstat vor wenigen Jahren dort klar widersprochen, wo ihn die schweizerische Binnenperspektive auf den Zweiten Weltkrieg nicht überzeugte. Schätzen die Schweizer ihre historischen Leistungen und Fehler richtig ein in dem Sinn, dass sie diesen Blick zurück mit anderen teilen können? Ein Alpenland, dessen Bevölkerungsmehrheit stets im Mittelland lebte und dort die Voraussetzungen seines Reichtums schuf; ein Hirtenvolk, das nie Schafe gehütet und seinen Bauernstand inzwischen auf drei Prozent der Werktätigen reduziert hat; eine leise Nostalgie nach der Industriegesellschaft, die auch schon seit zwei Jahrzehnten überholt ist von einem Dienstleistungssektor, der drei Viertel der Werktätigen beschäftigt; eine Selbstdarstellung als Kleinstaat mit Armbrust, Kühen und Käse, nicht zuletzt für Touristen aus den vielen Ländern dieser Erde, in denen Niederlassungen und Investitionen von Schweizern ihre Heimat zu einem der mächtigsten Wirtschafsakteure der Welt haben werden lassen; eine auch für EU-Verhältnisse ausserordentlich enge wirtschaftliche Vernetzung mit den Nachbarländern, die sich zugleich mit historischen Feindbildern dargestellt und zurückgewiesen sehen; eine kriegerische Rhetorik zur Verteidigung der Unabhängigkeit gegen die Freunde, welche die Schweiz umzingelt haben; reflexartige Appelle an Souveränität und Neutralität, ohne dass ihre völkerrechtlichen und realpolitischen Voraussetzungen und ihre Relevanz überdacht werden; der Stolz auf vier Landessprachen, obwohl das Englische deren Alltagspraxis verdrängt und viele Sprachgemeinschaften von Einwanderern weit mehr Angehörige haben als das Rätoromanische; die Gemeindeautonomie als Ideal, das durch Kooperationen und Fusionen und den Mangel an Verantwortungsträgern im Milizsystem dauernd unterlaufen wird; die Verklärung des Sonderfalls, als ob es nicht andere Alpenkammstaaten gäbe, andere Neutrale, andere Länder mit sehr langen Friedensphasen oder direktdemokratischen Institutionen, als ob mehrsprachiges interkulturelles Zusammenleben nicht an vielen Orten alltäglich wäre – die Liste liesse sich verlängern, auch um Euphemismen wie den «autonomen Nachvollzug», was letztlich ein Widerspruch in sich ist. Überall stellt sich die Frage, auch im Wissen um eigene Schwächen und Unzulänglichkeiten, ob das aus der Vergangenheit hergeleitete Selbstbild der Gegenwart entspricht und damit eine solide Basis ist, um zukünftigen Herausforderungen angemessen und selbstbewusst zu begegnen.

Der Fachhistoriker kann nicht sagen und schon gar nicht festlegen, wie ein geschichtswissenschaftlich solides und zeitgemässes Selbstbild künftig aussehen wird. Welche Mythen werden das Zusammenleben in einer Wertegemeinschaft von Staatsbürgern, aber auch mit frisch Eingewanderten erlauben? Geschichtsbilder und gemeinschaftliche Normen gehen aus öffentlichen Debatten hervor, aus dem politischen Streit. Deshalb muss er, mit guten Argumenten, geführt werden. Die Geschichtswissenschaft spielt dabei eine kleine, aber wichtige Rolle als jene Instanz, die sagen kann, wo Aussagen über die Vergangenheit fragwürdig werden, wenn man sie an Quellen misst. Das vorliegende Buch hat dies versucht und dient damit als Ausgangspunkt für schweizergeschichtliche Wanderungen. Es gibt aber nicht deren Ziel vor, das im Nebel liegt. Skeptische Vorsicht gebietet daher, dass sich das Land nicht nur einem einzigen Bergführer anvertraut, der in stolzer Selbstüberschätzung behauptet, man könne durch den Nebel hindurchsehen, wenn man nur standhaft rückwärts schaue. Der hier geschilderte historiografische Wandel und sein Niederschlag in den weiterführenden Literaturangaben sind der Beweis, dass die schweizerische Geschichte zu vielfältig ist, als dass ihre Interpretation sich über einen Leisten schlagen liesse. Und die Herausforderungen der Zukunft sind zu vielfältig, als dass sie mit den Rezepten einer sehr selektiv angeeigneten Vergangenheit bewältigt werden könnten.

Anmerkungen

1 Das gilt auch für Holenstein, Mitten in Europa, sowie Volker Reinhardt, Schweizer Mythen. Der Stoff, aus dem die Mythen sind – oder auch nicht, Zürich 2014.

2 Von Matt, Kalb, S. 140.

3 Koselleck, Standortbindung und Zeitlichkeit, S. 206.

4 Mit einem anderen, von Pierre Noras *Lieux de mémoire* inspirierten methodischen Ansatz behandelt Kreis, Schweizer Erinnerungsorte, einige der hier angesprochenen Themen; sein Interesse gilt vor allem dem 20. Jahrhundert, und insofern sind viele seiner Resultate weiterführend.

5 Den besten Überblick, in Form monografischer, inhaltlich aber oft veralteter Artikel, liefern immer noch Feller/Bonjour, Geschichtsschreibung; aktuell sind die jeweiligen biografischen Artikel und das Lemma «Geschichte» (Ernst Tremp/Francois Walter) im Historischen Lexikon der Schweiz.

6 Eidgenössische Abschiede, Bd. 2, S. 727; vgl. Oechsli, Benennungen, Bd. 2, S. 91.

7 Sablonier, Gründungszeit, S. 151–153.

8 Friedrich Baethgen, Zu Johannes von Winterthurs Bericht über die Schlacht am Morgarten, in: Zeitschrift für schweizerische Geschichte, 3 (1923), S. 106–110.

9 Für die Quellen Theodor von Liebenau, Berichte über die Schlacht am Morgarten, in: Mitteilungen des historischen Vereins des Kantons Schwyz 3 (1884), S. 23–85; für das lateinische Original Johannis Vitodurani Chronicon, hg. v. Georg von Wyss, Zürich 1856, S. 70–74.

10 Quellenwerk, Abt. I, Bd. 3, 1, S. 604, 610.

11 Gamper, Stadtchroniken, S. 78, 82.

12 Wolf Tomëi, Die Solothurner Stadtgründungssage, in: Jahrbuch für solothurnische Geschichte 39 (1966), S. 213–235.

13 Für die amtlichen Chroniken Schmid, Geschichte im Dienst.

14 Marchal, Gebrauchsgeschichte, 307–344, zur Entfaltung der Schlachtmotive.

15 Jost, Konrad Justinger, S. 292–310.

16 Hierzu Regula Schmid, Geschichte im Dienst; demnächst auch ihr Beitrag über Schweizer Chroniken im Handbuch Chroniken des Mittelalters, das Gerhard Wolf und Norbert Ott 2016 in Berlin herausgeben werden.

17 Stettler, Eidgenossenschaft, S. 139–183 (Ereignisse) und 376–382 (Historiographie); zudem ders., Die Historiographie des Alten Zürichkriegs (15.–19. Jahrhundert), in: Peter Niederhäuser/Christian Sieber (Hg.), Ein «Bruderkrieg» macht Geschichte. Neue Zugänge zum Alten Zürichkrieg, Zürich 2006, S. 23–42.

18 Guy P. Marchal, Die frommen Schweden in Schwyz. Das «Herkommen der Schwyzer und Oberhasler» als Quelle zum Schwyzerischen Selbstverständnis im 15. und 16. Jahrhundert, Basel/Stuttgart 1976.

19 Marchal, Gebrauchsgeschichte, S. 349–412; auch Weishaupt, Bauern, und Sieber-Lehmann/Wilhelmi, In Helvetios.

20 Die grundlegende Edition stammt von Wirz, Das Weisse Buch von Sarnen.

21 Etterlins *Kronica* ist ediert in Quellenwerk, Abt. III, Bd. 3; ein Nachdruck der Ausgabe von 1507 erschien 2011 mit einem Nachwort von Guy P. Marchal.

22 Nikolaus Schradin, Konigk [sic] diss kiergs [sic] gegen dem allerdurchlüchtigisten hernn Romschen konig als ertzrhertzogen zu Osterich und dem schwebyschen pundt, Sursee 1500, fol. avj-bij.

23 Sieber-Lehmann/Wilhelmi, In Helvetios, S. 196f.

24 Für die Belege Maissen, Weshalb die Eidgenossen Helvetier wurden, S. 216–218

25 Für die «alten Eidgenossen» Marchal, Gebrauchsgeschichte, S. 21–171.

26 Für die Belege Maissen, Weshalb die Eidgenossen Helvetier wurden, S. 224–228.

27 Tschudi, Chronicon, Bd. 3, S. 224.

28 Hierzu Thomas Maissen, Ein «helvetisch Alpenvolck». Die Formulierung eines gesamteidgenössischen Selbstverständnisses in der Schweizer Historiographie des 16. Jahrhunderts, in: Krzysztof Baczkowski/Christian Simon (Hg.), Historiographie in Polen und der Schweiz, S. 69–86.

29 Marchal, Gebrauchsgeschichte, S. 68–73; Michael Kempe, Wissenschaft, Theologie, Aufklärung. Johann Jakob Scheuchzer und die Sintfluttheorie, Epfendorf 2003, S. 275–311.

30 Von Müller, Geschichten, Bd. 4, S. v, xii.

31 Buchbinder, Wille, S. 151.

32 Hilty, Bundesverfassungen, S. 7; für die anderen Belege Buchbinder, Wille, S. 138; Marchal, Nationalgeschichte im Vergleich, in: Schweizerisches Landesmuseum, Erfindung, S. 154.

33 Dändliker, Geschichte, Bd. 1, S. 18, 22.

34 Dierauer, Geschichte, Bd. 1, S. xi.

35 Buchbinder, Wille, S. 157.

36 Emil Frey, Die Kriegstaten der Schweizer dem Volk erzählt, Neuenburg 1904, S. 3.

37 Otto Weiss, Eine sonderbare Schweizergeschichte, in: Zeitschrift für schweizerische Geschichte 22 (1942), S. 436–445.

38 Nabholz, Geschichte, Bd. 1, S. 139; vgl. Marchal, Gebrauchsgeschichte, S. 149.

39 Marchal, Gebrauchsgeschichte, S. 152.

40 Historisch-biographisches Lexikon der Schweiz, Bd. 7, Neuenburg 1934, S. 551.

41 Irène Herrmann/ Nadine Boucherin, Le pouvoir par l'histoire? Les hommes politiques suisses et leurs relations du/au passé, in: Franziska Metzger/François Vallotton (Hg.), L'historien dans la Cité, Lausanne 2009, S. 39–52, hier 41, 52.

42 Zitiert nach Furrer, Nation im Schulbuch, S. 73.

43 Zitiert nach Furrer, Nation im Schulbuch, S. 136.

44 Zitiert nach Furrer, Nation im Schulbuch, S. 153–155.

45 Dazu Zala, Geschichte unter der Schere.

46 Bonjour, Geschichte, Bd. 1, S. 22; Bd. 6, S. 415.

47 Für die gewandelten Bilder des Weltkriegs Maissen, Verweigerte Erinnerung, S. 97–106.

48 Für das Ringen um das Geschichtsbild in der Weltkriegsdebatte Maissen, Verweigerte Erinnerung, S. 323–351.

49 Christoph Blocher, 1. August-Rede 2011, www.blocher.ch/en/articles/1-august-rede-2011-auf-dem-st-gotthard-pass.html

50 Tschudi, Chronicon, Bd. 1a, S. 451; Bd. 3, S. 221f.; v. Müller, Geschichten, Bd. 1, S. 643.

51 Quellenwerk, Abt. III, Bd. 2, S. 42–45.

52 Jost, Justinger, S. 295f.

53 Oechsli, Anfänge, S. 294.

54 Die beiden Bündnisse bei Oechsli, Quellenbuch, S. 35–38.

55 Zitiert von Kreis, Mythos von 1291, S. 64.

56 Kreis, Mythos von 1291, S. 55

57 Kreis, Mythos von 1291, S. 97.

58 Christoph Blocher, 1. August-Rede 2011, www.blocher.ch/artikel/1-august-rede-2011-auf-dem-st-gotthard-pass/6451b5da8ca265a3638346599d016869.html.

59 Arnold Claudio Schärer, ... Und es gab Tell doch. Neue Forschungsergebnisse zur Gründungsgeschichte der Eidgenossenschaft, Luzern 1986; Franz Wyrsch, Wilhelm Tell – nicht umzubringen, Schwyz 2001.

60 Guillimann an Melchior Goldast, 27. März 1607, in: Johann Kälin, Franz Guillimann, in: Freiburgische Geschichtsblätter, 11 (1905), S. 163f.

61 Zitiert bei Guy P. Marchal, Das Bundesbriefarchiv als Zeitmaschine, in: Wiget, Entstehung der Schweiz, S. 150.

62 Justinger, S. 45f., 339f.

63 Dieser Umbruch aufgearbeitet bei Stettler, Eidgenossenschaft, S. 139–183.

64 Marchal, Gebrauchsgeschichte, S. 351–390.

65 Stettler, Einleitung, in: Tschudi, Chronicon, Bd. 1a, S. 34*.

66 Angelo Garovi, Wie die Schweiz zu ihrem Helden kam, NZZaS, 6. Januar 2013, S. 56f.; Niklas Konzen, Aller Welt Feind. Fehdenetzwerke um Hans von Rechberg († 1464) im Kontext der südwestdeutschen Territorienbildung, Stuttgart 2014, bes. S. 226–237.

67 Christoph Blocher, 1. August-Rede 2012, www.blocher.ch/artikel/1-august-gedanken-2012.html; dort «wollte» statt «wollten».

68 Eidgenössische Abschiede, Bd. 1, S. 260.

69 Zu dieser Problematik Sablonier, Gründungszeit, S. 63–85, 141–160.

70 Ueli Maurer, Referat gehalten am Gedenkanlass «Kappeler Milchsuppe» vom 24. Juni 2011 in Kappel am Albis, www.vbs.admin.ch/internet/vbs/de/home/documentation/reden/liste/detailspeech.39945.nsb.html.

71 Christoph Blocher, Die Schweiz im Jubiläumsjahr 1998, 16. Januar 1998, www.blocher.ch/uploads/media/980116albis.pdf.

72 Dändliker, Geschichte, Bd. 2, S. 293, 684.

73 Eidgenössische Abschiede, Bd. 5, 1, S. 1106 (Oktober 1612).

74 Johann Rudolf Wettstein, Acta und Handlungen betreffend gemeiner Eydgnosschafft Exemption, Basel 1651, S. 28; vgl. Eidgenössische Abschiede, Bd. 5, 2, S. 2270.

75 Roger Köppel, «Etwas für anspruchsvolle Leute». Streitgespräch von Christoph Blocher mit Adolf Muschg, Weltwoche, 4. November 2010, www.blocher.ch/fr/articles/etwas-fuer-anspruchsvolle-leute.html.

76 Gesprech zweyer evangelischer Eidgenossen, vom dem gegenwertigen Zustand, s. l. 1632, Ciiiv.

77 Eidgenössische Abschiede, Bd. 6, 1, S. 1688 (3. Mai 1674).

78 So 1690 der englische Diplomat Thomax Coxe, zitiert bei Friedrich Kilchenmann, Die Mission des englischen Gesandten Thomas Coxe in der Schweiz 1689–1692, Diss. Zürich 1914, S. 11.

79 Franz Michael Büehler, Tractatus von der Freyheit, Souverainitet und Independenz der Loblichen Dreyzehen Orthen der Eydgnossschafft ..., Baden 1692, S. 115, 118.

80 Hans Salat, Rechte, wahre Geschichte, Legende und Leben des frommen, andächtigen Nikolaus von Flue, 1537, Nachdruck und Kommentar von Franz Josef Schiffmann, in: Geschichtsfreund 23 (1868), S. 107–153, hier S. 145.

81 Die Abbildungen bei Maissen, Wie aus dem heimtückischen ein weiser Fuchs wurde, S. 264–268.

82 Emer de Vattel, Le droit des gens ou principes de la loi naturelle = Das Völkerrecht oder Grundsätze des Naturrechts, Tübingen 1959, S. 425 (§ 118).

83 Hierzu Bonjour, Neutralität, Bd. 1, S. 211–224, der bei der Schilderung der klassischen Darstellung folgt (Paul Schweizer, Geschichte der Schweizerischen Neutralität, Frauenfeld 1895, S. 580–620), aber deren «spitzfindige» Unterscheidung zwischen Anerkennung und Garantie nicht übernimmt.

84 Marchal, Gebrauchsgeschichte, S. 210–214; Max Mittler, Der Weg zum Ersten Weltkrieg: Wie neutral war die Schweiz, Zürich 2003, S. 424f.

85 Jubiläumsgrusswort von Bundesrat Christoph Blocher anlässlich der Feier «500 Jahre Päpstliche Schweizer Garde», 24. September 2005 in Luzern, www.ejpd.admin.ch/ejpd/de/home/dokumentation/red/archiv/reden_christoph_blocher/2005/2005-09-24.html; dort «Macchiavelli» statt «Machiavelli».

86 Hierzu Suter, Arnold Winkelried; Marchal, Gebrauchsgeschichte, S. 307–344.

87 Christoph Blocher, Die Schweiz im Jubiläumsjahr 1998, 16. Januar 1998, www.blocher.ch/uploads/media/980116albis.pdf.

88 Christoph Blocher, Die Schweiz im Jubiläumsjahr 1998, 16. Januar 1998, www.blocher.ch/uploads/media/980116albis.pdf.

89 Für die Zitate Thomas Maissen, Zur Geisteswelt des Ludwig von Moos. Eine Replik auf Angelo Garovis «Bemerkungen», in: Schweizerische Zeitschrift für Geschichte, 62 (2012), S. 311–319.

90 Referat von Bundesrat Christoph Blocher anlässlich der Nationalen Föderalismuskonferenz, Donnerstag, 15. September 2005, Freiburg, www.blocher.ch/artikel/kooperativer-foederalismus-und-geteilte-verantwortung/de359f61f52c4ca0e4a6702313887ba5.html.

91 Für Hilty Marchal, Gebrauchsgeschichte, S. 224.

92 Ernest Renan, Qu'est-ce qu'une nation? et autres essais politiques, hg. v. Joël Roman, Paris, 1992, S. 55.

93 Christoph Blocher, Ansprache zum Nationalfeiertag 2005, www.blocher.ch/artikel/fuer-eine-wirtschaftlich-starke-freie-und-sichere-schweiz/7944d42ae372f4c23559f8da6a9186af.html.

94 Oechsli, Quellenbuch, S. 36.

95 Series facti, 1729, S. 4f.; zitiert nach Johann Jacob Blumer, Staats- und Rechtsgeschichte der schweizerischen Demokratien, Bd. 2: Die neuere Zeit (1531–1798), St. Gallen 1859, S. 140.

96 Für die Urteile etwa von Padavino und des Herzogs von Rohan im 17. Jahrhundert vgl. Thomas Maissen, Als die armen Bergbauern vorbildlich wurden. Ausländische und schweizerische Voraussetzungen des internationalen Tugenddiskurses um 1700, in: André Holenstein et al. (Hg.), Reichtum und Armut in den schweizerischen Republiken des 18. Jahrhunderts, Genf 2010, S. 95–119, hier S. 103.

97 Jean-Jacques Rousseau, Der Gesellschaftsvertrag, Stuttgart 1971, S. 116 (Kap. 4, 1).

98 Alexander Hamilton/James Madison/John Jay, Die Federalist Papers, hg. von Barbara Zehnpfennig, Darmstadt 1993, S. 145f. (Nr. 19).

99 Für die französischen Vorbilder des Vetos Kölz, Verfassungsgeschichte, S. 309–319.

100 Interview mit Christoph Blocher, Weltwoche, 16. August 2006, www.blocher.ch/artikel/was-es-braucht-ist-heroische-gelassenheit/e8e33f991f91cd64eb3c7178fb337f74.html

101 Eric Hobsbawm/Terence Ranger (Hg.), The Invention of Tradition, Cambridge 1992.

102 Eines Volkes Sein und Schaffen. Die Schweizerische Landesausstellung 1939

Zürich in 300 Bildern, Zürich 1940, S. 186; zitiert bei Ludwig, Flüchtlingspolitik, S. 160.

103 Favez, Warum schwieg das Rote Kreuz, S. 223–227.

104 Zitiert nach Ludwig, Flüchtlingspolitik, S. 205.

105 Zitiert nach Bergier, Schlussbericht, S. 138.

106 Diplomatische Dokumente der Schweiz, Bd. 15, S. 647f. (4. Oktober 1944).

107 Verfassung des Königreiches der Niederlande vom 24. August 1815, Art. 90, 97.

108 Interview mit Christoph Blocher, Weltwoche, 16. August 2006, www.blocher.ch/artikel/was-es-braucht-ist-heroische-gelassenheit/e8e33f991f91cd64eb3c7178fb337f74.html.

109 Christoph Blocher, Wir müssen vermeiden, Partei zu ergreifen, NZZ am Sonntag, 11. April 2004, S. 12.

110 Kamber, Schüsse, S. 315.

111 Lüthy, Fünf Minuten, S. 394f. (11. November 1944).

112 Christoph Blocher, Die Schweiz und der Zweite Weltkrieg. Eine Klarstellung, Referat vom 1. März 1997, www.blocher.ch/uploads/media/970301klarstellung.pdf.

113 Kamber, Schüsse, S. 302.

114 Hierzu Thomas Maissen, Die Bedeutung der Alpen für die Schweizergeschichte von Albrecht von Bonstetten bis Johann Jacob Scheuchzer, in: Simona Boscani Leoni (Hg.), Wissenschaft – Berge – Ideologien. Johann Jakob Scheuchzer (1672–1733) und die frühneuzeitliche Naturforschung, Basel 2010, S. 161–178.

115 Marchal, Gebrauchsgeschichte, S. 118–130, 155–162.

116 Bonjour, Neutralität, Bd. 4, S. 117–120; deutsche Übersetzung bei Georges-André Chevallaz, Die Herausforderung der Neutralität. Diplomatie und Verteidigung der Schweiz 1939–1945, Zürich 1997, S. 43–46.

117 Gautschi, Guisan, S. 357.

118 Henry Picker, Hitlers Tischgespräche im Führerhauptquartier, Neuausgabe, Stuttgart 1976, S. 87 (22. Januar 1942), 420 (5. Juli 1942); für die entsprechenden Zitate auch Jürg Fink, Die Schweiz aus der Sicht des Dritten Reiches 1933–1945, Zürich 1985.

119 Lindt, Stachelschwein, S. 74.

120 Henry Picker, Hitlers Tischgespräche im Führerhauptquartier, Neuausgabe, Stuttgart 1976, S. 88 (22. Januar 1942).

121 Adolf Hitler, Monologe im Führerhauptquartier 1941–1944. Die Aufzeichnungen Heinrich Heims, hg. v. Werner Jochmann, Hamburg 1980, S. 290 (22. Februar 1942); S. 366 (26. August 1942).

122 Lindt, Stachelschwein, S. 101.

123 Zaugg, Blochers Schweiz, S. 49, 67.

124 Als «Standard-Witz» erwähnt von Max Frisch, Dienstbüchlein, Frankfurt a. M. 1974, S. 102.

125 Kaspar Villiger, Auch die Schweiz hat Schuld auf sich geladen. 50 Jahre danach – Dankbarkeit, Respekt, Nachdenklichkeit, in: Kenneth Angst (Hg.), Der Zweite Weltkrieg und die Schweiz. Reden und Darstellungen, Zürich 1997, S. 15–22.

126 Lüthy, Fünf Minuten, S. 394 (11. Nov. 1944).

127 Churchills Sätze vom 3. Dezember 1944 finden sich bei ihm selbst in The Second World War, London 1954, Bd. 6, S. 616, und zitiert u. a. bei Urs Schwarz, Vom Sturm umbrandet. Der Preis der Unabhängigkeit der Schweiz im Zweiten Weltkrieg, Frauenfeld 1981, S. 77f.

128 Kamber, Schüsse, S. 313.

129 Oswald Inglin, Der stille Krieg. Der Wirtschaftskrieg zwischen Grossbritannien und der Schweiz im Zweiten Weltkrieg, Zürich 1991, S. 90; vgl. Diplomatische Dokumente der Schweiz, Bd. 14, S. 1133 (Botschafter W. Thurnheer, Besprechungsnotiz, 29. April 1943).

130 Stuart Eizenstat, U. S. and Allied Efforts To Recover and Restore Gold and Other Assets Stolen or Hidden by Germany During World War II, May 1997, S. iii-xii.

131 David Johnston/Elie Wiesel, The Raoul Wallenberg Forum on Human Rights, in: Irwin Cotler (Hg.), Nuremberg Forty Years Later: The Struggle Against Injustice In Our Time, Montreal 1995, S. 20.

132 Christoph Blocher, Kein EU-Beitritt auf Samtpfoten. Albisguetli-Rede vom 17. 1. 2014, www.blocher.ch/artikel/kein-eu-beitritt-auf-samtpfoten.html.

133 Montesquieu, De l'esprit des lois, in ders., Œuvres complètes, hg. v. Roger Caillois, Bd. 2, Paris 1949, S. 225–995; v. a. Buch 11/12 (S. 393–458), hier S. 394 (11, 2).

134 Christoph Blocher, Rede anlässlich des «Morgarten-Treffens» vom 17. September 2011, www.blocher.ch/artikel/huetet-euch-am-morgarten/d9294364e219e23cd910c87ac724c249.html.

135 Kamber, Schüsse, S. 158.

136 Christoph Blocher, Standortbestimmung, AUNS Mitgliederversammlung vom 9. Mai 1998, www.blocher.ch/artikel/auns-mitgliederversammlung-vom-9-mai-1998/b9125ad1b074b3ade88244406e44ef8e.html.

137 Lüthy, Fünf Minuten, S. 394 (11. Nov. 1944); vgl. oben, Anm. 125.

138 Christoph Blocher, 1. August-Rede 2011, www.blocher.ch/en/articles/1-august-rede-2011-auf-dem-st-gotthard-pass.html. «Solche Mythen» bezieht sich auf Tell und den Rütlischwur.

Bibliografie der grundlegenden oder abgekürzt zitierten Literatur

Altermatt, Urs (Hg.): Die Konstruktion einer Nation: Nation und Nationalisierung in der Schweiz, 18.–20. Jahrhundert (Die Schweiz 1798–1998: Staat, Gesellschaft, Politik; Bd. 4), Zürich 1998.

Barkhoff, Jürgen (Hg.): Schweiz schreiben. Zu Konstruktion und Dekonstruktion des Mythos Schweiz in der Gegenwartsliteratur, Berlin 2010.

Berger, Stefan u. a. (Hg.): Writing the Nation. National Historiographies and the Making of Nation States in 19th and 20th Century Europe, 7 Bd., Basingstoke 2008–2013.

Bergier, Jean-François, u. a.: Die Schweiz, der Nationalsozialismus und der Zweite Weltkrieg: Schlussbericht (Veröffentlichungen der Unabhängigen Expertenkommission Schweiz-Zweiter Weltkrieg; Schlussbericht), Zürich 2002.

Bonjour, Edgar: Geschichte der schweizerischen Neutralität, 6 Bde., Basel/Stuttgart 1965–1970.

Buchbinder, Sascha: Der Wille zur Geschichte. Schweizerische Nationalgeschichte um 1900 – die Werke von Wilhelm Oechsli, Johannes Dierauer und Karl Dändliker, Zürich 2002.

Dändliker, Karl: Geschichte der Schweiz mit besonderer Rücksicht auf die Entwicklung des Verfassungs- und Kulturlebens von den ältesten Zeiten bis zur Gegenwart, 2Zürich.1885–1887.

Dierauer, Johannes: Geschichte der Schweizerischen Eidgenossenschaft, Gotha 1887–1917.

Diplomatische Dokumente der Schweiz (DDS), Bd. 1–15 (Serie 1848–1945), Bern/Zürich 1990–1997; Bd. 16–25 (Serie 1945–1989, bisher erschienen bis 1972), Zürich 1997–2013. Eidgenössische Abschiede (EA), Luzern 1858–1886.

Favez, Jean-Claude: Warum schwieg das Rote Kreuz? Eine internationale Organisation und das Dritte Reich, München 1994.

Feller, Eduard/Bonjour, Edgar: Geschichtsschreibung in der Schweiz vom Spätmittelalter zur Neuzeit, 2 Bde., Basel/Stuttgart [2]1979.

Flacke, Monika (Hg.): Mythen der Nationen. 1945 – Arena der Erinnerungen. Katalog zur Ausstellung im Deutschen Historischen Museum Berlin, Mainz 2006.

Furrer, Markus: Die Nation im Schulbuch – zwischen Überhöhung und Verdrängung. Leitbilder der Schweizer Nationalgeschichte in Schweizer Geschichtslehrmitteln der Nachkriegszeit und Gegenwart, Hannover 2004.

Gamper, Rudolf: Die Zürcher Stadtchroniken und ihre Ausbreitung in die Ostschweiz. Forschungsgeschichte, Überlieferung, Analyse der Chroniktexte, Zürich 1984.

Gautschi, Willi: General Henri Guisan. Die schweizerische Armeeführung im Zweiten Weltkrieg, Zürich 1989.

Heiniger, Markus: Dreizehn Gründe, warum die Schweiz im Zweiten Weltkrieg nicht erobert wurde, Zürich 1989.

Hildbrand, Thomas: Im Zeichen der Revolution. Der Weg zum Schweizerischen Bundesstaat 1798–1848, Zürich 1997.

Hilty, Carl: Die Bundesverfassungen der Schweizerischen Eidgenossenschaft, Bern 1891. Historisches Lexikon der Schweiz, Bd. 1–13, Basel 2002–2014.

Holenstein, André: Mitten in Europa. Verflechtung und Abgrenzung in der Schweizer Geschichte, Baden 2014.

Im Hof, Ulrich/Mesmer, Beatrix (Hg.): Geschichte der Schweiz und der Schweizer, Basel 1983.

Jost, Hans Ulrich: Pour une histoire européenne de la Suisse, in: ders., A tire d'ailes. Contributions de Hans Ulrich Jost à une histoire critique de la Suisse, Lausanne 2005, S. 511–535.

Jost, Kathrin: Konrad Justinger (ca. 1365–1438): Chronist und Finanzmann in Berns grosser Zeit, Ostfildern 2011.

Justinger, Conrad: Die Berner Chronik, hg. v. Gottlieb Studer, Bern 1871.

Kamber, Peter: Schüsse auf die Befreier. Die «Luftguerilla» der Schweiz gegen die Alliierten 1943–45, Zürich 1993.

Kölz, Alfred: Neuere schweizerische Verfassungsgeschichte, Bern 1992.

Kölz, Alfred: Quellenbuch zur neueren schweizerischen Verfassungsgeschichte vom Ende der Alten Eidgenossenschaft bis 1848, Bern 1992.

Koselleck, Reinhart: Standortbindung und Zeitlichkeit. Ein Beitrag zur historiographischen Erschliessung der geschichtlichen Welt, in: ders., Vergangene Zukunft. Zur Semantik geschichtlicher Zeiten, Frankfurt a. M. 1989, S. 176–207.

Kreis, Georg: Der Mythos von 1291. Zur Entstehung des schweizerischen Nationalfeiertags, in: Josef Wiget (Hg.), Die Entstehung der Schweiz. Vom Bundesbrief 1291 zur nationalen Geschichtskultur des 20. Jahrhunderts, Schwyz 1999, S. 43–102.

Kreis, Georg: Die Schweiz im Zweiten Weltkrieg. Ihre Antworten auf die Herausforderungen der Zeit, Zürich 1999.

Kreis, Georg: Zeitzeichen für die Ewigkeit. 300 Jahre schweizerische Denkmaltopografie, Zürich 2008.

Kreis, Georg: Schweizer Erinnerungsorte. Aus dem Speicher der Swissness, Zürich 2010.

Kreis, Georg (Hg.): Die Geschichte der Schweiz, Basel 2014.

Ludwig, Carl: Die Flüchtlingspolitik der Schweiz seit 1933 bis zur Gegenwart, Bern 1957.

Lüthy, Herbert: Fünf Minuten nach zwölf. Die «kleine Wochenschau» des St. Galler Tagblatts von September 1942 bis Dezember 1944 sowie vier Schlussbetrachtungen (Gesammelte Werke, hg. von Irene Riesen, Bd. I), Zürich 2002.

Lüthy, Herbert: Die Schweiz als Antithese, in: Essays I 1940–1963 (Gesammelte Werke, hg. von Irene Riesen, Bd. III), Zürich 2003, S. 410–430.

Maissen, Thomas: Weshalb die Eidgenossen Helvetier wurden. Die humanistische Definition einer *natio,* in: Johannes Helmrath/Ulrich Muhlack/Gerrit Walther (Hg.), Diffusion des Humanismus. Studien zur nationalen Geschichtsschreibung europäischer Humanisten, Göttingen 2002, S. 210–249.

Maissen, Thomas: Verweigerte Erinnerung. Nachrichtenlose Vermögen und die Schweizer Weltkriegsdebatte 1989–2004, Zürich 2005.

Maissen, Thomas: Die Geburt der Republic. Staatsverständnis und Repräsentation in der frühneuzeitlichen Eidgenossenschaft (Historische Semantik, Bd. 4), Göttingen 2006.

Maissen, Thomas: Geschichte der Schweiz, Baden 2010, 5. Auflage, 2015.

Maissen, Thomas: Wie aus dem heimtückischen ein weiser Fuchs wurde. Die Erfindung der eidgenössischen Neutralitätstradition als Anpassung an das entstehende Völkerrecht des 17. Jahrhunderts, in: Michael Jucker/Martin Kintzinger (Hg.), Rechtsformen internationaler Politik. Theorie, Norm und Praxis vom 12. bis zum 18. Jahrhundert, Berlin 2011, S. 241–272.

Marchal, Guy P.: Zwischen «Geschichtsbaumeistern» und «Römlingen». Katholische Historiker und die Nationalgeschichtsschreibung in Deutschland und in der Schweiz, in: Michael Graetz/Aram Mattioli (Hg.), Krisenwahrnehmungen im

Fin de siècle. Jüdische und katholische Bildungseliten in Deutschland und der Schweiz, Zürich 1997, S. 177–210.

Marchal, Guy P.: Schweizer Gebrauchsgeschichte. Geschichtsbilder, Mythenbildung und nationale Identität, Basel 2006.

Marchal, Guy P.: National Historiography and National Identity: Switzerland in Comparative Perspective, in: Stefan Berger/Chris Lorenz (Hg.), The Contested Nation. Ethnicity, Class, Religion and Gender in National Histories (Writing the Nation Series, Bd. 3), Basingstoke 2008, S. 311–338.

Marchal, Guy P./Mattioli, Aram (Hg.): Erfundene Schweiz. Konstruktionen nationaler Identität, Zürich 1992.

Matt, Peter von: Das Kalb vor der Gotthardpost. Zur Literatur und Politik der Schweiz, München 2012.

Meier, Bruno: Ein Königshaus aus der Schweiz. Die Habsburger, der Aargau und die Eidgenossenschaft im Mittelalter, Baden 2008.

Metzger, Franziska: Religion, Geschichte, Nation. Katholische Geschichtsschreibung in der Schweiz im 19. und 20. Jahrhundert – kommunikationstheoretische Perspektiven, Stuttgart 2010.

Meyer, Bruno: Weisses Buch und Wilhelm Tell, Weinfelden 3. erw. Aufl. 1985.

Morerod, Jean-Daniel: Guillaume Tell et la libération des suisses (Pour mémoire), Lausanne 2010.

Müller, Johannes von: Der Geschichten schweizerischer Eidgenossenschaft erster [bis fünfter] Teil, Leipzig 1806.

Nabholz, Hans/Muralt, Leonhard von/Feller, Richard/Bonjour, Edgar: Geschichte der Schweiz, Zürich 1932/1938.

Oechsli, Wilhelm: Die Anfänge der Schweizerischen Eidgenossenschaft. Zur sechsten Säkularfeier des ersten ewigen Bundes vom 1. August 1291, Zürich 1891.

Oechsli, Wilhelm: Quellenbuch zur Schweizergeschichte. Kleine Ausgabe, Zürich 1910.

Oechsli, Wilhelm: Die Benennung der Alten Eidgenossenschaft und ihrer Glieder, in: Jahrbuch für Schweizer Geschichte 41 (1916), S. 54–230; 42 (1917), S. 89–258.

Quellenwerk zur Entstehung der Schweizerischen Eidgenossenschaft, Abt. I: Urkunden, Bd. 1–3, Aarau 1933–1964.

Quellenwerk zur Entstehung der Schweizerischen Eidgenossenschaft, Abt. III: Chroniken und Dichtungen, Bd. 1–4, Aarau 1947–1975.

Reinhardt, Volker: Die Geschichte der Schweiz. Von den Anfängen bis heute, München 2011.

Sablonier, Roger: Gründungszeit ohne Eidgenossen: Politik und Gesellschaft in der Innerschweiz um 1300, Baden 2008.

Schmid Keeling, Regula: Geschichte im Dienst der Stadt. Amtliche Historie und Politik im Spätmittelalter, Zürich 2009.

Die Schweiz: Land des Konsenses? (traverse. Zeitschrift für Geschichte, 8/3), 2001.

Schweizerisches Landesmuseum (Hg.): Die Erfindung der Schweiz 1848–1998. Bildentwürfe einer Nation, Zürich 1998.

Sieber-Lehmann, Claudius/Wilhelmi, Thomas: In Helvetios – Wider die Kuhschweizer. Fremd- und Feindbilder von den Schweizern in antieidgenössischen Texten aus der Zeit von 1386 bis 1532, Bern 1998.

Stadler, Peter: Zwischen Klassenkampf, Ständestaat und Genossenschaft. Politische Ideologie im schweizerischen Geschichtsbild der Zwischenkriegszeit, in: Historische Zeitschrift, 219 (1974), S. 290–358.

Stettler, Bernhard: Die Eidgenossenschaft im 15. Jahrhundert. Die Suche nach einem gemeinsamen Nenner, Menziken 2004.

Suter, Beat: Arnold Winkelried, der Heros von Sempach. Die Ruhmesgeschichte eines Nationalhelden (Geschichtsfreund. Beiheft Nr. 17), Stans 1977.

Tschudi, Aegidius: Chronicon Helveticum (Quellen zur Schweizer Geschichte. Neue Folge. Abteilung 1, Chroniken, hg. von Bernhard Stettler), Zürich/Basel 1968–2001.

Urner, Klaus: «Die Schweiz muss noch geschluckt werden!» Hitlers Aktionspläne gegen die Schweiz: zwei Studien zur Bedrohungslage der Schweiz im Zweiten Weltkrieg, Zürich 1990.

Weishaupt, Matthias: Bauern, Hirten und «frume edle puren». Bauern- und Bauernstaatsideologie in der spätmittelalterlichen Eidgenossenschaft und der nationalen Geschichtsschreibung der Schweiz, Basel/Frankfurt a. M. 1992.

Wiget, Josef (Hg.): Die Entstehung der Schweiz. Vom Bundesbrief 1291 zur nationalen Geschichtskultur des 20. Jahrhunderts, Schwyz 1999.

Wirz, Hans Georg (Hg.): Das Weisse Buch von Sarnen (Quellenwerk zur Entstehung der Schweizerischen Eidgenossenschaft, Abt. III: Chroniken, Bd. 1), Aarau 1947.

Zala, Sacha: Geschichte unter der Schere politischer Zensur. Amtliche Aktensammlungen im internationalen Vergleich, München 2001.

Zaugg, Thomas: Blochers Schweiz. Gesinnungen, Ideen, Mythen, Zürich 2014.

Zimmer, Oliver: A Contested Nation. History, Memory and Nationalism in Switzerland, 1761–1891, Cambridge 2003.

Zeittafel Schweizer Geschichte

1240 Kaiser Friedrich II. gewährt Schwyz das Privileg der Reichsfreiheit.

1291 Uri, Schwyz und Nidwalden erneuern ein Landfriedensbündnis.

1309 Uri, Schwyz und Unterwalden werden unter Werner von Homberg zu einer Reichsvogtei zusammengefasst, die den Namen Waldstätte erhält.

1314 Schwyzer überfallen das Kloster Einsiedeln.

1315 Nach dem Sieg gegen den Habsburger Herzog Leopold I. bei Morgarten beschliessen Uri, Schwyz und Unterwalden den Bund von Brunnen.

1332 Die Waldstätte schliessen ein Bündnis mit Luzern.

1336 In Zürich kommt Rudolf Brun an die Macht und begründet ein Zunftregiment.

1351 Die Waldstätte mit Luzern schliessen ein Bündnis mit Zürich.

1352 Die Mitglieder des Zürcher Bunds zwingen Zug und Glarus als Untergeordnete in Bündnisse.

1353 Die Waldstätte schliessen ein Bündnis mit Bern, dem die anderen Orte nicht angehören.

1370 Zürich, Luzern, Zug und die Waldstätte verfassen den Pfaffenbrief, wonach selbst Geistliche in Kriminalfällen nicht an auswärtige Gerichte gelangen dürfen.

1386 Luzern und die Waldstätte besiegen den Habsburger Herzog Leopold III. bei Sempach.

1401–1429 In den Appenzeller Kriegen kämpfen die Stadt St. Gallen und die Appenzeller gegen den Fürstabt von St. Gallen und die Habsburger.

1415 Bern und die anderen Orte (ohne Uri) erobern den Aargau, dessen Westen an Bern fällt, während im Osten die erste Gemeine Herrschaft entsteht.

1440–1450 Durch den Alten Zürichkrieg binden Schwyz und die verbündeten Orte die Reichsstadt Zürich dauerhaft in den eidgenössischen Bund ein.

1460 Die eidgenössischen Orte (ohne Bern) erobern den Thurgau.

1474 (ca.) Hans Schriber verfasst das Weisse Buch von Sarnen.

1474 Die Eidgenossen schliessen in der «Ewigen Richtung» Frieden mit den Habsburgern.

1474–1477 In den Burgunderkriegen besiegen die Eidgenossen und ihre Verbündeten Karl den Kühnen.

1477 Innerschweizer Freischaren unternehmen den Saubannerzug in Richtung Genf.

1481 Niklaus von Flüe vermittelt zwischen Land- und Stadtorten, die im Stanser Verkommnis die Aufnahme von Freiburg und Solothurn in ihr Bündnis beschliessen.

1499 Im Schwaben-/Schweizerkrieg und dem abschliessenden Frieden von Basel behaupten sich die Eidgenossen mit den Bündnern gegen den Schwäbischen Bund.

1501 Basel und Schaffhausen werden in den eidgenössischen Bund aufgenommen.

1503 Uri, Schwyz und Unterwalden beherrschen die Gebiete zwischen Gotthard und Bellinzona.

1507 In Basel erscheint Petermann Etterlins Kronica, die erste gedruckte Geschichte der Eidgenossenschaft.

1512 Die Eidgenossen erobern das Gebiet des heutigen Tessins und verwalten es gemeinsam als «Ennetbirgische Vogteien»; die Bündner erlangen gleichzeitig das Veltlin, Bormio und Chiavenna.

1513 Appenzell tritt der Eidgenossenschaft bei.

1515 Die eigenständige Italienpolitik der Eidgenossenschaft endet in der Niederlage von Marignano gegen Franz I. von Frankreich.

1516 Die Eidgenossen und Zugewandten schliessen den «Ewigen Frieden» mit Frankreich, das mit der Soldallianz von 1521 Hauptabnehmer von Schweizer Söldnern wird und Handelsprivilegien zuspricht.

1523 Mit den beiden ersten Glaubensdisputationen beginnt in Zürich die Reformation unter Ulrich Zwingli.

1524/1526 Die Ilanzer Artikel begründen die politische und religiöse Autonomie der Bündner Gemeinden gegenüber dem Bischof von Chur.

1528 Bern führt die Reformation ein.

1529 Basel und Schaffhausen führen die Reformation ein. Der Erste Kappeler Krieg zwischen den Reformierten und den katholischen Fünf Orten der Innschweiz wird friedlich beigelegt (Kappeler Milchsuppe).

1531 Zwingli fällt bei Zürichs Niederlage im Zweiten Kappeler Krieg, worauf der (Zweite) Landfriede den konfessionellen Status quo festhält: Jeder Ort legt seine eigene Konfession fest, die meisten Gemeinen Herrschaften werden bikonfessionell.

1536 Bern erobert mit Freiburger Hilfe die Waadt.

1541 Jean Calvin lässt sich endgültig in Genf nieder und reformiert die Stadt.

1548 Johannes Stumpf veröffentlicht seine Chronik der Eidgenossenschaft.

1548/49 Die Eidgenossen halten sich vom Schmalkaldischen Krieg fern, an dessen Ende Konstanz an Österreich fällt.

1549 Im Consensus Tigurinus einigen sich Calvin und Zwinglis Nachfolger Heinrich Bullinger auf ein gemeinsames Abendmahlsverständnis.

1560 Der katholische Landammann Aegidius Tschudi will im «Glarnerhandel» seinen Kanton rekatholisieren; der «Tschudikrieg» endet unblutig, aber mit einer Teilung der Institutionen nach konfessionellen Kriterien.

1565–1572 Aegidius Tschudi verfasst sein Chronicon Helveticum.

1566 Die reformierten Orte und die Zugewandten einigen sich auf die Confessio Helvetica posterior als gemeinsames Glaubensbekenntnis, dem nur Basel bis 1644 fernbleibt.

1576 Josias Simler veröffentlicht sein Regiment der lobl. Eÿdgenossschaft.

1586 Die Fünf Orte, Freiburg und Solothurn schliessen den Goldenen beziehungsweise Borromäischen Bund zur Verteidigung des Glaubens.

1587 Die katholischen Orte (ohne Solothurn) schliessen eine Allianz mit Spanien.

1597 Wegen der Teilnahme am Goldenen Bund teilt sich Appenzell in das reformierte Ausserrhoden und das katholische Innerrhoden.

1602 Savoyen scheitert beim Versuch, Genf wieder in sein Territorium einzubinden («Escalade»).

1620 Nach dem «Veltliner Mord» an den dortigen Reformierten werden die Drei Bünde anarchischer Kriegsschauplatz im Dreissigjährigen Krieg.

1647 Gegen Kriegsende einigt sich die Tagsatzung auf das «Defensionale von Wil» als Wehrordnung.

1648 Der Kaiser gewährt im Westfälischen Frieden am Ende des Dreissigjährigen Kriegs allen eidgenössischen Orten die reichsrechtliche Exemtion, die zuerst Frankreich als Anerkennung der Souveränität deutet.

1653 In Bern (Emmental), Luzern (Entlebuch), Solothurn und Basel wird die ländliche Erhebung im Bauernkrieg niedergeschlagen.

1656 Im Ersten Villmerger Krieg gewinnen die Fünf Orte gegen Bern und Zürich.

1674 Im Holländischen Krieg erklärt die Tagsatzung erstmals die Eidgenossenschaft für neutral.

1685 Im «Refuge» gelangen protestantische Glaubensflüchtlinge aus Frankreich und Savoyen unter anderem in die reformierten Orte der Eidgenossenschaft.

1709 Im Spanischen Erbfolgekrieg treffen in der Schlacht bei Malplaquet Schweizer Söldner in französischen auf solche in niederländischen Diensten.

1712 Zürich und Bern gewinnen den Zweiten Villmerger Krieg und modifizieren im Frieden von Aarau die Verwaltung der Gemeinen Herrschaften.

1723 Nach einem Putschversuch lässt Bern Major Davel in Lausanne hinrichten.

1761 In Schinznach kommt erstmals die Helvetische Gesellschaft zusammen.

1780–1808 Johannes von Müller veröffentlicht seine «Geschichten schweizerischer Eidgenossenschaft».

1782 Nach dem letzten Hexenprozess in der Schweiz wird Anna Göldi in Glarus hingerichtet.

1792 Rund 500 Schweizergardisten verlieren beim Tuileriensturm ihr Leben.

1798 Nach der Erhebung vieler ländlicher Untertanen gegen die Hauptstadt und nach der Niederlage der Patrizierstädte gegen die einmarschierten Franzosen wird die Helvetische Republik als zentralistischer Einheitsstaat gegründet. Der Innerschweizer Widerstand bricht nach den Nidwaldner «Schreckenstagen» endgültig zusammen.

1799/1800 Der Zweite Koalitionskrieg zwischen Frankreich und Österreich/Russland findet auch in der Schweiz statt; General Suworov zieht mit seinen Truppen durch die Alpen.

1800–1802 Die Helvetik wird durch den Gegensatz von radikaldemokratischen Patrioten, gemässigten Republikanern und konservativen Föderalisten und durch vier Staatsstreiche und bürgerkriegsartige Konflikte geprägt.

1803 Napoleon erlässt die föderalistische Mediationsverfassung, in der St. Gallen, Graubünden, Aargau, Thurgau, Tessin und Waadt neue, selbständige Kantone bilden.

1804 Friedrich Schillers Wilhelm Tell wird in Weimar uraufgeführt.

1814 Die «Lange Tagsatzung» nimmt das Wallis, Neuenburg und Genf als neue Kantone in die Eidgenossenschaft auf.

1815 Am Wiener Kongress und im Zweiten Pariser Frieden bestätigen die Grossmächte die ewige Neutralität der Schweiz und ihre neue Verfassung, den Bundesvertrag, der erstmals alle Kantone in einem einzigen Verfassungswerk vereint.

1817 Die Schweiz wird Mitglied der Heiligen Allianz.

1819 In der Eidgenössischen Militärschule in Thun beginnt die Ausbildung von höheren Offizieren.

1823 Mit dem Presse- und Fremdenkonklusum reagiert die Tagsatzung auf Fürst Metternichs Proteste.

1824 In Aarau findet das erste Eidgenössische Schützenfest statt, der Eidgenössische Schützenverein wird gegründet.

1830/31 Im Gefolge der «Regeneration» nach der französischen Julirevolution geben sich zehn Kantone liberale Verfassungen.

1832 Im einzigen schweizerischen Fabriksturm zerstören Handwerker eine mechanisierte Weberei in Uster.

1832/33 Der «Rossi-Plan» für die Revision des Bundesvertrags scheitert.

1832/33 Nach gewaltsamen Auseinandersetzungen trennt sich der Kanton Basel in die neuen Halbkantone Basel-Land und Basel-Stadt.

1839 Im «Züriputsch» stürzt die liberale Kantonsregierung, nachdem die reformiert-konservative Landbevölkerung gegen die Kirchen- und Erziehungspolitik protestiert hat.

1844/45 Nach der Berufung der Jesuiten nach Luzern und als Reaktion auf zwei radikale Freischarenzüge gründet die katholisch-konservative Regierung von Luzern mit den Waldstätten, Zug, Freiburg und dem Wallis die «Schutzvereinigung» beziehungsweise den «Sonderbund».

1847 Die erste Schweizer Eisenbahnlinie führt von Zürich nach Baden.

1847 Im Auftrag der liberalen Tagsatzungsmehrheit besiegt General Dufour den Sonderbund.

1848 In Volksabstimmungen wird die neue Bundesverfassung angenommen. Die erstmals gewählten, überwiegend freisinnigen National- und Ständeräte küren Bern zur Bundesstadt. Der Bundesrat setzt sich bis 1891 ausschliesslich aus liberalen und radikalen Angehörigen des Freisinns zusammen.

1852 Der Bundesstaat führt den Schweizer Franken als Einheitswährung ein und vereinheitlicht allmählich Masse und Gewichte.

1855 Der Bund gründet das Eidgenössische Polytechnikum in Zürich, die heutige ETH.

1856 Nach dem «Neuenburgerhandel» verzichtet der König von Preussen auf seine Herrschaftsrechte in Neuenburg.

1860 Im «Savoyerhandel» verzichtet die Schweiz zugunsten von Frankreich auf ihre Ansprüche auf Hochsavoyen.

1863/64 Henry Dunant schafft mit Bekannten das spätere Internationale Komitee vom Roten Kreuz, das die Erste Genfer Konvention anregt.

1866 Eine Volksabstimmung gesteht den Juden Rechtsgleichheit und Niederlassungsfreiheit zu.

1868 Die demokratische Bewegung setzt in Zürich eine Totalrevision der Kantonsverfassung durch.

1871 Am Ende des Deutsch-Französischen Kriegs wird die französische Bourbaki-Armee interniert.

1871–1874 Nach dem päpstlichen Unfehlbarkeitsdogma begrenzen Bund und liberale Kantone im Kulturkampf die gesellschaftlichen Gestaltungsräume der Katholischen Kirche; die Christkatholische Kirche entsteht.

1874 Nach der gescheiterten Revision von 1872 schafft die totalrevidierte Bundesverfassung unter anderem die Voraussetzungen für die direkte Demokratie.

1877 Der Bund erlässt das erste schweizerische Fabrikgesetz.

1880 Der Schweizerische Gewerkschaftsbund wird gegründet.

1882 Die Gotthardbahn wird eingeweiht.

1888 Die Sozialdemokratische Partei der Schweiz (SPS) entsteht als erste nationale Partei; 1894 folgt die Freisinnig-Demokratische Partei (FDP). Die Konservative Volkspartei (KVP, heute CVP) der katholischen Verlierer im Sonderbundskrieg bildet sich wegen föderalistischer Widerstände erst 1912 auf nationaler Ebene.

1891 Erstmals wird ein katholisch-konservativer Bundesrat gewählt.

1891 Die Schweiz begeht aus Anlass des 600-Jahr-Jubiläums der Urkunde von 1291 erstmals die Bundesfeier.

1898 Das Schweizerische Landesmuseum in Zürich wird eröffnet.

1901–1903 Durch Ankauf der bisher privaten Bahnlinien entstehen die Schweizerischen Bundesbahnen.

1905 Die Schweizerische Nationalbank wird geschaffen.

1912 Das Schweizerische Zivilgesetzbuch tritt in Kraft.

1914–1918 General Ulrich Wille steht im Ersten Weltkrieg an der Armeespitze.

1917 Bundespräsident Hoffmann muss nach einer deutschfreundlichen, neutralitätswidrigen Friedensinitiative zurücktreten.

1918 Ein starkes Armeeaufgebot erzwingt den Abbruch des Landesstreiks. Die Spanische Grippe fordert auch unter den aufgebotenen Truppen viele Todesopfer.

1919 In den ersten Nationalratswahlen nach Einführung des Proporzwahlrechts im Vorjahr verliert der Freisinn seine absolute Mehrheit. Erstmals ziehen Vertreter der künftigen Bauern , Gewerbe- und Bürgerpartei in das Parlament ein (BGB, heute SVP). Ein zweiter Vertreter der Katholisch-Konservativen nimmt im Bundesrat Einsitz.

1920 Nach einer Volksabstimmung tritt die Schweiz dem Völkerbund bei, der seinen Sitz in Genf hat. Sie praktiziert bis 1938 eine «differentielle» Neutralität. Dem Gesuch der Vorarlberger um einen Anschluss an die Schweiz wird nicht entsprochen.

1921 Die Kommunistische Partei der Schweiz (KPS) wird gegründet.

1929 Erstmals wählt die Bundesversammlung einen Vertreter der BGB zum Bundesrat.

1931 Die Schweizerische Rundspruchgesellschaft (heute SRG SSR) wird gegründet.

1933/34 Nach der Machtübernahme der NSDAP in Deutschland erleben faschistische Parteien einen vorübergehenden Aufschwung («Frontenfrühling»).

1935 Das Volk lehnt die Kriseninitiative von SP und linksliberaler Richtlinienbewegung ebenso ab wie den Vorschlag einer ständestaatlichen Totalrevision der Bundesverfassung, die von frontistischer und katholisch-konservativer Seite getragen wird. Der vom Migros-Gründer Gottlieb Duttweiler finanzierte Landesring der Unabhängigen wird grösste Oppositionspartei.

1936 In der 1929 ausgebrochenen Weltwirtschaftskrise erreicht die Arbeitslosenzahl den Höchststand; der Schweizer Franken wird abgewertet.

1937 Das «Friedensabkommen» in der Maschinen- und Metallindustrie begründet die Sozialpartnerschaft.

1938 Der Bundesrat verkündet die Geistige Landesverteidigung und schafft dazu die Kulturstiftung «Pro Helvetia»; das Rätoromanische wird offiziell vierte Landessprache.

1939–1945 Unter General Henri Guisan erfolgt die Generalmobilmachung, der Bundesrat erhält ausserordentliche Vollmachten.

1940 Nach dem Zusammenbruch Frankreichs erregen die Reden von Bundespräsident Pilet-Golaz und General Guisan («Rütli-Rapport») Aufsehen. Die Armeestellung im Alpenraum («Réduit») wird aufgebaut. Faschistische Parteien und die KPS werden verboten. Mit dem «Plan Wahlen» beginnt die «Anbauschlacht».

1942 Die Grenze wird für jüdische Flüchtlinge geschlossen.

1943 Erstmals wird ein Vertreter der SP in den Bundesrat gewählt.

1944 Amerikanische Flugzeuge bombardieren versehentlich Schaffhausen.

1947 Das Volk nimmt die Alters- und Hinterlassenenversicherung (AHV) an.

1949 Das Volk nimmt die Initiative für eine Rückkehr zur direkten Demokratie an.

1959–2003 Die «Zauberformel» im Bundesrat gewährt der FDP, SP und CVP je zwei Sitze, der SVP einen.

1960 Die Schweiz ist Gründungsmitglied der Europäischen Freihandelszone EFTA.

1963 Die Schweiz tritt dem Europarat bei.

1964 Die Mirage-Affäre bringt schwere Mängel bei der Beschaffung von Kampfflugzeugen zutage.

1968 In verschiedenen Städten kommt es zu Studentenprotesten (Zürcher «Globuskrawall»).

1970 Die Schwarzenbach-Initiative für eine drastische Begrenzung der Ausländerzahl wird vom Volk knapp verworfen.

1971 Das Volk nimmt das Frauenstimmrecht an.

1973 Die konfessionellen Ausnahmegesetze werden aufgehoben.

1975 Demonstranten besetzen das Gelände des geplanten Atomkraftwerks in Kaiseraugst.

1978 Durch eine nationale Abstimmung entsteht der neue Kanton Jura.

1979 Die Grünen stellen erstmals einen Nationalrat.

1980 In verschiedenen Städten kommt es zu Jugendunruhen («Opernhauskrawall»).

1989 Die erste Frau im Bundesrat muss nach einem Skandal zurücktreten; die Abklärungen bringen die «Fichenaffäre» ans Licht. Das Volk verwirft die Armeeabschaffungsinitiative.

1992 Das Volk verwirft den Beitritt zum Europäischen Wirtschaftsraum.

1999 Die aktualisierte Bundesverfassung wird angenommen.

2000 Die Bilateralen Verträge I mit der Europäischen Union werden angenommen.

2001 Die Swissair erlebt das «Grounding» und muss liquidiert und in die neue Gesellschaft Swiss übergeführt werden.

2002 Nach der knapp befürwortenden Volksabstimmung tritt die Schweiz den Vereinten Nationen (UNO) bei.

2003 Die SVP als neu wählerstärkste Partei erhält einen zweiten Bundesratssitz.

2005 Das Volk stimmt den Bilateralen Verträgen II zu (inkl. Schengen/Dublin-Abkommen).

2007 Nachdem das Parlament eine Vertreterin des gemässigten Flügels der SVP an die Stelle ihres bisherigen Exponenten in den Bundesrat gewählt hat, spalten sich die Gemässigten ab und bilden neu die Bürgerlich-Demokratische Partei (BDP).

2008 Die internationale Bankenkrise macht eine Rettungsaktion des Bundes für die UBS nötig.

Namens- und Ortsregister

Thomas Maissen, Prof. Dr., 1962, ist Direktor des Deutschen Historischen Instituts Paris. Seine Forschungsschwerpunkte sind Historiografiegeschichte, Geschichte des politischen Denkens, Mentalitätsgeschichte und Geschichtsbilder. Bis 2013 war er ordentlicher Professor für Neuere Geschichte an der Universität Heidelberg. Seit 2007 ist er Mitglied der Heidelberger Akademie der Wissenschaften. 2002 habilitierte er sich mit der Arbeit «Die Geburt der Republic. Staatsverständnis und Repräsentation in der frühneuzeitlichen Eidgenossenschaft». Von 1996 bis 2004 war er als Mitarbeiter der «Neuen Zürcher Zeitung» zuständig für historische Analysen und begleitete u.a. die Arbeiten der Unabhängigen Expertenkommission Schweiz–Zweiter Weltkrieg. Im Herbst 2010 erschien im Verlag Hier und Jetzt seine erfolgreiche «Geschichte der Schweiz» (5. Auflage 2015), 2012 erschien die illustrierte Ausgabe «Schweizer Geschichte im Bild» (ebenfalls Hier und Jetzt).

Impressum

Wir danken für die Unterstützung:

EMIL & ROSA RICHTERICH-BECK STIFTUNG

Dieses Buch ist nach den aktuellen Rechtschreibregeln verfasst. Quellenzitate werden jedoch in originaler Schreibweise wiedergegeben. Hinzufügungen sind in [eckigen Klammern] eingeschlossen, Auslassungen mit [...] gekennzeichnet.

Titelbild:
Federzeichnung zum Bund von Brunnen vom 9. Dezember 1315. Abschriftensammlung von eidgenössischen Bünden (Bundbuch) des Christoph Silberysen, Abt des Klosters Wettingen, 1578. Stadtarchiv Baden N82.16.

Lektorat:
Urs Hofmann, Hier und Jetzt

Gestaltung und Satz:
Simone Farner, Hier und Jetzt

Dieses Werk ist auch als E-Book erhältlich:
ISBN E-Book 978-3-03919-902-0

5. Auflage 2015

www.hierundjetzt.ch
ISBN Druckausgabe 978-3-03919-340-0